KB152471

강원용 나의 현대사

강원용 나의 현대사

젊은이에게 들려주는 나의 현대사 체험

3 Between and Beyond

한길사

Kang Won-Yong, My Historical Journey

3 Between and Beyond
by Kang Won-Yong

Published by Hangilsa Publishing Co., Ltd., Korea, 2003

강원용 나의 현대사

3 Between and Beyond

지은이 강원용
펴낸이 김언호

펴낸곳 (주)도서출판 한길사
등록 1976년 12월 24일 제74호
주소 413-120 경기도 파주시 광인사길 37
홈페이지 www.hangilsa.co.kr
전자우편 hangilsa@hangilsa.co.kr
전화 031-955-2000~3 **팩스** 031-955-2005

디자인 창포 **출력** (주)써니테크 21 **인쇄** 오색프린팅 **제본** 광성문화사

제1판 제1쇄 2003년 6월 10일
제1판 제3쇄 2015년 2월 25일

값 17,000원
ISBN 978-89-356-5468-0 04900
ISBN 978-89-356-5465-9 (전 5권)

• 이 도서의 국립중앙도서관 출판시도서목록(CIP)은 서지정보유통지원시스템 홈페이지(seoji.nl.go.kr)와
국가자료공동목록시스템(www.nl.go.kr/kolisnet)에서 이용하실 수 있습니다.
(CIP제어번호: CIP2015004129)

4, 50대에 국내에서는 크리스챤 아카데미를 통해, 국외에서는 세계기독교교회협의회와 아시아 교회협의회 등을 통해 활발하게 종교 사회활동을 펼쳐 나갔다.

인도 뉴델리에서 열린 세계기독교교회협의회(WCC) 3차 총회(1961년). 필자와 김광우, 김활란, 길진경, 김길창, 오재식, 손명걸 등이 한국 대표단으로 참가했다. 이 총회는 한국교회가 세계교회 활동에 참여하는 계기가 되었다.

아카데미 하우스 기공식 장면(1966년 4월 16일). 강신명, 최태섭 등 이사, 고문, 연구위원들의
얼굴이 보인다. 아카데미 하우스는 독일교회의 원조로 이루어졌다.

1966년 11월 16일, 크리스찬 아카데미의 본격적인 활동을 알리는 아카데미 하우스 준공식을 가졌다. 왼쪽에서 세번째가 독일 아카데미 설립자인 뮐러이고, 한 사람 건너 오재경, 필자, 한경직, 백낙준.

아래 _ 1967년 3월 아카데미 하우스를 방문한 서독 뤼브케 대통령 내외.

1962년 6월 14일 정식으로 발족한 방송윤리위원회 위원장직을 맡아 1966년까지 방송 프로그램을 심의하는 활동을 했다.

1962년 여름 벨파스트에서 열린 세계교회협의회 총회에 참가한 일행과 함께. 오른쪽부터 김주병, 강신명, 홍현설, 필자, 데이비드 김 부부, 이성화.

아래 _ 1972년 네덜란드에서 열린 세계교회협의회 총회에서 자메이카의 필립 포터 목사가 제2대 사무총장으로 선임된 것을 축하하며. 그의 당선은 근 2천 년 동안 유럽·미국계 인사들이 독점해온 세계기독교의 제도권 내에서 제3세계 유색인종이 지도권을 행사하게 된 역사적인 사건이었다.

1973년 아시아교회협의회 회장단 사미트팡, 주반잇과 함께. 이들과 함께 에큐메니컬운동을 펼쳤다.

아래 _ 1974년 제네바에서 열린 세계교회협의회 총회에서 중앙위원으로 활동했다.

1968년 첫 주일에 개신교 목사로서는 처음으로 명동성당에서 설교를 했다.

1965년 용당산호텔에서 열린 '6대 종단 한국 제종교의 공동과제' 대화모임. 이능가 스님, 황운 스님, 유승국 등이 참가했다.

아래 _ 1970년 4월에 열린 아카데미 대화모임 '국가 안보의 오늘과 내일'에 참가한 청담 스님, 김수환 추기경과 함께.

강원용 나의 현대사

젊은이에게 들려주는 나의 현대사 체험

3 Between and Beyond

지구 위의 사람들

예수의 땅에 들어가다

사람을 사랑하고 돕는 자들

영화와 맺은 인연

제3의 길을 걷다

인간의 영혼을 믿지 않는 사람들

삼선개헌과 혼미한 정국

죽음으로 고발한 인간선언

인권유린의 역사적 현장에서

중간, 그리고 그것을 넘어

그래도 나는 살리라

지구 위의 사람들

세계를 향한 활동의 첫 무대

5·16이 일어난 1961년에 내 개인적으로 가장 의미 있었던 일은 인도에서 열린 기독교 국제 모임에 참석했던 일이다. 인도 뉴델리에서 10월부터 두 달여 동안 열린 세계교회협의회(WCC) 3차 총회는 그때까지 정식 회원 가입이 안 되어 있던 우리 기독교 장로회가 정식 회원으로 받아들여져 내가 대표로 참가하게 된 매우 의미 있는 회의였다. 또 기독교 역사에서도 처음으로 서양이 아닌 동양에서 열린 회의였다는 점에서 특기할 만하다.

나는 이 회의에 정식 총대로 참가함으로써 WCC 활동에 적극 참여할 수 있는 발판을 마련하고 이로써 이후 세계 곳곳을 돌아다니며 한국 대표로서 영향력 있는 목소리를 토해낼 수 있게 되었으니 내 개인적인 경력 면에서도 큰 의미가 있는 대회였다. 말하자면 뉴델리 총회는 세계를 향한 활동의 시초가 된 셈이다.

WCC란 단체는 그 동안 분리되어 반목하고 있던 교회들을 하나로 뭉치게 하기 위한 에큐메니컬 운동(교회 일치 운동)의 결과물이라고 할 수 있다. 1948년 네덜란드 암스테르담에서 창립 총회가 열렸을 때만 해도 유럽과 북미에 국한된 운동이었는데, 앞서 얘기했던 1954년 에반스턴의 2차 총회를 거쳐 뉴델리에서 3차 총회가 개최되었을 때는 국제선교협의회(IMC)와 통합하는 성과를 거뒀으며, 그 10년 후에는 세계기독교교육협의회와도 통합하였다.

이같이 조직이 발전하면서 1960년대와 1970년대에는 아시아 · 아프리카 · 라틴아메리카의 교회들이 회원으로 가입하고, 교단 분포도 동방정교회 · 오순절교회와 아프리카의 독립교회들까지 포괄하였으며, 이후 러시아를 필두로 한 공산권의 정교회도 가입하게 되었다. 로마 카톨릭은 가입을 보류했으나 정식으로 옵저버를 파견하는 등 WCC는 명실공히 세계적인 단체로 비약했다.

현재 WCC는 전세계 300여 교단을 망라하고 있으며, 이에 속한 교인의 수는 백수십 개 국가에서 4억에 달하고 있다. 근년에는 여성과 청년, 그리고 평신도가 주도력을 발휘하고 있으며, 한국에서는 한국기독교장로회와 대한예수교장로회(통합), 대한기독교감리회 등이 회원으로 가입해 있다.

그때 나는 뉴델리 총회에 참가하기 전에 인도의 벵갈라에서 열리는 세계기독학생연맹(WSCF) 회의에도 주제 강사로 초청을 받아 참석하기로 되어 있었다.

인도로 가는 길

5·16이 일어난 해 7월경에 인도로 떠나기 위해 외무부에 여권 신청을 했다. 그때 외무부장관이 김홍일이어서 그를 찾아가 여권을 부탁했더니 그의 말이 "박의장과 얘기를 해봐야 한다"는 것이었다. 그의 말에 따라 나는 남산 타워호텔 자리에 있던 것으로 기억되는 건물에서 박의장 보좌관들을 만나게 되었다.

그들에게 WCC 총회 참가차 인도에 가야 한다고 사정을 설명했더니 그들 중 하나가 책상 위에 문서를 한아름 꺼내놓으며 하는 말이 충격적이었다.

"이것이 다 WCC가 용공 단체라는 증거물입니다."

너무나 어이가 없어서 무어라고 대뜸 설명도 못하고 우선 그가 들이미는 문서들을 들여다보았다. 거기에 박병훈 목사의 도장이 찍혀 있었는데, 그 보좌관의 말에 의하면 WCC가 용공 단체고 신신학의 온상일 뿐 아니라 카톨릭의 적이라는 등의 얘기가 쓰여 있다는 것이다.

WCC의 용공 시비는 1948년 발족 당시부터 국내에서 문제가 되었던 게 사실이다. 냉전의 대립을 극복하고 동서 화합을 이루려는 WCC의 노력을 이승만 정권이 용공으로 몰았던 것이다. 군사 정부가 반공을 국시 1호로 내세우고 나오자 보수 교단에서 그 기회에 WCC에 관계하는 사람들을 용공 분자로 몰아세우기 위해 그 같은 공작을 벌인 모양이다.

사실이 어떻든 이미 WCC가 용공 단체라는 증거 서류를 한아름이나 가지고 있는 보좌관들은 좀체 내게 여권을 내줄 기미가 아니었다. 나는 하도 답답해서 그들에게 말했다.

"내가 지금이라도 이 문서들과 정반대되는 내용을 담은 문서를 한 트럭이라도 가져올 수 있는데, 그러면 그것도 다 읽겠습니까?"

"아이고, 그걸 우리가 무슨 시간이 있어 다 읽겠습니까?"

"그러면 정부는 절대로 이 일에 개입하지 마십시오. 이런 일은 기독교 안의 보수 세력과 진보 세력의 대립인데, 왜 정부가 끼여들어 귀찮은 일을 자초합니까? 당신들에게 전혀 득될 일이 없으니 그냥 놔두는 게 좋을 겁니다."

처음에는 반신반의하던 그들도 계속된 내 설득에 차츰 수긍이 가는 듯한 표정이었다. 그러더니 용공 단체라 안 되겠다던 그 보좌관이 사람을 불러 "더 이상 관계하지 말고 나갈 수 있도록 해드리라"고 드디어 명령을 내렸다.

그의 허락이 떨어지는 순간 나도 모르게 안도의 한숨이 나왔다.

WCC 총회 참가가 나에게 남다른 의미가 있을 수밖에 없었던 것은, 1948년부터 무관심과 편견 속에서 전국을 돌아다니며 에큐메니컬 운동을 부르짖고 다니던 내가 마침내 정식 대표로 당당하게 총회에 참석하게 되었기 때문이다. 그때까지는 책이나 문건 등을 읽고 단순히 그 취지에 공감해 에큐메니컬 운동을 외치고 다녔는데 이제 공식적인 한국 대표로 WCC 활동에 참가하게 되었으니 나는 신바람이 날 수밖에 없었다. 게다가 세계기독교학생연맹 회의에 강사로 초청까지 받았으므로 학생 운동을 오래 이끌었던 나로서는 정말 뿌듯하고 감회가 깊지 않을 수 없었다.

또한 인도라는 나라 자체에 대해서도 나는 평소 동경을 가지고 있었다. 석가와 간디, 타고르가 태어난 나라가 아닌가. 아시아 문명이라는 관점에서 인도가 지니는 무게는 중국과 비견할 만했다. 선배들로부터 다음 세기의 문화는 아시아를 중심으로 엮일 것이라는 얘기를 들어왔는데, 그럴 때마다 나는 아시아 문명의 그루터기인 중국과 인도를 떠올리곤 했다. 중국 문화는 어린 시절 변방에서나마 체험해봤기 때문에 미지의 세계로 남아 있는 인도에 대한 동경은 그만큼 더 컸다.

당시는 외국에 나가기 힘든 시절이었으므로 인도행을 준비하면서 나는 친구들이 있는 유럽에도 들를 생각을 가지고 있었다. 엎어진 김에 쉬고 간다고 이왕 나간 참에 비행기 값도 절약하자는 생각이었다. 유럽에서 돌아오는 비행기 값은 다행히 이양구 사장이 여비를 대주었다.

그런데 내가 인도로 떠나게 된 때는 공교롭게도 김재준 목사의 회갑을 눈앞에 둔 시기였다. 김목사와 나의 관계로 보자면 내가 회갑 잔치에서 아들 노릇을 해야 하는 처지였지만, 나는 죄송함을 무릅쓰고 그냥 예정대로 떠나기로 했다. 내 아들 대영이의 1주기가 되는 11월 4일을 도저히 국내에서 보낼 자신이 없기도 했다.

나와 함께 인도로 떠나게 된 일행은 여덟 명 정도였다. 총회 정식 대표로 김활란 박사와 나, 그리고 감리교의 김모 목사가 있었고 그밖에 청년·여성 대표로 박상증, 강문규, 오재식, 손명걸,

박영숙 등이 있었던 것으로 기억한다.

　마침 그때 캘커타에서 경동교회 교인이었던 공창옥이라는 여자가 간호원으로 일하고 있어서 그녀에게 우리의 도착 소식을 알려놓았다. 그런데 비행기가 여섯 시간이나 연착을 한데다 한정 없이 느린 세관원들의 입국 수속 절차는 여자 속옷까지 샅샅이 조사할 정도로 까다로워서 마중 나와 있던 공창옥을 비롯한 한국 간호원 세 명을 만난 것은 예정 시간인 초저녁을 훨씬 넘어선 다음날 새벽녘이었다.

　공창옥의 안내로 공항 밖으로 나서니 새벽인데도 화끈화끈한 더위가 온 몸으로 엄습했고 누린내가 사정없이 코를 찔렀다. 차를 타고 시내로 들어가면서 보니, 온 거리가 하얗게 보였다. 흰 누더기를 걸친 집 없는 사람들이 길가에 드러누워 잠자는 모습이었다.

　10억 인구가 산다는 대국 인도의 정확한 인구수는 아직도 알 수 없다고 한다. 호적 없이 떠돌아다니는 유랑인구가 부지기수이니 말이다.

버기스 신부와 벌인 5·16 논쟁

　나의 숙소는 그랜드 호텔이었다. 이름과는 달리 시설도 별로 좋지 않고 종업원들 역시 인도인 특유의 무관심으로 청소나 서비스가 엉망이었다.

　캘커타에서 사흘 정도 머문 뒤 곧바로 WSFC에서 주최하는 대회에 참석하기 위해 벵갈라로 떠났다. 인도 남부에 위치한 벵갈라는 지리적으로 고원 지대에 있어 날씨도 덥지 않고 경치가 좋아 인도가 식민지였던 시절, 영국 귀족들이 주로 살았던 아주 아름다운 곳이다.

나는 그곳에서 개최된 WSFC 대회에서 최초로 세계 사람들을 상대로 강연을 하게 되었다. 말하자면 아시아 대표로 세계 무대에 공식 데뷔하는 셈이었다. 그런 만큼 긴장하지 않을 수 없었던 나는 연설 전 미국인에게 발음 교정까지 받으면서 준비를 해두었다.

내가 한 강연 제목은 '아시아 혁명과 크리스천의 응답'이었다. 당시는 우리나라를 비롯해 아시아 각국이 처한 혁명적인 상황 속에서 기독교의 선교와 생활이 어떻게 대응해야 하는가 하는 문제가 본격적으로 논의되기 시작하던 때였다.

나는 "지난 1년여 동안 두 번의 혁명이 일어난 나라에서 온 사람"이라고 소개한 후 다음과 같은 요지의 얘기를 펼쳐나갔다.

현재 아시아가 당면한 가장 어려운 문제는 어떻게 근대사회로 발전해나갈 것이냐 하는 것이다. 이런 근대화를 위한 노력, 다시 말해 정치·경제·사회·문화 등 제분야에 걸쳐 개인적, 집단적인 자아 실현을 위한 시도가 지금 아시아에서 일고 있는 혁명의 기본적인 동기라고 볼 수 있다. 아시아의 혁명은 한편으로는 인간의 자아 실현을 저해하는 모든 제도와 인습을 타파하고 변혁시키는 것이며, 다른 한편으로는 자유와 떡을 국민들에게 보장하기 위한 새로운 제도와 체제를 확립하는 일이다.

책임 있는 기독교인들은 혁명에 대한 논의의 실마리를 예수가 사람으로 태어나신 참뜻에서 찾는다. 예수가 인간으로 오신 것은 이 세상에 대한 하나님 사랑의 위대하고도 구체적인 표현이다. 그러므로 혁명이 인간을 속박에서 풀기 위한 수단이라면 우선 우리는 그에 대해 긍정적인 자세를 가져야 할 것이다.

이는 물론 세속적 혁명을 무조건 긍정하고 그것을 기독교와 동일시하라는 것은 아니다. 보수파로부터는 위험한 혁명분자로 몰리고 이스라엘의 급진적 민족주의자들로부터는 반동분자로 비난을 받았던 예수가 행한 혁명은 세속적 혁명과는 차원을 달리하는 것이었다. 그것은 근본적이고 지속적인 혁명, 인간과 하나님의 관계, 인간과 인간과의 관계를 회복시키고 인간의 궁극적인 운명을 해결하기 위한 혁명이었다. 결국 혁명을 죄악시하지도 않으며 정치적 혁명에 지나친 기대를 걸지도 않는 중간적 입장에서 우리는 하나님의 부름을 받고 있다고 생각한다.

이같은 입장에서 본다면 혁명에 처한 기독교인의 사명이란 무엇인가?

첫번째 사명은 오늘의 역사 속에서 하나님의 뜻이 무엇인가를 바르게 증언하는 일이다. 이 증언에는 그 증언의 실현으로서 봉사가 반드시 필요하다. 그런데 이 같은 봉사는 종래와 같이 감상주의적인 사랑의 실천에 그쳐서는 안 되며 현실에 대한 책임 있는 접근 방법으로 문제를 사회 구조적으로 해결하는 방법을 모색해야 한다. 사회 구조 자체가 하나님의 목적과 조화되도록 행동해야 하는 것이다. 아시아의 혁명을 볼 때도 세계적 차원에서 봐야 이를 증언하고 봉사하는 데 현실적인 자세를 가질 수 있다.

마지막으로 혁명적 상황에서 독특한 역할을 맡고 있는 우리 교회가 그간의 부정적 체질을 갱신해야만 하나님의 뜻에 호응할 수 있고 하나님의 은총의 매체가 될 수 있다는 것을 잊어서는 안 된다.

이 강연에 대한 사람들의 반응은 기대 이상으로 좋았다. 200명 정도 모인 그 대회에는 세계 교회에서 유명한 초탄, D.T. 나일스, 버기스 신부 등도 참석했는데, 버기스 신부와 나는 5·16을 놓고 논쟁을 벌이기도 했다.

머리가 좋고 언변도 뛰어난 버기스 신부는 5·16을 '더 작은 악'으로 규정하고 받아들일 수밖에 없다는 내 견해에 대해 "그런 군사 쿠데타가 어떻게 '더 작은 악'이냐, 그건 명백한 악이다"라며 정면으로 반박하고 나섰고, 나는 그에 대해 "당신의 얘기는 우리가 처한 구체적인 현실을 모르는 원칙론에 불과한 얘기일 뿐"이라고 맞섰다.

벵갈라에서 회의를 마친 우리는 WCC 총회에 참석하기 위해 뉴델리로 떠나야 했다. 우리뿐만 아니라 벵갈라 회의에 참석했던 대부분의 사람들 역시 총회에 참석하게 되어 있어 뉴델리로 가야 하는 상황이었는데, 비행기 좌석을 잡기가 하늘의 별 따기라는 소식이었다. 이미 참석자들은 본국에서 오기 전 다 예약을 해놓은 상태였는데도 어떻게 된 일인지 대기자 명단에 올랐을 뿐이라고 했다.

비행기 좌석을 얻지 못하면 할수없이 기차 편을 이용해야 하는데, 그렇게 되면 꼬박 이틀을 냄새 나는 기차 속에서 보내야 한다니 생각만 해도 끔찍한 일이었다. 궁리 끝에 혹시 공항에 가서 직접 교섭을 해보면 무슨 수가 있지 않을까 하는 기대를 갖고 혼자 공항으로 나가봤다. 탑승객들이 줄지어 선 끝에 눈치를 보며 서 있다가 그들이 다 타고난 후 승무원에게 인도식으로 정중히 합장을 하고 고개를 숙이며 부탁을 했다.

"급한 일이 있어 그러는데 좌석 하나만 줄 수 없습니까?"

그랬더니 정말 뜻밖에도 그 자리에서 금방 승낙이 떨어지는 것이었다. 역시 인도에서는 인도식이 통하는 모양이었다. 예약이니 뭐니 하는 근대적인 절차 양식보다는 인간적인 호소가 더 효과를 발휘하는 인도 사회의 미묘한 기능이라고나 할까.

그 덕분에 비록 뉴델리로 직항하는 비행기가 아니라 중간에 두 번 갈아타야 하기는 했지만, 내가 취득한 인도식 노하우(?)를 계속 이용해 뉴델리까지 비행기편으로 빠르게 날아갈 수 있었다. 뒤늦게 기차를 타고 도착한 사람들의 몰골을 보니 기차 속에서 어지간히 고생을 한 것 같았다.

배타적이면서 또한 포괄적인 '세상의 빛'

총회가 열린 곳은 뉴델리에서도 비비안 바깥이라는 곳이었다. 나는 한국을 떠날 때, 초청자인 총회측에서 보내준 참가비만 가지고 갔기 때문에 여유 돈이 전혀 없어 총회측에서 제공하는 조그만 호텔에 묵어야 했다.

그 호텔은 뉴델리에서 버스로 한 시간 반이나 걸리는 거리에 떨어져 있는데다 그나마 일인실을 세 명이 같이 쓰도록 되어 있어 여간 불편하지가 않았다. 나와 함께 방을 쓰게 된 사람은 영국인 하나와 마다가스카르에서 온 영감이었다. 그런데 이 영감이 잠잘 때 얼마나 코를 심하게 고는지 잠을 제대로 잘 수 없을 뿐더러 아침에 화장실에 한 번 들어가면 마냥 죽치고 앉아 있어서 나는 그 영감보다 먼저 화장실에 들어가기 위해 새벽에 깨야 했다.

나를 더 분통 터지게 만든 것은 인도인들의 무관심과 퉁명스러움, 신비스럽다 못해 나처럼 급한 사람은 가슴 답답해 죽을 지경으로 만드는 모호한 태도, 그리고 몹시 느린 동작들이었다. 호텔에서 식사를 하다가 설탕이 없다고 하니까 시중드는 아이가 그 시커먼 손으로 덥석 돌설탕을 집어주었는데, 인도인들이 물이 귀해 손도 잘 안 씻을 뿐 아니라 화장실에서도 휴지가 아닌 손으로 뒤처리를 한다는 것을 들어서 알고 있던 나는 그런 손으로 가져다주는 음식을 제대로 먹어내지 못했다.

지금도 인도는 그렇지만 내가 갔을 당시는 인도 정부가 수립된 지 10년 남짓밖에 안 되었을 때였다. 자신들 특유의 사고 방식과 관습을 고집스럽게 지켜가는 인도인들을 이해하기 위해서는 서구의 시각이나 현대인의 조급한 습성을 완전히 버려야만 가능할 것이다.

화장실 문제만 하더라도 인도인들은 휴지로만 뒤처리를 끝내는 서구 방식보다 손을 사용하여 물로 깨끗이 씻어내는 자기네들의 방식이 더 청결하다고 생각하는 사람들이다. 따지고 보면 맞는 말이다. 그러나 이러한 '인도식 합리성'을 이해하려면 기존의 사고 방식과 현실 중심의 시각에서 벗어나야 한다. 당시의 나는 인도인들의 그러한 사고 방식에 대해 마음의 준비가 전혀 되어 있지 않아서 거부감마저 느낄 정도였다.

비위가 약한 나에게는 인도의 냄새 또한 고역이었다. 호텔 안까지 역겨운 냄새가 코를 찔러 이유를 알아봤더니 인도에서는 땔감으로 쇠똥을 모아 벽에다 붙여서 말린 것을 쓰기 때문에 그렇게 쇠똥 냄새가 진동을 한다는 얘기였다.

그때 나이가 회갑 무렵이던 김활란 박사는 뉴델리에 있는 아쇼카 호텔이라는 고급 호텔에 묵고 있었는데, 한 번 찾아가 보니 이미 인도가 어떤 나라라는 것을 알고 있는 김박사는 꼭 물을 끓여서 레몬을 넣어 마시는 등 만반의 준비를 해온 상태였다.

총회는 아침 8시 반부터 저녁 늦게까지 열렸다. '그리스도는 세상의 빛'이라는 제목으로 연일 열띤 모임이 열렸는데, 나는 호텔이 너무 먼데다 버스 안에서 기다리는 시간도 만만치 않아 잠도 충분히 못 잔 상태로 회의에 참석했다.

총회에서 가장 인상 깊었던 것은 '그리스도는 세상의 빛'이라는 제목과 관련해 WCC 총무 비셔트 후프트가 한 얘기였다. 총회에는 각국 취재 기자들도 많이 왔는데, 그 중 하나가 "그리스도만이 세상의 빛이라면 다른 종교는 어떻게 보는 것이냐"고 물었다. 그 물음에 그는 이렇게 대답했다.

"그리스도만이 세상의 빛이라는 표현 자체는 매우 배타적이고 폐쇄적이지만 그리스도 안에서는 온 세상이 하나이기 때문에 그리스도가 누구인가를 알 때 그 의미는 매우 개방적이고 포괄적이 됩니다. 따라서 표현은 배타적이지만(exclusive), 의미는 포괄적인(inclusive) 역설로서 그것을 이해해야 할 것입니다."

이 같은 그의 얘기를 통해 나는 처음으로 다른 종교에 대한 긍정적인 눈을 뜨게 되었는데, 이런 태도는 WCC 역사에서도 전환점을 마련한 것이었다.

그 총회에서 우리 대표들은 한국 대표도 한 명쯤은 WCC 중앙위원에 당당히 진출하도록 하자는 바람을 갖고 있었다. 중앙위원 후보로는 이미 국제적으로 명망이 있던 김활란 박사가 적임자였으나, 김박사는 고사하면서 대신 나를 후보에 올리려고 여기저기 알아보는 등 애를 썼다.

그런데 네덜란드 사람인 비셔트 후프트 총무는 한국에 대해 좋지 않은 인상을 가지고 있었다. 후프트 총무는 깐깐한 성격인데다, 이승만 정권이 WCC를 용공으로 매도하고 이후 군사 쿠데타까지 일어났으니 한국이라는 나라 이름만 들어도 고개를 설레설레 흔들 정도로 한국을 싫어했다.

우리는 우선 후프트 총무가 가지고 있는 한국에 대한 나쁜 이미지를 풀어주고 한국 정치와 우리들의 입장을 설명하기 위해서라도 그에게 면담 신청을 했다. 총무실에 가서 면담 순서를 기다리고 있는데, 아무리 기다려도 다른 손님이 있다는 핑계로 만나주지 않았다. 그런 푸대접과 무례한 대접에 자존심이 상한 우리는 항의를 했으나 그는 골치 아픈 면담을 피해 이미 뒷문으로 몰래 빠져나간 후였다.

결국 우리는 중앙위원에 후보를 낼 기회조차 얻지 못했다. 낙심한 김활란 박사는 총회에서 선출된 중앙위원 명단이 발표될 때이의 제기를 하고 발언권을 얻어 호소력 있게 항의했으나 이미일은 다 끝나버린 후였다. 그때 미국 사람들은 우리 입장을 지지했으나 후프트 총무는 여전히 완강한 반대 입장을 보였다.

네루 수상이 보여준 인도 정치인의 풍모

비록 우리가 원했던 일이 이루어지지는 않았지만 내가 받은 총회 전체의 인상은 매우 좋았다. 총회에는 네루 수상이 자기 딸인인디라 간디를 데리고 참석하기도 했는데, 네루에게서는 역시 아시아의 지도자다운 풍모가 엿보였다.

그의 연설 내용 중 특히 "서양 사람들은 자기들이 현실적이고합리적인 반면 동양 사람들은 이상적이고 비현실적이라고 생각하지만, 나는 현실주의자라고 자처하는 서양 사람들이 오히려 엄청나게 현실을 모르는 비현실주의자들이라고 생각한다"는 내용이 인상적이었다. 네루의 이 같은 말은 동양인 특히 인도인들을이해하는 데 열쇠가 될 법한 말이었다.

우리는 대통령 관저에 초청을 받아 그곳에서 대통령을 비롯한고위 관리들을 만나 얘기를 나누기도 했다. 네루 수상을 비롯한인도 정치인들 가슴 속에는 위대한 성웅 간디가 살아 있으며, 높은 교양과 넓은 지식과 위대한 도덕적 에너지가 갖춰져 있다는 걸 느낄 수 있었다. 그들에게는 권모술수에 능한 정치꾼의 모습이 전혀 보이지 않았다. 식민지 억압 통치를 그토록 오랫동안 경험했으면서도 그런 도덕적인 에너지를 견지하는 인도는 그야말로 신비한 힘을 가진 나라라고 할 만했다.

각각 독특한 풍습과 문화를 지닌 29개의 주에, 18가지 국가 언어와 800가지 방언, 여러 종교가 뒤범벅된 인도가 비교적 안정된 국가 운영으로 순조로운 성장세를 보이고 있는 것도 이런 뛰어난 지도자들의 역량이라고 볼 수 있다. 우리가 보기엔 복잡할 정도로 다양한 인종과 종교, 언어, 문화와 풍습을 가지고 있는 이 거대한 나라는 300년 가까운 긴 식민지 통치 끝에 우리보다 늦게 1947년이 되어서야 독립을 이루었다. 1950년에 공화국 정부가 탄생했지만 2차 대전이 끝나고 중국이 공산주의 국가가 되어 문이 닫히면서 한동안 국제사회에서 아시아의 대변자 노릇을 해왔다. 비동맹을 표방하는 제3세계의 대표 주자로 자임하며 국제 사회에서 당당한 자리를 차지한 그들의 저력이 나는 궁금했다.

영국 식민 통치 기간에도 영국의 고위층이 인도 부족의 족장을 만나려면 족장이 낮잠 자는 동안은 밖에서 기다려야 했을 정도로 여유가 넘치는 국민성을 지닌 인도는 영국 통치가 끝난 뒤에도 영국인들이 남겨놓은 시설물들을 아무런 거리낌없이 버젓이 사용하며 살고 있다. 그런 것도 자신감의 표현이 아닐까? 동양 종교와 문화에 대한 자존심과 배짱은 그토록 긴 식민 통치를 겪은 나라답지 않게 오만한 구석이 있을 정도인데, 그들이 현실이나 물질에 중요성을 두기보다는 정신성에 무게를 두는 것도, 가난이나 고통스런 현실이 아무렇지도 않아서라기보다는 어쩌면 힘든 현실에 쉽사리 꺾이지 않기 위한 고육책이 아니었을까 싶다.

김활란 할머니와 서양 노신사의 타지마할 데이트

나는 총회에서 '교회와 사회위원회'라는 특별위원회의 실행위원으로 선출이 되었다. 그 위원회가 내건 주제는 '급속도로 변화하는 지역 사회에 대한 기독교의 책임'이었다. 그 이전까지는 아시아·아프리카·남미 지역의 나라를 경제적으로는 저개발국, 종교적으로는 피선교국으로 불렀는데, 뉴델리 총회 이후부터 비로소 '급속히 변화하는 사회'라는 말이 쓰이게 되었다. 그 위원회의 위원장은 인도인인 M.M. 토머스였고, 간사는 폴 아부라함이라는 미국인이었다. 우리 위원회는 세계대회를 1966년 제네바에서 열기로 합의를 했고, 그 첫번째 준비위원회를 1962년 여름 영국 옥스퍼드 대학에서 열기로 했다.

뉴델리 총회가 3주일 동안 계속되었으므로 우리는 자연 뉴델리의 풍경에 어느 정도 눈이 익게 되었는데 가장 인상 깊었던 곳은 역시 타지마할이다. 타지마할이 있는 아그라는 뉴델리에서 가까운 편인데다 마침 총회 기간이 1년 중 타지마할이 가장 아름답게 보인다는 11월 보름날과 겹쳐 우리는 그날만큼은 타지마할을 보기로 작정하고 아그라로 나섰다.

무굴 왕조의 샤 자한 왕이 사랑하는 아내의 죽음을 슬퍼해 22년 동안 국력을 쏟아붓다시피 해서 지었다는 타지마할이 11월 보름달 밑에서 그 웅장하고 아름다운 모습을 드러냈을 때, 나는 그 아름다움에 홀려 그저 입만 벌리고 있었다.

야무나 강변에 웅장하게 솟아 있는 유백색 대리석 건물 전면에 수놓듯 아로새겨진 보석들이 쏟아지는 보름달빛 아래 휘황하게 광채를 발하는 모습은 오직 타지마할만이 간직한 신비의 극치였다.

죽은 왕비에 대한 샤 자한의 애절하고 아름다운 사랑의 전설 뒤에는 한 절대 권력자의 사랑을 완성시키기 위해 동원되어야 했던 백성들의 고통이 그림자처럼 숨어 있다. 전하는 얘기에 의하면 타지마할을 짓느라고 전국민이 엄청난 수탈을 당했을 뿐 아니라 타지마할이 완성된 후 그 건축을 맡았던 사람들은 손목이 잘리고 말았는데, 이렇게 아름다운 건축물을 다시 짓지 못하도록 하기 위해서였다고 한다. 그런 말을 듣고 보니 그 신비스럽도록 아름다운 건물이 갑자기 '악의 꽃'으로 느껴졌다.

타지마할 관광에 나선 우리 일행에 김활란 박사는 빠져 있었다. 같이 가자고 했으나 본인이 피곤하다며 거절했다. 그런데 우리 일행이 타지마할의 아름다움에 취해 넋을 잃고 돌아다니다가 문득 앞을 보니 웬 조그만 동양 여자가 한 서양 노인의 손을 정답게 잡은 채 거닐고 있는 모습이 보였다.

자세히 보니 여자는 김활란 박사였고 남자는 역시 총회 참가자인 미국인 데만 박사였다. 우리는 장난기가 동해 아는 척을 할까 하다가 모처럼 노인네들이 조용히 데이트를 즐기는데 그냥 놔두자는 생각에서 못 본 체했다.

뉴델리 총회가 끝난 후 김활란 박사 등은 곧 귀국을 했지만 우리 젊은 사람들은 동아시아기독교협의회(EACC)에 참석하기 위해 다시 벵갈라로 향했다. 그런데 벵갈라로 가는 비행기편도 자리를 얻기가 어려워 또 다시 방법을 강구해야 했다.

우리는 일단 한 항공 회사를 찾아갔다. 그곳에는 예쁜 인도 여자 세 명이 일하고 있었는데, 나는 우선 그들과 친해지기 위해서 같이 점심이나 하자고 운을 뗐다.

"고맙지만 우리 부족은 모르는 남자와 식사를 하려면 부모의 허락을 받아야 합니다."

그래도 나는 물러서지 않고 설득 작업을 계속했다.

"우리가 모두 여섯 명이니 여자 친구 세 명을 더 데리고 오세요. 그래서 다함께 식사를 하면 좋지 않겠어요?"

나의 거듭된 설득에 그들은 결국 좋다고 했다.

그 여직원들이 친구 두 명을 더 데리고 온 다음 우리는 함께 근처의 중국집에 가서 식사를 했는데, 알고 보니 여직원 중 하나는 프랑스에서 대학을 마친 신식 여성이었다. 따라서 매우 자유로운 사고방식을 가진 여자였는데도 자기 부족의 관습을 따르는 데는 생각 외로 엄격했다.

인도의 행정과 체제도 그렇지만 인도 여자 역시 현대성과 그 정반대라고 할 수 있는 전통 관습이 묘하게 어우러져 있는 것처럼 보였다. 그런 모순된 성질들이 복잡하게 어우러져서 나오는 인도인의 사고방식과 행동은 외국인이 단시간에 이해할 수 있는 성질의 것이 아니었다. 그들의 행동을 예측하기 위해서는 꽤 긴 시간의 적응기가 필요할 듯싶었다.

우리는 그 인도 여성들과 나눈 진지한 대화를 통해서 인도인의 생활상에 대해 많은 얘기를 구체적으로 들을 수 있었을 뿐 아니라 그들의 특별한 배려로 비행기 좌석도 얻을 수 있었다. 우리가 얻게 된 비행기편은 우선 봄베이까지 가서 그곳에서 비행기를 갈아타고 벵갈라로 가는 것이었다.

어차피 봄베이에 내리게 되었으므로 우리는 내친 김에 봄베이 탐색을 한 번 해볼 작정이었다. '여왕의 목걸이'라는 별명을 가진 봄베이 항구는 인도에서 가장 아름다운 항구라는 명성에 걸맞게 더할 나위 없이 아름다웠다.

그런데 문제는 봄베이가 완전한 금주 도시라는 점이었다. 인도에서 그냥 물을 마셨다가는 당장 탈이 나서 물 대신 맥주를 마셔야 했는데, 봄베이에서는 호텔 내에서도 술을 살 수가 없었다. 뉴델리에서는 호텔 같은 데서 외국인에게 술을 팔았지만 봄베이는 사정이 전혀 달랐다.

이미 뉴델리를 떠나기 전 그에 대해 얘기를 들었던 우리는 짐 속에 맥주를 가져와 문제가 없었으나, 호텔 내에서 들키지 않게 맥주를 마시느라고 콜라를 사다가 위장을 하는 등 신경을 많이 써야 했다.

인도의 크리스마스엔 꽃향기가 난다

봄베이가 그렇게 철저하게 술을 금하는 것을 보고 나는 시내 탐험에 나선 길에 이 도시가 과연 얼마나 도덕적으로 깨끗한지 알아보고 싶은 엉뚱한 생각이 들었다. 그래서 택시를 타고 운전수에게 넌지시 말을 건넸다.

"우리 젊은 사람들이 집을 떠난 지 오래 되어서 여자를 만나고 싶은데, 그런 곳으로 안내 좀 해줄 수 있겠는가?"

운전수는 대뜸 돈이 얼마나 있느냐고 물어왔다. 그러면서 키도 크고 얼굴도 예쁜 카슈미르 지역 여자는 20달러 정도가 필요하고 그 밖의 여자들은 3루피 정도면 된다고 했다. 1달러가 6루피 정도 되었으니 굉장히 싼 값이었다.

이왕이면 가장 구석진 데를 보고 싶어 우리는 값이 싼 여자들이 있는 데로 가자고 말했다. 그러자 운전수는 재미난 충고를 했다.

"그런 데 가면 나중에 병원에 다니느라고 돈이 더 들어요."

우리야 목적이 딴 데 있었으므로 고집을 부려 싸구려 사창가로 향했다.

운전수가 안내한 곳은 그 지역 전체가 사창가였다. 매음 행위 역시 술처럼 법으로 금지되어 있었으나 그 아름다운 항구 도시의 이면에서는 그처럼 사창가가 창궐하고 있었던 것이다. 인간 세상에서 무엇이든 100퍼센트라는 표어만큼 어처구니없는 목표는 없다.

택시를 타고 안으로 들어가보니 빈민굴처럼 다닥다닥 붙은 조그만 집들 앞에 빨간 천이 드리워져 있고 험상궂게 생긴 남자들이 보초처럼 그 앞에 버티고 서 있었다. 우리는 그 어둡고 음험한 분위기에 질려 택시에서 내리지도 못하고 그냥 돌아와버렸다. 엄격한 도덕을 법으로 강요하고 있는 도시의 이면에는 역시 예상한 대로 더욱 문란하고 추한 곳이 존재하고 있었다.

봄베이에서 출발하는 날 우리는 낭패를 겪었다. 벵갈라로 가는 비행기를 타기 위해 예약은 물론 확인 과정까지 마치고 공항에 나갔는데 난데없이 자리가 없다는 것이었다. 우리가 항의를 했더니 매니저라는 사람이 나와서 하는 말이 원래 큰 비행기로 가려고 좌석 예약을 받았는데, 손님이 너무 없어 비행기를 작은 것으로 바꿨기 때문에 우리에게 배정할 자리가 없다고 무덤덤하게 설명을 했다. 확인까지 마친 일을 이렇게 손바닥 뒤집듯 뒤집는 것을 보니 과연 인도구나 싶으면서도 일정이 급한 우리로서는 마냥 기다릴 수가 없었다.

우리가 아무리 졸라대고 따져도 결국 예정된 비행기는 타지 못하고 다음 비행기를 타야 했다. 현대 사회의 특징이라고 할 시간 개념조차도 인도 땅을 정복하지 못한 것을 확인하고 나니 감탄과 함께 한숨이 나왔다.

우리가 다시 벵갈라에 도착했을 때는 마침 크리스마스 무렵이었다. 벵갈라는 온 도시가 꽃으로 장식된 듯이 백화가 만발해 있었고 거리는 온통 라일락꽃 향기로 가득 차 있어, 지친 우리의 심신에 새로운 활력을 불어넣어주었다. 인도의 꽃이라고 세상의 다른 곳에서 피어나는 꽃과 다를 리 없으련만 그날 벵갈라를 가득 채운 꽃밭은 인도의 여자처럼 신비한 아름다움을 지니고 있었다.

이처럼 인도에는 추함과 더불어 문득문득 드러나는 아름다움이 있고 느릿느릿 걸어가는 소들과 함께 전투기를 생산해내는 공장이 있다. 아직도 카스트가 엄존하고 있는가 하면 세계 세번째의 과학기술 국가이기도 하다. 문맹률이 40퍼센트에 이르니 민도가 낮을 것 같은데 도덕적인 저력을 지닌 지도자들이 있다. 갠지스 평원이 끝없이 펼쳐지는가 싶으면 세계의 지붕 히말라야가 2,500킬로미터에 걸쳐 버티고 있다.

알면 알수록 이해하기 힘들고 모순투성이면서도 신비한 나라 인도는 비록 불도저식의 추진력으로 근대화를 추진해나가는 것은 아니지만 인도인의 고유한 전통과 습관의 무게를 고스란히 실은 채 코끼리의 걸음처럼 서서히 진전하고 있었다.

인도의 진짜 모습을 어찌 한마디로 표현할 수 있으랴. 우리는 단지 인도의 얼굴을 잠깐 훔쳐본 것에 불과한 것을.

뱅갈라에서 우리는 한 기독교 가정의 식사 초대를 받았다. 크리스마스 철이었기 때문에 특별히 이루어진 그 초청을 거절할 수 없어 우리 일행은 그 집에 가게 되었는데, 강한 음식을 전혀 먹지 못하는 나는 아무래도 토속적인 인도 음식을 먹으면 배탈이 날 것 같았다. 그래서 그 집 현관에 들어서자마자 주인에게 배탈이 나서 속이 좋지 않다는 시늉을 해보이고는 나오는 음식을 사양했다.

그 집에서 준비한 음식은 인도 카레였는데, 아니나 다를까 식사를 한 사람 중에 박상증이 그만 배탈이 나고야 말았다. 겁이 나서 의사를 불렀는데 한 여자 의사가 오긴 했으나 그냥 뜨거운 물로 배를 찜질하라고만 하고는 그냥 가버렸다.

하루가 지나도 박상증의 배탈이 나아지는 기미가 보이지 않아 그냥 놔둬서는 안 되겠다 싶어 그를 차에 태우고 중국집을 찾아 들어갔다. 그곳에서 뜨거운 수프를 끓여달라고 해 그것을 먹였더니 효과가 있었는지 곧 몸이 좋아졌다.

벵갈라에서 회의를 마친 우리는 도합 2개월 간의 인도 체류를 끝내고 마침내 귀로에 올랐다. 인도의 위대함과 아름다움을 보기도 했지만, 성질 급하고 바쁘게 움직여야 하는 나로서는 불편하기만 한 이 땅을 떠나게 되어 한편 시원하기도 했다.

사실 인도는 여행자의 마지막 여행지로 더 적합한 땅이 아닐까 싶다. 옛 인도의 수도자들이 세속의 일을 다 이룬 다음 인생의 마지막 과정에서 숲으로 수도를 하러 떠났던 것처럼 인도는 나 같은 외국인에겐 세속적인 인간 세상이 아니라 신비한 숲이었다. 현실의 짐을 풀어놓고 영원에 대해 생각할 수 있는 숲 말이다.

유럽을 들러올 계획은 이듬해 유럽에서 열리는 '교회와 사회 위원회' 준비 모임으로 미루고 곧장 귀국하게 되었다. 당시 우리나라에선 인도에 갔다온 일 자체가 화제가 되던 때였으므로 귀국 후 KBS 라디오에 출연해 인도 여행 소감을 얘기하기도 했다. 주로 인도와 우리나라를 비교하면서 얘기를 했는데 대략 다음과 같은 내용이다.

인도와 한국을 비교해보면 일반 국민은 한국 국민이 뛰어나지만 정치 지도자들은 인도의 지도자들이 월등히 낫다. 그들은 무엇보다 도덕적 저력을 가진 멋있는 사람들이다. 인도에서 한국을 보니 마치 디젤 엔진을 가진 열차와 같은 가능성을 보였다. 인도는 고속 열차가 되기에는 실린 짐이 너무 무거울 뿐 아니라 철로가 좁고 구부러졌다. 그래서 그냥 구식 기관으로 석탄 연기를 뿜으며 한 걸음 가다 쉬고 또 한 걸음 전진할 수밖에 없는 나라다. 이 같은 인도에 비하면 단일 민족에 단일 언어, 매우 낮은 문맹률과 매우 높은 교육열, 그리고 많지 않은 인구를 가지고 있는 우리나라는 인도보다 민주주의의 길, 근대화의 길을 몇 십 배 더 빠르게 달릴 수 있는 여건을 갖추고 있는 셈이다.

그런데 왜 우리가 여건만큼 빠른 전진을 하지 못하고 있을까? 나는 우리가 아직 제 궤도에 들어서지 못했기 때문이라고 생각한다. 이 탈선한 열차를 하루 빨리 제 궤도에 올려놔야 하는데 안타깝게도 그럴 만한 지도력이 아직 우리에겐 없는 것 같다.

예수의 땅에 들어가다

박정희와 선글라스

오래 전부터 방송과 맺은 나의 인연은 1962년 6월 14일 정식으로 발족하게 된 방송윤리위원회의 초대 위원장직을 맡는 것으로 발전하게 되었다. 방송윤리위원회는 당시 기독교방송 주도로 각 방송국 대표 6명과 각계 대표 7명이 민간 차원에서 자발적으로 조직한 방송 자율 기관으로 나는 1966년까지 위원장직을 맡았다.

방송윤리위원회는 밑에 사무국을 두고 간사 몇 명과 모니터 요원들을 써서 방송 프로그램을 심의하는 활동을 했는데, 초대 사무국장은 시인 모윤숙의 남동생인 모기윤이라는 사람이었다.

방송윤리위원회의 위원장직을 맡게 되자 자연 방송 출연도 잦아졌다. 시청자들에게 '호랑이'라는 별명을 듣기도 했던 그 무렵, 내가 진행했던 프로그램 중 가장 기억에 남아 있는 것은 문화

방송을 통해 했던 「화제의 벤치」라는 프로그램이었다. 주제를 자유롭게 하나 정해 대담자를 바꿔가며 가벼운 세태 풍자 얘기를 나누는 프로그램이었는데, 한번은 선글라스가 주제로 오른 일이 있었다.

그때 나는 선글라스를 처음 쓰기 시작한 서양 사람들의 선글라스 사용에 대해 내가 보고 느낀 점을 말한 다음 이런 말을 덧붙였다.

"지금 우리나라에서는 아무런 이유도 없이 아무데서나 항상 선글라스를 끼고 다니는 사람들이 있다. 이런 사람들은 자신을 숨기고 돌아다니면서 엉큼한 짓이나 하는 사람들로 볼 수밖에 없다."

그런데 그 방송이 나간 후 엉뚱하게도 나 대신 담당 프로듀서가 관계 기관에 붙들려 들어가 곤욕을 치르고 나왔다. 사실 나는 당시 유행처럼 선글라스를 끼고 다니던 정보기관 관계자들을 염두에 두고 한 말이었는데, 그쪽에서는 그 말이 선글라스를 즐겨 썼던 박정희를 지칭하는 것인 줄 알고 과민 반응을 보인 것이다.

1966년에 방송윤리위원장직을 그만두게 된 것은 내가 크리스챤 아카데미 일로 바빠진 탓도 있지만 정부의 간섭 때문이었다. 방송윤리위원회는 방송사들이 자율적으로 조직한 단체였던 만큼 돈은 별로 없어도 정부와는 아무런 관계없이 독자성을 유지해왔는데, 시간이 지나면서 자꾸 정부측의 협조 요청이 들어오는데다가 재정적으로 힘이 없으니 독자성을 유지하는 것이 점점 어려워져갔다. 급기야는 1965년부터 공보부에서 윤리위에 재정을 보조해주게 되었다. 나는 더 이상 위원장직을 맡고 싶지 않아 방송일에 애착을 느끼면서도 그 자리를 던져버리고 말았다.

1962년으로 접어들면서 국내 정치 상황은 점점 군사혁명 정부의 강권 통치로 나아가고 있었다. 이 같은 흐름에 우려를 느낀 나는 주일 설교 등을 통해서 내 생각을 표현하곤 했는데, 그 중 대표적인 것이 그해 3월 기독교 방송으로 중계된 '혼란과 질서'라는 제목의 설교였다. 그때는 박정희가 형식적으로 남겨놓았던 윤보선 대통령도 밀어내고 자기가 대통령 권한 대행으로 권력의 전면에 나선 무렵이었다.

나는 이 설교에서 창세기에 나오는 바벨탑 이야기를 소재로 군사 정부를 비판했다. 즉 현재 군사 정권이 혼란을 막고 질서를 유지한다는 명분으로 언론을 통제하고 인권을 유린하며 억압적인 질서를 강요하고 있는데 이러한 행위는 마치 억지로 바벨탑을 쌓는 일과도 같아서 오히려 질서를 무너뜨리고 혼란을 초래하게 될 것이라는 내용이었다. 그리고 질서는 자유와 정의, 평화와 조화됨이 없이는 이루어질 수 없다는 점을 거듭 강조했다.

이미 공포 분위기에 위축된 사람들은 방송으로 나가는 설교에 그런 비판적인 애기를 해도 되느냐고 잔뜩 걱정하는 모습이었지만, 운이 좋았는지 별다른 일은 일어나지 않았다.

1962년 5월 내게 개인적으로 기쁜 일이 하나 생겼다. 내가 신학학사 학위를 받은 캐나다 매니토바 대학에서 명예박사 학위를 받게 된 것이다. 나로서는 영광스러운 모교의 명예박사 학위인데, 이런 명예를 차지하게 된 데는 캐나다통인 정대위 박사의 활약이 컸다.

명예박사 학위를 받으려면 대학 교수회의와 이사회의 승인을 받아야 하는데, 나를 채찍질했던 프리먼 학장이 그때까지 학교에 남아 있어서 별 어려움 없이 학위 수여가 결정된 것 같다. 명예박사 학위는 모교에서 나를 인정해준다는 뜻이니 허영심보다는 고마움이 앞섰다. 더구나 나는 영어도 서툰 유학생이 아니었던가.

유학 초기의 온갖 애환이 서려 있는 캐나다를 떠난 지 8년 만에 박사학위를 받기 위해 다시 그 땅을 밟게 된 나는 정말 감개가 무량하지 않을 수 없었다. 나를 맞아준 프리먼이 자기 집안의 가보라며 자기가 박사학위를 받았을 때 입었던 후드(hood)를 내게 물려줘 그것을 걸치고 학위 수여식에 참석하였다. 그 후드는 지금은 우리 집안의 가보가 되어 있다.

또 한 가지, 학위 수여식장에서 나는 놀랍게도 하야가와를 다시 보게 되었다. 아마 지역신문에 난 내 소식을 보고 찾아온 모양인데, 그녀는 이미 아이도 낳아 단란한 가정을 이룬 주부였다. 그런 그녀가 10여 년 전에 만난 가난한 동양 남자를 잊지 않고 축하하러 와주어서 나는 무척 고마웠고, 여자의 마음이 얼마나 깊고 섬세한지 새삼 느꼈다.

거칠고 황막했던 광야

캐나다에 다녀온 후 얼마 지나지 않은 그해 6월 말, 나는 세계교육협의회(WCCE)가 북아일랜드 벨파스트에서 주최하는 세계

기독교교육협의회 총회와 영국 옥스퍼드 대학에서 열리는 WCC '교회와 사회위원회' 세계대회 준비 모임에 참석하기 위해 유럽으로 떠났다.

나와 함께 가게 된 일행은 강신명, 홍현설, 김윤국(데이비드 김), 김주병, 이성화 박사 등 모두 여섯 명이었는데, 다 유럽은 초행이었다. 우리는 영국으로 가기 전 그리스와 로마를 거쳐 예루살렘을 둘러보기 위해 작은 프로펠러 비행기를 타고 요르단을 향해 날아갔다.

내 평생 세계 여러 곳을 비행기를 타고 다녔지만 이 작은 프로펠러를 탔을 때만큼 벅찬 감동을 느낀 적은 없다. 소년 시절부터 내 삶의 밑바닥에 항상 자리잡고 계신 한 분, 절망의 구렁텅이에 빠졌을 때마다 용기와 소망을 주신 예수께서 태어나 살다 가신 바로 그 땅에 내가 들어가게 되었으니 어찌 감격하지 않을 수 있겠는가. 내 삶의 나침반 구실을 해온 신구약의 역사가 전개된 그 땅을 향해 날아가는 동안 나는 내내 흥분된 가슴을 억누를 길 없었다.

요르단을 향해 날아가는 비행기 안에서 내려다본 대지는 말할 수 없이 거칠고 메말랐다. 그 거친 광야를 걸어다녔을 구약 시대 사람들의 모습을 그려보면서, 나는 그들의 믿음이란 척박한 땅에서 하나님의 은총을 애타게 기다리는 것임을, 그리고 새 하늘과 새 땅을 기다리는 간절한 소망이 그들 역사의 원동력이 되어왔음을 깨달았다.

우리는 마침내 성스러운 도시 예루살렘에 도착했다. 예루살렘은 유대교와 기독교, 회교도의 성지로 중동 지역 사람들 모두의 마음의 고향이라고 할 수 있다. 그러나 그 신성한 땅은 너무나 비참한 모습이었다. 내가 이곳에 갔을 때는 동예루살렘을 요르단이 차지하고 있을 때였다. 서예루살렘은 이스라엘령으로 되어 있었고 그 경계선은 국제연합에서 관리하고 있었다. 허리가 잘린 예루살렘은 중동 지역의 분열과 갈등을 상징적으로 보여주는 듯했다.

우리가 맨처음 찾은 곳은 예루살렘 성전이었다. 그 옛날 솔로몬 왕이 세운 화려한 성전과 헤롯이 세운 거대한 성전은 그리스도의 예언대로 하나도 돌 위에 놓이지 못하고 지금은 다 사라져버렸지만 대신 회교의 황금 돔 사원이 위용을 자랑하고 있었다. 로마로부터 예루살렘을 되찾은 회교도들이 세운 이 사원은 석양빛을 받으면 황금빛 돔이 엄숙하고 장엄한 빛을 내뿜어 마치 또 다른 작은 태양이 떠오르는 것 같은 착각을 일으킨다고 한다.

오늘날 팔레스타인과 이스라엘이 서로 자기 것이라고 다투는 바람에 마치 중동의 화약고처럼 되어버린 예루살렘은 본디 그 지역 유목 민족 모두의 고향이었다. 나는 인종과 종교의 담을 허물기 위해 죽음에 이른 2천 년 전의 예수를 떠올렸다.

우리는 예수가 재판을 받은 빌라도의 관저에서 못박혀 죽은 골고다 언덕까지 올라가보았다. 골고다 언덕은 영화로 보고 상상했던 것처럼 황막한 들판에 솟아 있는 높은 언덕이 아니라, 주위에 인가가 가득 들어찬 예루살렘 시가의 한 부분이었다.

골고다 언덕에는 카톨릭과 그리스 정교회가 세운 교회가 있었다. 카톨릭 교회에서 두 군데, 그리고 그리스 정교회에서 열두 군데의 처(處)를 지정해놓고, 십자가가 섰던 자리, 시체에 기름을 발랐던 자리, 무덤이 있던 자리 등을 크고 화려한 채플로 꾸며놓았다. 그 결과 예수가 그 자리에서 겪었을 고통 대신 이제는 화려함만이 들어찬 것 같아 왠지 씁쓸했다.

골고다 언덕뿐 아니라 예수가 거쳐갔다고 언급되는 곳에는 모두 교회들이 들어서 있었다. 2천 년 가까운 세월 동안 기독교인들이 예수를 기리기 위해 이런 교회당을 짓고 한 것은 이해할 수 있으나 여러 교파가 경쟁적으로 그 자리를 나누어 차지하고 있어 그 성스러운 의미를 해치고 있다는 느낌이 들었다. 만약 예수가 다시 그 자리에 나타난다면 이번에는 그를 미워해서가 아니라 서로 자기 편으로 끌어들이기 위해 그를 더욱 비참하게 죽게 할 것이라는 생각이 들어 쓴웃음을 짓기도 했다.

예수가 태어난 베들레헴도 마찬가지였다. 그가 태어난 말구유가 있었다는 자리에도 역시 교회가 들어서 있었다. 로마 제국 콘스탄티누스 황제가 세웠다는 이 성탄 교회의 문은 매우 낮고 좁았는데 허리를 굽히지 않고는 들어갈 수 없게 일부러 그렇게 만들어놓은 것이라 한다. 로마 황제가 그런 문을 구상하였다는 것이 놀라웠다.

우리는 여리고성과 요단 강, 그리고 사해를 거쳐 쿰란 동혈(洞穴)로 가기로 했다. 예루살렘에서 여리고로 가는 길에는 예수가 자주 머무르며 낭만적인 얘기를 많이 남긴 베다니촌이 있다. 마르다와 마리아 두 자매에 얽힌 이야기들, 막달라 마리아가 나드 향유와 눈물로 예수의 발을 씻고 머리칼로 닦아준 이야기를 떠올리며 나는 자못 가슴이 들떴으나, 이제 베다니촌에는 따뜻한 오막살이는 간 곳 없고 굉장히 화려한 교회당만 서 있다.

베다니 마을을 지나자 인가가 거의 없고 뜨거운 볕만 내려쪼이는 석회암 산들이 솟아 있어 착한 사마리아 사람의 비유에 등장하는 강도가 출몰하기에 딱 알맞다고 할 만했다. 재미있는 것은 거기에 강도를 만나 피 흘린 사람이 누워 있었다는 장소를 일부러 꾸며놓은 것이었다. 그 장소에 대한 역사적인 진실성도 의심스러울 뿐 아니라, 예수님의 이야기를 비유의 깊은 뜻으로 이해하지 않고 표면적인 사실 차원으로만 보려고 드는 발상에서 나온 관광 상술에 불과해 보였지만, 미국 할머니들은 안내원의 설명에 감격하여 고개를 끄덕이고 있었다.

예수가 시험을 받았다는 광야는 과연 악마들이 들끓을 정도로 거칠고 황막했다. 아스팔트 위를 차를 타고 콜라를 마시면서 가는데도 그 타는 듯한 햇볕 때문에 견디기가 힘들었는데, 그런 곳을 맨발로 걸어다니던 옛날 사람들의 고통이야 어떠했으랴 싶어지면서 예수가 사랑을 얘기할 때 자주 언급했던 '냉수 한 그릇'의 의미가 비로소 실감나게 다가왔다.

자동차가 말로만 듣던 요단 강 가까이 갔을 때 나는 긴장하지 않을 수 없었다. 유명한 세례 요한이 낙타가죽 옷을 입고 메뚜기와 석청을 먹으며 그 당시 사회악을 질타하고 사람들에게 세례를 주었던 뜻 깊은 곳이기 때문이다.

'꼭 그 물 속에 한번 뛰어들어가 봐야지.'

이렇게 작심하고 있던 나는 그러나 막상 그곳에 도착해 혼탁한 물결이 얕게 흐르는 강물을 보자 도저히 뛰어들 마음이 나지 않았다.

사해에서 10킬로미터 정도 떨어진 험한 곳에 위치한 쿰란 동혈은 예수와 비슷한 시절에 에세네파 사람들이 로마의 박해를 피해 성경의 독특한 사본을 가지고 몸을 숨긴 곳이다. 이곳은 그 무렵 발견되어 전세계 신학계에 센세이션을 일으킨 사해사본(死海寫本)으로 유명한 곳이기도 하다. 길이 험난하고 기후도 나쁜 케부라는 곳에서 지하 동굴을 파고 살던 쿰란 공동체 사람들은 당시 로마 제국을 하나님의 원수라고 규정하고 목숨을 걸고 대항해 싸웠다고 한다.

이스라엘의 기적은 교육에서 시작했다

요르단령에 속하는 구예루살렘에서 이스라엘령의 신예루살렘으로 넘어가는 과정은 비자를 받아야 하는 등 매우 수속이 복잡했다. 그런데 이스라엘령에 들어선 순간 우리 일행은 요르단과는 너무나 다른 모습에 깜짝 놀라고 말았다. 요르단령의 예루살렘이 과거의 도시라면 이스라엘에 속한 예루살렘 신시가지는 말끔한 고층 건물이 들어선, 현대 예루살렘이었다. 여행사의 서비스도 현대적이고 서구화되어 있었다. 우리를 안내한 50세 가량의 남자는 관광공사 안내원치고는 혀를 내두를 만큼 박식한 신사였다.

2차 대전 당시 유럽인에 의해 엄청난 희생을 당한 덕분에 1948년 '역(逆)엑소더스'를 통해 팔레스타인 평야로 돌아오게 된 이스라엘 사람들은 불과 10여 년 만에 사막을 현대 도시로 바꾸었다. 이곳을 보며 나는 충격과 자극을 동시에 받았다. 우리나라와 같은 해인 1948년에 정부를 수립했으면서도 우리나라와는 비교할 수 없을 만큼 앞서 있었기 때문이다.

더구나 이스라엘은 우리나라보다 조건이 훨씬 나빴다. 열악한 자연 환경에다 아랍 국가들에 둘러싸여 방위마저 불안했고, 세계 각국에서 몰려든 이민자들 사이에 반목도 있었는데, 이스라엘이 이렇게 빨리 현대화를 이룬 것은 기적으로 보였다. 그러나 국가 건설에 기적이란 없다. 그렇게 될 만한 합리적인 여건이나 이유가 있게 마련이다.

나는 그 첫번째 원인이 훌륭한 교육이라고 생각한다. 그들은 무엇보다 먼저 교육을 통하여 민족 정기를 하나로 모았다. 국방에 대한 부담에도 불구하고 처음부터 과감하게 9년의 의무 교육을 실시했다. 특히 의무 교육을 유치원부터 실시하여 세 살부터 다섯 살까지 어린이 교육에 주력한 것은 눈여겨볼 점이다. 의무 교육 기간 동안에는 '유대 의식'(jewish consciousness)을 심어 주는 데 주력한다고 한다. 이렇게 어릴 때부터 강한 정신 교육을 받고 자라난 유대인들은 강한 민족 의식을 갖게 되는 것은 물론 빠른 시간 내에 이민자들 사이에서도 히브리어가 공용어로 정착되는 데 이바지하였다.

교육이 제대로 된 나라는 비록 현재가 어렵더라도 장래는 밝다. 박정희가 등장하면서 교원들을 모아놓고 "먼저 경제를 살린 뒤에 교육에 투자하겠으니 교육계는 좀 기다려달라"라고 설득한 '현실 논리'가 오늘날 과연 바람직한 현실을 낳았는지 나는 심히 의심스럽다. 먹고사는 게 더 중요하다고, 군사 시설이 더 중요하다고 교육과 문화를 공공연히 찬밥으로 만들어버리니 인재들은 교단을 떠나 돈 버는 데로 몰려갔고, 교육은 흔들리기 시작했다. 오늘날 이토록 정신이 피폐해진 사회, 물질 위주의 사회가 되어버린 근본 원인은 교육의 부재라고 할 수 있다. 그렇게 한 번 무너진 교육은 아직도 갈피를 잡지 못하고, 심지어 공교육이 무너지고 있는 중이라니 나라의 장래를 생각한다면 지금이라도 교육을 1순위로 삼아야 할 것이다. 나는 빈 터 위에 들어선 무수한 굴뚝들이 연기를 내뿜는 60년대의 텔아비브 하늘을 올려다보며 멀리 내 조국을 떠올렸다.

예루살렘은 이 첫 여행 이후 몇 차례 더 찾아볼 기회가 있었다. 성지를 순례하는 것은 예수님의 현재성을 내 안에서 느끼는 소중한 경험을 제공하지만, 그 경험이 꼭 성지에 갔을 때만 가능한 것은 아니다. 다만 갈릴리 호숫가를 거닐 때나 광야를 지나며 우리는 풍부한 영감을 통해 예수를 더 생생하게 느끼는 기회를 얻을 수가 있다.

성지 순례를 하다보면 기독교인들을 자주 만나게 되는데, 사연이 있는 곳에 다다를 때마다 성경을 펼쳐들고서 "여기가 바로 예수가 사흘 간 머물렀던……" 운운하며 예수의 흔적을 찾으려고 하는 장면을 접하게 된다. 예수가 십자가를 지고 오른 '비아 돌로로사'(고통의 길)에서 찬송가를 부르는 사람들도 보았다.

예수의 고향을 찾았으니 예수를 찬양하며 기리고 싶은 마음이 분출하는 것이 당연하지만, 예수의 유적을 역사적으로 확인하려는 태도는 우리의 영성을 갉아먹는 '착각'과 불합리한 '고집'을 낳기 쉽다는 것을 얘기하고 싶다. 성경의 말씀은 비유와 은유의 차원으로 해석해야지 고고학적인 차원으로 받아들여서는 곤란하다. 그런 사람들은 에덴 동산이나 노아의 방주를 찾으러 들고 아담과 이브의 뼈 조각이라도 발견해보려고 애쓴다. 그런 사람들일수록 성경 말씀을 한 자도 빠짐없이 잘 믿는다고 장담하곤 한다.

그러나 그런 '증거물'이 있어야만 하나님을 믿을 수 있단 말인가? 우리가 하나님, 예수님을 믿는다는 것은 그런 증거물을 찾는 것과는 다른 차원이 되어야 한다. 신앙은 신의 모습을 닮은 인간이 가진 한계와 나약성을 우리 자신에게서 발견하는 것이지, 아담이나 이브의 뼈를 찾는 것은 아니기 때문이다.

만약 성지 순례를 떠나고자 하는 사람이 있다면 기독교도이건 아니건 간에 2천 년 전 식민지의 청년으로 오셨던 예수님의 사랑을 염두에 두고 예루살렘의 거리를 거닐어보라고 말하고 싶다. 되도록 혼자서 말이다.

여담 한 가지. 예루살렘 순례는 내게 감격의 여행이었지만 그곳의 기후와 풍토, 음식이 우리와는 달라 매우 고생스런 여행이기도 했다. 돈이 없던 우리는 주로 세 사람이 한 방에 들어가는 싼 호텔에 묵었는데, 그런 곳에서 주는 물이나 음료수를 먹으면 배탈이 나게 마련이었다.

그래서 나와 김주병 목사 등은 탈이 나면 안 되니 맥주를 마시자고 했으나, 나머지 사람들은 절대로 술은 안 된다며 물이나 주스 등을 마셨다. 결국 맥주를 마신 우리들은 괜찮았지만 술은 안 된다고 고집을 부린 사람들은 배탈이 나서 순례도 제대로 하지 못하는 결과가 빚어졌다. 본래 물이 좋지 않은 곳에는 술이나 차 문화가 발달하게 마련이다. 물이 좋지 않은 땅에서 냉장고도 없던 2천년 전에 살았던 예수과 그 제자들이 술을 안 마셨을 거라고 믿는 것 자체가 그 땅에서 하루라도 지내보면 어불성설이 되고 만다.

너무 다른 두 여자, 에바와 샐리

예루살렘에서 우리 일행은 다시 로마를 거쳐 프랑크푸르트로 향했다. 나는 그곳에서 유니언 신학교 시절의 여자 친구인 에바를 7년 만에 재회하기로 되어 있어서 자못 흥분이 되었다.

앞서 얘기한 대로 그 전해, 인도에 갔을 때 유럽을 들러오기로 작정했던 나는 에바에게 편지를 했었다. 그때 에바는 매우 기뻐하며 유럽에 오면 꼭 자기에게 들르라고 신신당부를 했었는데, 유럽행이 취소되는 바람에 나는 에바에게 취소된 경위를 설명하는 편지를 다시 써야 했다.

'1962년 여름에 보자. 6개월밖에 안 남았으니까.'

그랬더니 에바는 따뜻한 우정과 위트가 넘치는 답장을 보내왔다.

'너는 여섯 달이 매우 짧은 것처럼 얘기하지만 내게는 기다리

기 너무 긴 시간이야. 네가 어떻게 변했는지 빨리 보고 싶어. 너 만날 날을 고대하고 있어.'

에바를 만나러 프랑크푸르트로 날아가는 내 심정은 옛친구를 본다는 기대와 흥분으로 적잖이 들떠 있었다. 에바와 나는 좋은 친구였고 그래서 그렇게 스스럼없이 재회를 기뻐할 수 있었지만 막상 처음으로 에바의 남편을 만날 생각을 하니 그 사람이 느낄 기분에 공연히 신경이 쓰여 나는 이성화 박사에게 동행을 요청했다. 혼자서도 얼마든 떳떳하게 만날 수 있는 관계였지만 어쩔 수 없는 한국 남자의 촌스러운 의식 때문이었다.

미리 연락이 되어 있어 공항에는 에바 부부가 우리를 마중 나와 있었다. 에바의 남편은 기대 이상으로 멋진 남자였다. 나를 마치 자기 친구처럼 반갑게 맞아주는 자연스런 모습에서 속 좁은 남자에게서는 찾아볼 수 없는 활짝 열린 마음과 확 트인 태도를 읽을 수 있었다.

"호텔에 머물게 되면 식사 때마다 당신을 데리러 오기가 번거로우니 아예 우리 집에 묵는 편이 낫지 않을까요?"

에바 남편의 호의에 가득 찬 제의는 고마웠으나 나는 일행도 있는데다 차마 그럴 수는 없어 그냥 호텔에 있겠다고 고집을 부렸다.

에바의 남편은 나를 자기 집 식사에 초대한 자리에서도 나와 에바에게 세심한 배려를 잊지 않았다. 식사가 끝나면 에바와 내가 그간 밀린 얘기를 나눌 수 있도록 자기는 볼일이 있다면서 자연스럽게 자리를 피해주는 것이었다.

에바 부부와 짧지만 즐거운 시간을 보낸 나는 나중에 귀국하는 길에 다시 한 번 들르기로 하고 일행과 함께 런던으로 향했다. 런던에는 김혜경 교수가 독일에서 시작한 성악 공부를 계속하고 있었기 때문에 우리는 그녀의 안내를 받을 수 있었다.

런던에는 또 다른 친구가 있었다. 미국 뉴욕으로 나를 찾아왔던 펜팔 친구 샐리. 나는 그때 제대로 대접해주지 못한 샐리를 이번에 만나면 제대로 대접해주어 그때의 섭섭함을 달래보리라 결심하고 일부러 그녀를 찾아보았다. 내 마음에 늘 걸리던 그녀인 만큼 꼭 만나 그때의 아쉬움을 달래고 싶어서였다.

런던으로 떠나기 전 나는 샐리에게 편지를 써서 김혜경의 주소를 알려주고 "그리로 물어보면 런던의 내 연락처를 알 수 있을 것"이라고 말해두었다. 그런데 런던에 도착해 김혜경에게 물어보니 이상하게도 아무런 연락이 없었다는 것이다.

내심 실망을 하면서 무슨 일이 생겼나 궁금해하고 있었는데, 곧 어떤 여자로부터 만나자는 연락이 왔다. 무슨 일인가 하고 만나보니 그녀는 바로 샐리가 대신 내보낸 여동생이었다. 그런데 그 여동생이 내게 들려준 말은 내가 전혀 생각하지 못했던 것이라고는 할 수 없어도 매우 놀라웠다.

"언니는 강선생님의 연락을 받고 직접 만날까 말까 고민을 하다가 저를 대신 내보냈습니다. 언니는 이미 결혼했기 때문에 한때 좋아했던 당신을 다시 만나기가 조심스러운 모양입니다. 그래서 제가 대신 언니의 미안한 마음을 전하러 나왔습니다. 아시는지 모르겠지만 언니가 뉴욕으로 당신을 찾아갔을 때, 속으로는 여자로서 당신에 대해 꽤 기대를 했던 것 같습니다. 그런데 당신이 너무 냉정하게 대해 크게 상심하여 그 후 고민도 많이 했답니다. 당신도 언니의 감정을 알고 있었나요?"

나는 샐리가 그토록 상처받았으리라고는 짐작도 하지 못했기에 이 말을 듣고 무척 놀랐다. 비록 그녀가 나에 대해 낭만적인 감정을 느끼고 있다는 낌새를 눈치채지 못했던 것은 아니지만 편지로만 소식을 주고받던 사이인데 그 정도로 진지하게 나를 이성으로 느끼고 좋아했으리라고는 생각하지 못했다. 나는 에바와 좋은 친구 사이를 유지하고 있었으므로 같은 유럽 여성이면서 그렇게 다르리라고는 생각지 못했던 것이다.

여든이 넘은 지금 생각해보면 샐리가 뉴욕으로 찾아왔을 때 내가 박정했다는 것을 인정하게 된다. 젊었을 때의 나는 여자에 대해 무지한데다 스스로 엄격하기만 했지, 여성의 섬세한 마음을 받아들일 줄도 모르고 인간적인 따뜻함을 멋있게 표현할 능력을 갖추지 못했다. 나의 젊은 시절은 사회운동에 빠져서 여성과 인간적인 관계를 맺는 방법을 배울 기회가 전혀 없었다고 하면 변명이 될까.

여든이 넘은 지금의 여유와 멋을 그때 젊은 내가 조금이라도 가지고 있었더라면 나는 뉴욕을 찾아온 샐리를 그렇게 무심하게 대하지 않았을 것이다. 아르바이트는 잠시 쉬고 샐리를 데리고 다니면서 뉴욕을 구경시켜주고 식당이나 극장에도 데리고 가고, 하다 못해 집에서라도 요리를 하여 대접하면서 즐겁고도 솔직한 이야기를 나누었을 것이다. 내가 기혼자이니 우리가 이성적으로 사랑을 나누지는 못하겠지만 그녀에게 어여쁘다고, 그리고 나를 찾아와 고맙고 즐겁다고 말해주었을 것이다. 인간과 인간 사이의 정과 예의는 그런 것이다. 다만 남자들끼리 나누는 정과 여자를 대할 때의 정은 표현 방법이 다를 뿐이다. 젊은 시절의 나는 여느 한국 남자와 마찬가지로 무뚝뚝하기만 했지 그런 섬세하고 풍부한 정을 멋지게 나누는 방법을 몰랐고 바로 이런 나의 박정함과 멋없음으로 나는 귀한 친구 하나를 잃고 만 셈이다. 이후 나와 샐리는 완전히 연락이 끊어지고 말았다.

취리히 호숫가에서 만난 뮐러

런던 옥스퍼드 대학에서 준비 모임을 마친 후 나는 세계기독교 교육협의회 총회에 참석하기 위해 북아일랜드의 벨파스트로 날아갔다. 북아일랜드는 사람들의 생활 방식이나 언어, 심지어 자연 환경까지도 영국 본토와는 다른 분위기를 갖고 있는 독특한 곳이었다.

벨파스트에서 보는 풍경은 매우 목가적이었다. 날씨는 흐리거나 비가 흩뿌리는 궂은 날이 대부분이었지만 사람들은 더할 나위 없이 순박하고 친절했다. 거리에서 길을 물으면 말로만 가르쳐주는 것이 아니라 찾아가기 편한 곳까지 직접 안내까지 해주는 친절은 북아일랜드에서 처음 경험해 보았다.

벨파스트 회의는 변화하는 세계 속에서 기독교 교육을 어떻게 올바로 정립할 것이냐 하는 문제를 놓고 작은 그룹 모임으로 진행되었는데 나는 한 그룹의 성서 공부 지도자로 봉사했다. 한편 기독교 교육이란 결국 교회 전체와 세계 전체를 고려해야 한다는 맥락에서 세계기독교교육협의회가 WCC와 통합될 가능성에 대해 토의를 벌이기도 했다.

벨파스트 회의를 마친 우리 일행은 파리까지 함께 와 각자의 일정에 따라 흩어지게 되었다. 나의 다음 목적지는 스위스 취리히였다. 취리히에서 조금 떨어진 곳에 위치한 아카데미 하우스에서 열리는 기독교 사회운동에 관한 모임에 참석하기로 되어 있었기 때문이다. 6월 말에 한국을 떠났는데, 이곳저곳 바쁘게 돌아다니다 보니 때는 이미 8월 초에 접어들어 있었다.

한국에서 뜻이 맞는 학자들과 기독교사회문제연구회를 조직해 활동하고 있던 나로서는 이 모임에 참가하는 의미가 남달랐다. 특히 그해는 기사연 활동이 본격적인 궤도에 접어든 해로, 동아시아 교회협의회와 공동으로 '사회 참여의 새로운 형태'(New Forms of the Social Action Participation)라는 주제 아래 온양에서 뜻 깊은 회의를 주최한 성과를 거두고 난 뒤여서 취리히 모임에 대한 기대가 더욱 컸다.

온양에서 연 회의는 우리 기사연이 혼자서 조직하다시피 했는데 M. M. 토마스와 앨런 브라시(Alan Brash) 등 저명한 인물들이 참석했을 뿐 아니라, 한국 교회 혁신을 이루기 위한 구체적인 시도였다는 점에서 역사적인 의의가 있다.

1960년대에 들어 4·19와 5·16을 겪으면서 나는 교회가 해야 할 일을 과거와는 완전히 새로운 차원에서 느끼고 있었다. 다시 말해 자유당 시절의 이기주의에 바탕한 호교적(護敎的) 자세나 현실을 멀리한 복음 우선주의 모두에 강한 비판 의식을 갖고, 한국 교회가 정확한 사회과학적 인식 하에 하나님의 뜻에 따라 현실 개혁에 나서는 혁신적인 전환을 실현해야 한다는 생각을 굳히게 된 것이다. 그리고 이러한 나의 신학적 반성이 기사연을 중심으로 한 기독교 사회운동에 방향과 활력을 제공해주고 있었다.

1962년 8월 초 취리히의 아카데미 하우스 모임에 참가했던 일은 내게 뜻밖의 수확을 안겨주었다. 그 모임에서 나는 전혀 예상치 않게 독일 에반젤리컬 아카데미 운동의 창시자 에베르하르트 뮐러 박사를 만나게 된 것이다. 독일 아카데미 운동은 2차 대전 이후 뮐러 박사의 주도로 시작되어 폐허로 화한 전후 독일의 재건과 부흥에 정신적 바탕을 마련해왔다. 또한 정치·경제·사회·문화 등 각 부문의 문제를 해결하는 데에도 결정적인 역할을 해오고 있었다.

그 동안 책을 통해서만 알고 있던 뮐러 박사를 그 모임에서 우연히 소개받아 점심 식사를 같이 하면서 우리는 여러 가지 이야기를 나누었다. 나는 한국이 처한 현실과 기사연의 활동에 대해 설명했고, 그는 내 얘기에 흥미를 보이면서 자신이 이끌고 있는 아카데미 운동의 전모를 개괄적으로 설명해주었다.

서로 뜻이 통해서 그랬는지 나와 뮐러 박사는 처음 만났음에도 마치 오랜 지기 같은 친밀함을 느끼며 가슴을 열고 대화할 수 있었다. 그는 후일 내게 "당신을 처음 봤을 때 뭔가 일을 해낼 수 있는 사람이라고 느꼈다"고 얘기했지만, 나 역시 그를 본 첫눈에

"믿을 수 있는 사람이구나"라는 확신을 가졌기에 솔직하고 진지하게 우리의 상황을 설명할 수 있었다.

식사가 끝나갈 무렵 뮐러 박사가 내게 충고했다.

"당신을 도울 길을 찾아보고 싶은데, 우선 귀국길에 독일 슈투트가르트와 바트 볼에 있는 아카데미에 들러보시겠습니까? 또 일본 아카데미 책임자와도 한번 만나보면 도움이 될 것입니다."

몇 년 후 한국 크리스챤 아카데미가 세워지는 데 중요한 계기가 된 이 만남은 웅장한 알프스의 절경 속에서 내게 더할 나위 없는 기대와 흥분을 안겨줬다.

그날 레만 호가 아름다웠던 이유는

회의가 끝난 후 나는 제네바를 찾았다. 제네바는 프랑스 출신의 종교개혁가 칼뱅이 그 개혁을 직접 실험했던 도시이고, 스코틀랜드의 존 낙스와 프랑스인 파렐 등의 개혁자들이 머물던 유서 깊은 곳이다. 그뿐 아니라 제2차 종교개혁의 봉화를 들고나온 에큐메니컬 운동 본부가 있는 곳이기도 하다. 게다가 거기에는 호수 중의 호수인 레만 호가 있었다.

제네바에 도착한 8월 10일 아침, 시내를 둘러보기 위해 시내를 도는 관광버스에 올랐다. 모든 공식 일정은 끝났고 일행도 없이 나 혼자서 신교도의 전통이 배어 있는 아름다운 도시 탐험에 나선 길이어서 기분은 그만큼 홀가분하고 여유가 있었다.

게다가 내 옆자리에 앉은 사람은 기가 막힌 미녀였다. 그녀는 할머니 두 사람을 데리고 버스에 올랐는데, 차 안을 둘러보더니 그 두 할머니는 내 건너편 좌석에 앉히고 자기는 내 옆에 자리를 잡았던 것이다.

버스가 출발하면서 안내원의 설명이 시작되었다. 그런데 그 안내원의 영어가 프랑스 억양이 들어간 영어라 알아듣기가 힘들었다. 나는 안내원의 말을 한 마디라도 더 알아들으려고 애를 썼는데, 옆자리에 앉은 미녀가 눈치 빠르게 안내원의 말을 내가 알아듣기 쉽게 다시 말해주었다. 그 여자는 독일인으로 영어와 프랑스어에 다 능통한 재원이었다. 아름답고 유서 깊은 제네바 시내를 기가 막힌 미녀의 친절한 통역과 함께 둘러보는 내 기분은 자연히 기쁘고 들뜨지 않을 수 없었다.

더구나 그날은 날씨마저 유난히 아름다웠다. 어떻게 시간이 지났는지도 모르게 버스가 시내를 한 바퀴 돌고 나니 시간은 겨우 오전 11시 30분이었다. 아쉽지만 나는 그녀에게 작별 인사를 해야 했다.

"친절한 설명, 고마웠습니다. 이 아름다운 장소에서 아름다운 날씨에 당신같이 아름다운 분을 만나 정말 즐거웠습니다."

"나 역시 당신을 만나 즐거웠습니다. 그런데 혹시 관광을 계속할 예정이라면 내가 오늘 오후에 몇 군데 좋은 곳을 안내해 드릴 수 있습니다만. 나는 이미 이곳을 일주일 동안 관광했기 때문에 어디가 좋은지 알고 있거든요."

나는 그녀의 제의가 놀랍기도 하고 반갑기도 했다. 우리는 오후 두 시에 내가 머물고 있는 호텔 라운지에서 만나기로 하고 헤어졌다. 나는 그날 점심을 당시 스위스에 나와 있던 이한빈 대사 집에서 하기로 되어 있었다. 그런데 그 집에서 모처럼 한국 사람이 왔으니 냉면을 해준다는 바람에 시간이 많이 걸려 내가 호텔에 돌아온 시간은 약속 시간보다 두 시간이나 늦은 오후 네 시 무렵이었다.

그녀는 그때까지도 가지 않고 나를 기다리고 있었다. 그녀가 이미 가버렸으리라고 짐작했던 나는 미안해서 어쩔 줄을 모르며 사정을 설명했다.

"괜찮아요. 외국을 여행하다 보면 있을 수 있는 일이에요."

그녀는 내 무례를 너그럽게 이해해주었다. 이렇게 다시 만나 우리는 함께 제네바의 명소들을 찾아나섰다.

사람의 만남은 묘한 것이어서 오랜 지기와 있을 때 편안한 면이 있는가 하면, 방금 만나 서로에 대해 아무것도 모르고 아무런 편견 없이 인간대 인간으로 만날 때 잘 통하는 면도 있는가 보다. 그녀와 나는 깨끗한 자연 속에서 그만큼 순수해진 마음으로 서로를 대했다. 잠깐 만나 스쳐지나가는 우연한 인연이었으므로, 사회적인 만남에 으레 따르게 마련인 당신은 무엇 하는 사람이냐, 나이가 몇 살이냐 따위의 궁금증도, 질문도 필요 없었다. 우리는 인종이나 언어, 직업이나 신분의 벽을 아예 만들지 않고 다만 호수의 아름다움을 얘기하며 인간과 자연의 만남에 감사할 수 있었다.

알프스의 만년설이 서서히 녹아 흘러내린 물줄기를 그 품 안에 부드럽게 받아들이면서 몽블랑의 웅자를 그 투명한 수면에 비춰

내고 있는 레만 호는 이 세상에서 가장 위대한 영웅을 낳아 그를 품에 안은 어머니의 아름다운 젖가슴과도 같이 느껴졌다. 호숫가에는 높이 120미터로 세계에서 제일 높이 솟아오르는 분수가 장미꽃 향기를 실은 채 저녁 햇살 속에 구슬처럼 부서지며 무지개를 만들어내고 있었다. 이 호수야말로 늙은 로맹 롤랑의 눈동자에서 불안과 우울을 몰아내고 영원한 안식을 줄 수 있었으리라는 생각이 절로 들었다.

아름다운 레만 호수를 보며 나는 이 세상에 태어난 것을 감사해했다. 이 세상에 살아 있고, 그 삶을 누리는 것은 얼마나 고마운 일인가. 그날 우리가 걸었던 레만 호가 그토록 아름다웠던 것은 그녀가 곁에 있었기 때문일 것이다.

레만 호를 함께 거닌 후, 우리는 카페테리아에서 간단하게 저녁을 먹은 다음 영화관에도 들르고 물랭 루즈에도 가 즐거운 시간을 보냈다. 어느 새 밤이 깊어가고 있었고 서로가 짧은 만남을 아쉬워하면서 헤어져야만 하는 순간이 왔다. 내 일정에 여유가 있었다면 하루 정도 더 그녀의 안내를 받을 수도 있었지만 나는 바로 다음날 오전에 떠나기로 되어 있었다. 헤어지면서 우리는 누가 먼저랄 것도 없이 자연스럽게 서로 크리스마스 카드라도 보내겠다는 얘기를 하게 되었고 각자의 주소, 성명을 쓴 쪽지를 교환했다. 지금 그녀의 성은 잊어버렸지만 이름은 릴로(Lilo)였고 큰 의료용품 회사의 부장직을 맡고 있는 독실한 카톨릭 신자였다.

나는 호텔에 돌아와서도 들떴던 마음을 진정시키느라 제대로 잠을 이룰 수 없었다. 불과 몇 시간 전에는 몰랐던 한 존재와 그토록 자유롭고 인간적인 만남을 가진 것이 믿어지지가 않았다. 그 경험 자체가 즐겁고 신기하고 행복했다. 그러면서도 한편으로는 내 일정이 촉박해 그녀와의 만남을 짧게 끝낼 수밖에 없는 상황이 다행스럽게 여겨지기도 했다. 그만큼 그녀를 만난 여운은 강렬했다.

다음날 아침, 아직 식사도 하지 않고 방에서 떠날 준비를 하고 있는데 돌연 릴로가 나를 찾아왔다. 그녀는 아주 가까운 친구처럼 내 이름을 부르면서 잘 잤느냐며 내 뺨에 가벼운 키스를 했다. 유럽에서는 남자와 여자가 만나면 뺨에 입을 맞추는 것이 일상적인 인사라는 것을 알고 있었지만, 그 인사가 정말로 인간의 따뜻한 일이라는 것을 나는 그때 처음 느꼈다.

그렇게 다시 만난 우리는 함께 아침 식사를 한 후 헤어졌는데, 릴로는 나와의 작별이 무척이나 아쉬운 듯 몇 번이나 뒤돌아보며 손을 흔들어 떠나는 내 발길을 무겁게 했다.

제네바를 떠난 나는 다시 프랑크푸르트로 날아가 에바 부부를 만났으며 그들의 안내로 바트 볼에 가서 아카데미 시설을 둘러보았다. 그리고 귀로에 오른 나는 우선 일본으로 향했다. 일본 아카데미 운동 책임자를 만나보라는 뮐러 박사의 얘기 때문이었다.

공항에는 이미 뮐러 박사의 연락을 받고 일본 아카데미 운동의 책임자인 독일인 슈미트가 나와 있었다. 나는 그와 함께 하코네로 가서 아카데미 운동에 대해 많은 얘기를 나눈 후 서울로 돌아왔다. 일도 많고 사건도 많았고 의미도 깊었던 두 달 동안의 첫 유럽 여행은 그렇게 끝났다.

사람을 사랑하고 돕는 자들

아름다운 미개척지 실론에서 만난 아시아 기독교인

1962년은 내가 동아시아기독교협의회(EACC)와 정식 스태프로 처음 인연을 맺은 해이기도 하다. 그해 12월 나는 실론(스리랑카)의 자프나에서 열리는 EACC 모임에 평신도 운동의 책임자로 초청받게 되었다. 원래 1959년 말레이시아 쿠알라룸푸르에서 열렸던 EACC 창립 총회에도 총대로 참가하기로 되어 있었으나, 당시 나를 미워하던 자유당 정부가 내게만 여권을 내주지 않아 참석하지 못했던 사연이 있던 터였으므로 그 회의 참가 역시 내게는 뜻깊은 것이었다.

EACC는 공식적으로는 WCC 지부가 아닌 독자적인 단체이지만 실질적으로는 WCC 지역협의체 성격을 가진 동남아 기독교인들의 단체였다.

당시 실론은 우리나라와 국교가 수립되어 있지 않은 상태였으므로 콜롬보 공항에서 임시 비자를 발급받는 등 복잡한 과정을 거쳐서야 실론에 입국할 수 있었다. 나를 포함해 아시아 동북 지역에서 온 대표 9명이 싱가포르에서 실론 항공기를 타고 콜롬보에 내렸는데, 내리고 보니 어떻게 된 셈인지 싱가포르에서 부친 짐이 하나도 도착하지 않아 우리들은 체류 기간 동안 와이셔츠도 못 갈아입고 잠옷도 없이 지내야 했을 뿐 아니라, 회의에 제출하려고 준비한 문서도 제출할 수 없게 되었으니 기가 막힐 노릇이었다.

우리를 더 곤란하게 했던 일은 콜롬보에서 자프나로 가는 국내선 비행기를 타려고 할 때 일어났다. 주최측으로부터 미리 주의를 받은 바가 있어 분명히 좌석을 예약해놓고 왔는데도 확인을 해보니 예약이 전혀 안 되어 있다는 대답이었다. 어이가 없었지만 "기차로 가면 24시간이면 갈 수 있을 것"이라는 말로 입을 막아버리는 항공회사 직원의 냉담한 태도에 다른 사람들은 별다른 도리가 없다는 표정이었다.

그러나 나는 이미 인도에서 경험한 바가 있어 무조건 예약한 시간에 맞춰 공항에 나가서 공손히 합장을 한 채 절을 하고 비행기표를 내보였더니 역시 아무 말 없이 태워주었다. 돌아오는 길도 마찬가지였다. 타고 보면 비행기 안에 빈 좌석이 여럿 있는데도 번번이 예약 손님을 거절하는 이유가 무엇인지 도무지 이해하기가 힘들었다. 그런 그들의 태도는 비행기 좌석 잡는 일에서 뿐만 아니라 호텔 방을 잡을 때도 마찬가지였다.

인도와 마찬가지로 현대적인 행정 처리나 조직화와는 거리가 먼 사람들이 살고 있는 실론의 자연은 그러나 너무나 아름다웠다. '인도의 눈썹 사이에서 빛나는 진주', '아시아의 낙원', '인도양의 하와이'라는 별칭에 걸맞게 이 작은 섬나라는 전체가 열대성 식물로 꽉 찬 크고 아름다운 식물원과도 같았다. 실론은 지금 스리랑카로 불리는데 랑카란 말은 '광휘의 땅' 즉 빛나는 자연이라는 뜻이라 한다. 나는 이 이름이 이 아름다운 섬에 가장 잘 어울린다고 생각한다.

적도에 가까운 열대 지역인데도 싱그러운 푸른 숲에 둘러싸여 있고 몬순 계절풍 덕분에 북쪽에 위치한 인도보다 날씨가 훨씬 상쾌했다. 실론은 또 가는 곳마다 아름다운 호수가 있어 스위스를 연상시키기도 했다. 그러나 스위스처럼 우중충한 고층 건물이 호수를 둘러싸고 있는 것이 아니라 적도의 햇살 아래 푸른 윤기 흐르는 열대식물들의 산이 둘러싸고 있어 더욱 아름다워 보였다. 스위스와 하와이가 사람의 손으로 아름답게 꾸며진 낙원이라면 실론은 자연 그대로의 아름다움을 지니고 있었다.

그런데 그 나라 사람들의 말에 의하면 그 많은 호수들 대부분은 약 천년 전에 그들의 선조가 인공으로 판 것이라고 한다. 농업 국가이므로 가뭄 때 쓰기 위한 조수용으로 호수를 팠다는 것이다. 호수 위에는 묵직하고 아름다운 펠리칸의 무리들이 놀고 있었다.

또한 이 땅은 야생 물소와 사슴, 원숭이들, 그리고 수많은 날짐승과 길짐승들의 낙원이기도 하다. 푸른 언덕과 맑은 호숫가는 야생 동물들의 서식지여서 마치 태고의 땅인 듯싶었다.

어디서나 볼 수 있는 야자수 숲과 이 나라의 특산품인 고무나무, 바나나무, 그리고 맑은 물이 흐르는 계곡의 아름다움은 이루 말할 수 없을 정도였다. 차를 타고 가다가 길가에 금방 떨어진 코코넛을 주워 쪼개어 그 맑은 즙을 마시는 흥취도 그럴듯했다. 이 나라의 특산품인 홍차를 심은 정돈된 밭이랑 사이사이에서 남국의 여성들이 조용히 손을 놀리고 있는 모습도 퍽 인상적이었다.

그러나 이 나라는 자연만큼 평화로운 역사를 가지고 있는 나라는 아니다. 16세기에 포르투갈이 침략, 해안을 차지한 데 이어 네덜란드와 영국의 지배를 받게 된 실론은 영국의 차문화를 위한 차농장으로 전락했다. 1948년 독립을 하지만 역시 정치인들의 암투와 암살이 이어졌다. 4세기에 걸친 식민지의 독과 때는 이렇게 늘 부작용을 낳곤 한다. 또한 살기 좋은 자연 때문인지 사람들은 개발 의지도 특별히 갖고 있는 것 같지 않았다. 그래서 인구밀도가 높고 못사는 나라로 이름이 나기도 했지만 많은 인구와 아름다운 자연 조건을 제대로 이용하기만 한다면 발전의 가능성이 있는 나라다.

자프나 회의는 아쉬람이라고 불리는 수도원에서 개최되었는데, 주로 고행자들이 이용하는 숙소였으므로 시설이 매우 불편했다. 침대도 없이 흙바닥에 널판을 깔아놓은 데서 자야 했으며 화장실도 우리의 구식 변소를 연상케 했고 식당도 엉망이었다. 그러나 나일스의 해외 여행이 제한되어 있던 관계로 우리는 불편을 참으면서 그곳에서 실무에 관한 협의를 마쳤다.

회의 장소인 자프나는 당시 EACC 총무였던 D.T. 나일스의 고향으로서 그 사람의 입김 때문에 그곳에서 회의가 열린 것인데, 나일스는 불교국 출신이면서도 동남아 지역 기독교계의 탁월한 지도자였다. 매우 카리스마적이었던 그는 실론 사람이라 그랬는지 몰라도 일을 원칙대로 하기보다는 자의적으로 처리하는 경우도 없지 않았다.

그 몇 년 후에 일어난 일이기는 하지만 1965년 실론의 캔디에서 열린 EACC 회의에 참가하게 되었을 때의 일이다. 그때도 우리 일행은 싱가포르에서 콜롬보로 가는 비행기를 탔는데, 지난번 실론 항공사의 화물 착오로 고생을 했기 때문에 이번에는 영국 비행기를 탔다. 그런데 그 길에는 마가 붙었는지 이번에는 비행기 엔진에 고장이 생겨 가슴을 졸이며 싱가포르로 회항했다가 이틀 후에야 다시 콜롬보로 향하게 되었다. 비행기가 콜롬보에 도착했을 때는 밤이었고, 우리 한국인 세 명은 외교 관계가 없는 나라에서 왔다는 이유로 흡사 죄수 취급을 받으며 힘들게 회의에 참석하게 되었다.

우리가 늦는 바람에 개회 전 행사로 잡혀 있던 '종교간의 모임'에는 참석하지 못한 채 실행위원회에만 겨우 참석할 수 있었다. 그런데 회의 장소에 도착해보니 어이없게도 회의는 이미 끝나버린 후였다. 사흘로 예정되었던 개회 전 행사가 빨리 끝나버려 본회의도 앞당겨서 해치워버렸다는 얘기였다. 우리는 "그 먼 곳에서 천신만고 끝에 달려왔는데 이럴 수가 있느냐"며 분통을 터뜨렸지만 이미 폐회식까지 마친 회의를 다시 열 수도 없는 노룻이었다.

내가 EACC 동북아 지역 책임간사가 된 것도 나일스의 즉흥적인 일처리 방식 때문이었다. 1963년 3월 일본에서 열린 EACC 모임은 지역상황회의(Regional Situation Conference)였는데 나는 그 회의에서 사흘 동안 아침마다 성서 강의를 맡아서 했다. 그런데 이 회의에서 일본 사람들이 "왜 동아시아협의회라고 하면서 동북 지역 사람은 없느냐"는 항의를 했는데, 그 말을 들은 나일스가 내게는 사전에 한마디 상의도 없이 불쑥 내뱉은 말이 "동북아 지역의 책임간사는 강원용"이었다. 과연 나일스다운 대응 방식이었다.

어쨌든 이 자프나 회의를 시작으로 EACC와 긴밀한 관계를 맺게 된 나는 그 이듬해 3월 일본 회의에서 동북아 지역 책임간사가 되었고 9월에 다시 실론에서 열린 EACC 관계 모임에 계속 참석하면서 활동 영역을 넓혀갔다. 결국 1968년 방콕 총회에서 부회장에 선출되었고 1973년 싱가포르 총회에서는 회장직을 맡아 1977년까지 일했다.

1962년 여름 스위스 취리히에서 뮐러와 만나 아카데미 운동을 접하고 그의 원조 약속도 받았던 나는 한국에 돌아와 우선 기독교사회문제연구회를 정식 등록 단체로 만드는 일에 주력했다. 1962년 12월 하순부터 등록 준비를 시작한 우리 연구회는 마침내 1963년 3월 28일 등록이 접수되어 명실상부한 공공 단체로서 활동을 시작하게 되었다. 등록된 연구회의 정식 명칭은 '한국기독교사회문제연구회'(Christian Institute for Social Concern in

Korea)였다.

정식 등록 단체가 되고 가진 첫 모임은 4월 16일 YWCA 회관에서 있었다. 외국인으로서 우리말과 우리 전통 연구에 큰 업적을 남긴 리처드 러트 성공회 신부가 강연을 한 그날 모임에서 연구회의 사업 계획안이 공개되었고, 앞으로 해나갈 활동 내용에 대한 검토와 분석이 활발하게 논의되어 연구회의 앞날을 밝게 했다. 우리는 그후에도 계속 모임을 가지면서 연구회가 나아갈 방향과 한국에서 벌여나갈 아카데미 운동의 성격 등에 대해 계속 진지한 논의를 펼쳐나갔다.

사람의 목에 밧줄을 매야 하나

1963년 3월경 나는 카톨릭의 윤형중 신부(당시 한국순교복지수녀원 신부)와 권순영 판사(당시 서울지법 소년부지원장) 사이에 시작된 사형 폐지 논쟁에 참여해 사형 제도를 반대하는 입장을 밝힌 일이 있다.

윤형중 신부가 『동아춘추』(東亞春秋)라는 잡지 1962년 12월호에 사형 제도를 존속시켜야 한다는 글을 발표한 후, 권순영 판사가 같은 잡지 다음 호에 윤신부의 견해를 반박하는 글을 기고함으로써 시작된 이 논쟁은 그들의 공방이 한 차례 더 있은 후 끝날 뻔하다가, 내가 자진해서 권판사의 견해를 지지하는 입장의 글을 기고함으로써 더욱 확대되었다. 이 논쟁은 사형제도에 관한 우리나라 최초의 공개적인 논쟁으로 화제를 모았다.

「교수대의 밧줄과 신앙-목사로서 윤신부에게 대신 묻는다」라는 제목의 기고문(『동아춘추』, 1963년 4월호)에서 나는 윤신부가 그의 글에서 '고의적 살인범을 사형에 처해야 할 이유'로 열거한 네 가지 조목을 하나하나 반박했다.

그 네 가지 이유는 우선 "정의가 파손되면 그것이 보복되어야 하고 예전에는 사사로이 갚았던 원수를 이제는 국가가 위탁받았으니 국가는 그 위탁받은 복수를 실행해야 한다는 것", 그리고 "살인범을 사형에 처함은 살인죄의 예방도 되고, 또 살인범을 상당한 이유도 없이 제 명대로 살게 한다면 국민의 세금을 낭비하는 것이 되기 때문"이라는 것이었다.

나는 이 같은 윤신부의 주장에 대해 다음과 같은 요지의 반박을 펼쳤다.

첫째, 살인범을 사형에 처함으로써 보복하는 것이 자연법이 요구하는 응보라는 주장을 살펴보자. 윤신부가 말하는 자연법이란 기독교의 자연법일 텐데, 기독교의 자연법이란 하나님의 신적인 창조의 명제(命題)를 의미한다. 나는 "사람이 다른 사람을 불의로 죽이는 것은 정의를 파손하는 행위"라는 윤신부의 말에는 동감이지만 살인자를 죽여서 보복함으로써 그 정의가 성취된다는 견해에는 동조할 수 없다.

보복의 감정은 자연스러운 감정이긴 하지만 그리스도 안에서 성취된 하나님의 의(義)는 아니다. 사람을 사형에 처하는 것이 정당한 보복이라는 생각은 하나님의 창조의 질서에 반항

한 인간의 타락한 본능이며 카를 바르트의 말대로 인간으로서 겸손을 잃어버린 결과다. 사형을 주장하는 사람들은 불완전한 인간의 판단을 절대화하는 오류를 범하고 있다.

둘째, 고의적 살인범을 그대로 살려두는 것은 국가가 위탁받은 복수를 실행치 않는 것이라고 했는데, 과연 복수가 국가가 위탁받은 것이란 말인가? 또 복수를 위탁받았다 해도 그 복수가 사형까지 의미한다는 말인가? 나는 이런 전제부터 받아들일 수가 없다. 윤신부의 말에 따른다면 오늘날 사형 제도를 폐지하고 있는 많은 선진국들은 국가가 할 일을 게을리하고 있다는 말인가?

나는 국가가 근본적으로 위탁받은 것은 복수나 사형 같은 것이 아니라 국가 공동체의 성원 모두를 보호해주고 잘살 수 있도록 환경을 조성해주는 것이라고 본다. 따라서 행형의 목적도 복수나 처벌에 있는 것이 아니라 수형자의 교육과 치료에 있는 것이다. 그러나 사형의 경우는 이것이 불가능하다.

더군다나 국가가 절대적으로 선하고 옳은 결정을 내릴 수 있다는 사상처럼 무서운 사상은 없다. 이러한 유토피아적 국가 사상이야말로 하나님 이외 모든 것의 비절대화를 얘기하고 있는 기독교 정신에 어긋나는 반기독교적인 것이다. 살인죄까지 포함해서 모든 악은 '비교적 상대적인 것'이지 '절대적인 것'은 아니다. 재판도 유한하고 상대적인 인간이 하는 것이기에 오판이 있을 수 있다. 오판으로 사형이 집행되었을 경우, 후일 그 사실이 밝혀져도 회복할 길이 없으니 어찌할 것인가?

셋째, 윤신부는 살인죄인을 사형에 처함으로써 살인죄를 예방한다는 주장을 펴고 있으나, 이는 이미 역사를 통해서 허구임이 실증되었다. 역사를 살펴보면 사형이 있다고 해서 살인죄가 줄어들지도 않았고 사형이 폐지되었다고 해서 사형에 해당했던 죄가 늘어나지도 않았음을 얼마든지 입증할 수 있다. 따라서 사형을 존속한다고 해서 살인죄가 예방된다는 주장은 설득력이 없다.

넷째, 살인범을 사형에 처하지 않고 살려두는 일이 국가의 세금을 낭비하는 것이라는 주장은 권판사의 말처럼 한마디로 인간 생명의 가치를 무시하는 가공할 사고방식이라고 아니할 수 없다. 이에 대해 윤신부는 "아마 생명의 존엄성을 너무나 높이 평가해서 이런 논리가 나오는지도 모른다. 남의 존엄한 생명을 고의로 박탈한 죄악의 생명이 국민의 세금으로……" 하면서 자신의 생각을 자세히 밝혔으나 이 같은 생각 역시 나는 동의할 수가 없다.

윤신부는 너무나 높이 평가되는 '존엄한 생명'과 명대로 살 이유가 없는 '죄악의 생명'을 명확하게 갈라놓고 있는데, 성서적으로 보자면 인간의 도덕적 행위를 기준으로 할 때 그렇게 존엄하고 순수한 생명 속에 들어갈 사람도 없고 반대로 명대로 살아서는 안 될 죄악의 생명도 없는 것이다. 이것은 성서의 증언일 뿐 아니라 윤신부와 내가 함께 존경하는 성 어거스틴의 사상에서도 마찬가지라고 나는 이해하고 있다.

의로운 사람이란 존재하지 않는다. 그리고 살인죄까지 포함해 인간의 모든 악은 어디까지나 '비교적, 상대적인 것'이지 '절대적, 단독적인 것'이 아니다. 절대적인 심판은 절대자이신 하나님만이 할 수 있는 일이지 상대적이고 유한한 인간 존재가 해낼 수 있는 것이 아니다. 하나님의 아들인 예수도 하나님의 이름으로 십자가에서 사형에 처해지지 않았던가. 나는 죄인인 삭개오와 막달라 마리아의 집을 찾아가시고 바라바가 죽을 십자가에서 대신 죽은 그리스도만을 똑바로 보고 모든 문제를 그 빛에 비추어 판단하려는 것이다.

나는 나의 참여로 이 논쟁이 계속되어 사형 제도에 관한 폭넓은 의견 수렴과 여론이 환기되기를 바랐으나, 내 글이 발표된 이후 아무런 반박이나 지지 의사가 표명되지 않아 우리나라 최초의 사형 폐지 논쟁은 내 글을 마지막으로 종결되고 말았다.

라인 강의 기적을 만드는 사람들

1963년 4월 말에 나는 독일 정부 초청으로 다시 독일을 방문할 기회가 있었다. 각 나라 종교 지도자들을 초청해 독일의 모습을 보여주고 독일 종교계와 유대를 맺게 하려는 정책에 따라 영국인 목사, 희랍 정교회 주교, 대만의 신학 교수와 나, 모두 네 명이 3주일 정도의 일정으로 독일을 방문하게 되었다.

여러 방문 일정 중에서도 가장 인상적이었던 것은 베를린 시에서 있었던 노동절 행사였다. 당시 베를린 시장은 후일 수상이 되어 독일 통일의 기반을 닦은 유명한 빌리 브란트였다. 우리는 그의 초청으로 수십만 명의 군중이 모인 메이데이 행사에 참석해 사람들에게 소개되는 영광을 맛보기도 했다. 내게는 그러한 개인적 영광보다 내 눈으로 직접 자유국가 국민들의 위대한 힘을 확인한다는 사실이 더 큰 감격이었다.

첫눈에도 훌륭한 정치가임을 알아볼 수 있었던 브란트 시장의 연설은 매우 감동적이었다. 특히 그의 연설이 마이크를 통해 동베를린으로 우렁차게 퍼져나가는 것이 내게는 더욱 인상적이었다.

베를린 시의 부시장은 기독교 목사로서 우리 일행을 친절하게 안내해 주었는데, 나는 그의 주선으로 동베를린까지 순회하는 시내 관광버스를 타게 되었다. 내 눈으로 직접 공산 치하에 있는 동베를린 시가를 보게 된다는 기대에 나는 자못 흥분하지 않을 수 없었다.

동베를린 시내 관광은 물론 엄격히 제한된 것이었다. 서베를린에서 동베를린으로 넘어갈 때는 여권을 수거해 가는 등 감시가 심했고 동베를린에 들어간 후에도 몇 군데에서 내려 주위를 둘러볼 수는 있었으나, 멀리 가지 못하도록 제지하곤 하는 바람에 근처에서 사진이나 찍고 다시 버스를 타는 수밖에 없었다.

그렇게 피상적으로 둘러본 것이긴 해도 동베를린과 서베를린의 차이는 한눈에도 확연하게 드러났다. 활기에 찬 서베를린에 비해 사람도 없고 음산한 동베를린의 거리는 흡사 점령군의 계엄하에 있는 듯 억눌린 분위기였다. 나는 동서 베를린을 내 눈으로 직접 비교해보며 자유가 보장된 사회의 우월성을 다시 한 번 확인할 수 있었다.

이 동베를린 관광은 1979년 크리스챤 아카데미 사건이 터져 내가 중앙정보부에 잡혀갔을 때 정보부가 나를 용공으로 모는 데 상당한 꼬투리가 되기도 했다. 그들은 그 버스를 탄 것 자체가 보안법 위반이며 내가 그때 남몰래 북한 대사관에 들어가 북한측 인사들과 만났다고 우겨댔다. 북한 대사관은 본 일도 없는 나는 너무나 터무니없는 그들의 주장에 그 일은 전적으로 독일 정부와 브란트 시장이 주선해서 한 일이니 만약 내가 그 일로 기소되면 그들을 법적 증인으로 부르겠다고 조사관을 몰아세웠다.

베를린에서는 또 중요한 독일 교계 지도자들을 만날 기회가 있었다. 그 중의 하나가 베를린 교구 주교로서 유명한 오토 디벨리우스라는 사람이었다. 이 사람은 히틀러에 대항해 저항 운동을 한 사람으로 명성이 높았는데, 전후 베를린이 반으로 갈라지자 자기는 베를린 시민일 뿐 동서 베를린 어느 쪽에도 속하지 않는다며 어느 쪽의 여권도 소지하지 않고 있는 민족주의자였다.

그는 같은 분단국가에서 온 나에게 말했다.

"한국은 국토가 양단되었지만 독일은 수도마저 동서로 갈라졌으니 이렇게 비극적인 일이 어디 있겠습니까? 나는 독일이 통일될 때까지 계속해서 어느 쪽에도 속하지 않고 통일을 위해 싸울 것입니다."

눈시울을 붉히면서도 굳센 의지를 보여주는 그의 말은 나의 심금을 울리고 말았다.

내가 만난 또 한 사람은 콜 빗쟈라는 유명한 신학자였다. 그는 나치에 저항한 유명한 진보 신학자로서 2차 대전 때 종군 목사를 하다가 소련군에 붙잡혀 수용소 생활을 했던 사람이었다. 그의 집에서 만나 그와 얘기를 나누었는데 지금도 잊혀지지 않는 말이 있다.

"나는 평생 두 가지를 생각하며 살아왔습니다. 하나는 「요한복음」에 나타난 포도나무의 비유처럼 우리가 그리스도에 속한 사람이라면 꼭 열매를 맺어야 하는데, 그 열매란 결국 사람을 사랑하고 돕는 것이라는 겁니다. 또 나는 언제 어느 자리에 있든지 하나님이 왜 나를 이 자리에 있게 하시는가를 생각합니다. 나는 2차 대전 때 소련군에 포로로 잡혀 수용소에 있을 때도 '하나님이 왜 나를 이곳에 있게 했는가'를 생각하며 그곳에서 그리스도인으로서 열매를 맺으려고 노력했습니다."

베를린에서 일정을 마친 후, 우리는 서독의 수도인 본으로 가게 되었는데 마침 우리가 탄 비행기에 브란트 시장이 동승하게 되어 그와 잠시 얘기를 나눌 기회가 있었다.

"당신이 속한 사민당(SPD)은 언제쯤 집권할 것 같습니까?"

나의 질문에 그의 대답은 조금 의외였다.

"아직은 사민당이 집권할 시기가 아닙니다."

즉 "아직은 민족자본이 충분히 축적되지 않았기 때문에 기민당이 자본을 더 축적한 후에야 사민당이 나서서 분배 문제를 해결하게 될 것"이라는 요지의 설명이었다. 소속당의 집권욕을 떠나 국가 전체 차원에서 생각하는 그의 큰 정치 면모에 속으로 감탄을 금치 못했다.

1960년대 초의 서독은 이런 인물들과 더불어 어디를 가든 새로운 건설의 에너지가 넘쳐흐르고 있었다. 정해진 일정에 따라 서독 각 지역의 도시와 농촌을 둘러보고 탄광에 들어가 광부들과 함께 지내기도 하며 내가 직접 느낀 것은 구석구석 부흥의 힘찬 약동이었다. 패전의 어두운 그늘은 어디에서도 찾아보기 힘들었다. 나는 그 점이 무엇보다 부러우면서도 한편 앞으로 내가 우리 땅에서 해야 할 일을 떠올리면서 가슴이 무거워지기도 했다.

릴로의 울음

공식 일정이 모두 끝난 것은 5월 18일이었다. 내가 지금도 그날을 정확히 기억하는 것은 바로 그날 제네바에서 만났던 릴로에게 연락을 하기로 되어 있었기 때문이다. 아직 얘기를 안 했지만 1962년 여름 릴로를 만났던 유럽 여행을 마치고 집에 돌아와 보니 뜻밖에도 나보다 먼저 도착한 릴로의 편지가 나를 기다리고 있었다. 크리스마스 때 카드나 교환하자고 주소를 알려줬는데 헤어지자마자 바로 편지를 써보낸 것이었다. 뜯어보니 내용은 당혹스럽게도 열렬한 연애 편지였다.

당신과 헤어진 후 지도를 펴놓고 한국이란 나라를 찾아보았습니다. 굉장히 먼 나라더군요. 하지만 당신을 만나기 위해서라면 걸어서라도 가고 싶고 또 앞으로 한국어를 어떻게 해서든 공부해볼 작정입니다.

나는 편지 내용을 보고 깜짝 놀랐다. 우리가 서로 호감을 가진 것은 사실이지만 여행지에서 우연히 만나 하루 저녁 관광 안내를 했을 뿐 누구인지도 잘 모르는 극동의 한 남자에게 예쁘고 지적인 서양 여자가 그렇게 단번에 애정 고백을 해오리라고는 생각할 수 없었기 때문이다. 나는 편지 내용에도 놀랐지만 당시는 군사정부가 편지 검열을 심하게 하던 때라 그 점에도 신경이 쓰였다.

나는 매정하지만 "우리나라는 편지 검열이 심하니 다시는 그런 편지를 쓰지 마라. 그리고 너는 나에 대해 아무것도 몰라서 그런 편지를 쓴 모양인데, 내 입장은 너와 다르다"는 내용의 답장을 써서 보냈다.

얼마 후에는 릴로의 친구에게서 그녀가 무척 고민하고 있다는 내용의 편지가 왔다. 나는 그녀에게 "내가 내년 봄에 다시 독일에 가게 되니 그때 만나 모든 얘기를 나누자"는 짤막한 답장을 보냈다. 그녀는 그후 일기를 써서 내게 보내왔다.

그런데 5월 18일이 되어 릴로에게 전화를 하려고 봤더니 전화번호를 채 적지 않고 떠나왔는지 번호를 찾을 수가 없었다. 할수없이 그녀의 주소로 전보를 쳐서 내가 묵고 있는 호텔로 연락을 하라고 했는데, 그날 밤 그녀에게서 전화가 왔다.

나는 그녀에게 나에 대해 솔직하게 이야기를 했다.

"나는 이미 결혼을 해서 아이가 셋이나 있는 45세된 목사다. 당신이 생각하고 있는 것과는 다른 사람이다."

전화선을 넘어 그녀가 흐느끼는 소리가 들려왔다. 나 역시 가슴이 아팠지만, 그녀가 나에게 그런 낭만적인 감정을 느끼지 않았다면 이런 가슴 아픈 대화를 나눌 필요도 없는 것이었다. 나는 무엇보다 그 사실이 안타까웠다.

"나는 너에게 거짓말하지 않았는데, 왜 네가 일방적으로 그렇게 생각했는지 모르겠다."

"당신 손가락에 결혼반지가 없어서 당연히 미혼이라고……."

풍습의 차이가 본의 아니게 그처럼 가슴 아픈 오해를 불러온 셈이었다. 그후로 나는 대부분의 사람들이 나를 늙은 사람으로 봐주기 전까지는 해외에 나갈 때 꼭 결혼반지를 끼고 갔다.

나는 이제 릴로라는 이름만 기억할 뿐 그녀의 성조차 모른다. 그러나 내가 만난 여성들 가운데 그녀는 내게 가장 사랑스런 빛깔로 남아 있다. 단 한 번뿐인 만남이었지만, 우리는 감수성이 합치하며 빚어내는 미묘한 화음을 들었다. 그것이 레만 호수의 아름다움 덕택이었는지, 아니면 우리들의 화음 때문에 그 호수가 그토록 아름다웠는지 나는 아직도 모르고 있다.

양극간의 다리가 되어

민주공화당 창당

내가 독일에서 귀국한 1963년 5월 말의 국내 정치 상황은 한 마디로 숨가쁜 것이었다. 박정희가 혁명 공약에서 약속한 민정 이양 일정은 그 동안 굴곡 많은 행보를 거치면서 드디어 그 막바지 단계에 접어들고 있었다.

이미 1962년 12월 17일 대통령제 복귀와 기본권 제한, 국회에 대한 견제 등을 골자로 한 개정 헌법을 국민투표를 통해 확정한 정부는 이어 정당법, 국회의원 선거법 등 선거 관련법도 새로 제정함으로써 민정 이양을 위한 제도 정비를 끝내놓은 상태였다.

민정 이양을 눈앞에 둔 1963년 정국은 연초부터 파란만장했다. 1월 10일에는 김종필의 주도로 조직된 민주공화당(民主共和黨)의 발기인 대회가 개최되었으나, 군정 내부의 세력 다툼으로 김종필은 일체의 당직에서 물러나고, 2월 25일 '타의 반, 자의 반의 외유길에 오르게 되었다. 그리고 그 이튿날인 26일에 민주 공화당이 창당되어 초대 총재에 정구영이 선출되었다.

한편 사분오열되어 있던 야당 세력들도 대통령 선거를 겨냥해 속속 창당 작업을 추진하였다. 5월 14일에는 민정당(民政黨)이 창당되어 김병로가 대표위원에 선출되었고 이어 민주당, 자유당 등도 잇따라 창당되어 군정 치하에서 강제로 겨울잠을 자고 있던 정치가 비로소 기지개를 켜기 시작했다.

공화당의 대통령 후보로 지명된 사람은 박정희였다. 그는 1963년 2월부터 8월 사이에 민정 불참과 군 복귀 선언(2·18성명), 군정 연장 선언(3·15성명) 후 사실상 철회(4월 8일), 공화당 입당(8월 30일)과 대통령 후보 지명 수락 등 번의를 거듭한 끝에 결국 군복을 벗고 민간인 신분으로 대통령 선거에 나서게 되었다.

나는 박정희의 번의 과정을 충격과 실망 속에서 지켜보면서 그에 대한 반감이 더욱 깊어갔다.

실패로 돌아간 후보단일화

9월 15일에 마감된 대통령 후보 등록에 등록을 마친 사람은 박정희, 윤보선, 허정, 변영태, 송요찬 등 모두 일곱 명이었다. 이렇게 야당 후보가 난립하자 선거를 통해 군 세력을 몰아내려는 국민들 사이에서는 야당 후보 단일화에 대한 여망이 높아졌다.

박정희의 집권을 막기 위해서는 기필코 야당 후보 단일화를 이뤄야 한다고 생각한 나는 조향록, 이명하, 맹기영 등 기독청년운동을 벌이던 동지들과 함께 단일화에 대해 의논을 시작했다. 그 무렵 우리들은 나라에 중대한 일이 생기면 함께 모여 서로 고민하고 의견을 교환하면서 대안을 모색하는 모임을 갖곤 했다.

그때 우리가 구상한 안은 크게 두 가지였다. 우선 야당 단일 후보를 내세우되 이 야당 후보가 대통령에 당선될 경우 당적을 가지지 않으며 2년 후에 다시 대통령 선거를 실시한다는 것, 그리고 야당 단일 후보 선출 기준은 연장자를 우선한다는 것 등이었다.

대통령에 당선될 경우 당적을 가지지 않는다는 조건은 당시 헌법상 무소속으로는 대통령 선거에 출마하지 못했으므로 재출마를 포기하도록 하기 위한 전제였다. 따라서 2년 후에 다시 치르는 대통령 선거에서는 단일화를 위해 먼저 양보하여 후보를 사퇴한 사람들이 다시 경쟁한다는 것이었다.

중요한 것은 박정희로 상징되는 군부 세력으로부터 일단 정권을 되찾아오는 일이었으므로 단일 후보가 누가 되든, 또 2년 후에 누가 경쟁을 하게 되든 우리야 그런 것에는 이해 관계가 없었다.

그런데 첫번째 생각은 좋았는데, 단일 후보를 최연장자로 하자는 안이 뜻하지 않은 오해를 불러일으키고 말았다. 우리가 모여서 의논했을 때에는 후보들의 나이를 정확히 몰라 누가 제일 연장자인지 알지도 못하는 상태에서 그렇게 결정한 것이었다. 단지 우리의 전통 윤리상 가장 무난한 제안이라고 여겨 그 같은 합의를 본 것이었으나 그것이 결과적으로 특정 후보를 지지하는 내용이 된다는 것은 미처 생각하지도 못했다. 그때만 해도 우리는 세상 경험이 짧았고, 무엇보다 이해 관계가 앞서는 현실 정치 세계에 대한 이해가 부족해서 생긴 실수였다.

우리는 야당 후보 단일화의 필요성을 설득하기 위해 대표적인 야당 거물이었던 허정(국민의 당), 윤보선(민정당) 그리고 변영태(정민회)를 찾아갔다. 그런데 알고 보니 세 사람 중 제일 연장자는 허정이었다. 그 때문에 우리는 윤보선 후보측으로부터 허정의 사주를 받고 돌아다니며 그런 일을 한다는 오해를 받기도 했다. 우리를 만난 윤보선은 그 같은 오해 때문이었는지 후보 단일화의 필요성에 대해서는 동감을 표시하면서도 어떻게 단일화를 이룰 것인가 하는 문제에 대해서는 우물우물하면서 분명치 않은 태도를 보였다.

그런데 우리를 더 맥빠지게 한 것은 변영태의 태도였다. 좀 꼬장꼬장한 성격의 그는 우리 집에서 멀지 않은 곳에 살고 있었는데, 우리가 찾아가 후보 단일화를 위해 이번에는 사퇴를 해달라고 간곡히 얘기하자 엉뚱하게도 하나님의 계시 운운하면서 고집을 부렸다.

"내 내자가 얼마 전 기도원에 가서 기도를 하다가 이번 선거에는 반드시 내가 나가야 하고 또 나가면 틀림없이 당선된다는 계시를 받았다네. 만일에 내가 이 계시를 어기면 하나님의 중벌을 받게 된다는 얘기야."

그는 책상서랍을 열어 그 속에서 편지 뭉치를 잔뜩 꺼내 우리에게 보여주었다. 내용을 보니 "우리들은 존경하는 변영태 후보

께서 꼭 대통령이 되기를 바라고 있으니 절대 흔들리지 말고 소신 있게 선거에 나서달라"는 요지의 편지들이었다.

내가 보기에는 야당 후보 난립을 이용하려는 군사정부측의 공작임이 분명한데도 변영태는 그 편지들을 보고 많은 사람들이 자기를 지지한다는 착각에 빠져 끝내 후보로 나설 것을 고집했다.

야당 후보 단일화를 바라는 여론의 압력으로 허정과 송요찬이 후보 사퇴를 함으로써 박정희와 윤보선의 대결로 압축된 1963년 10월 15일의 대통령 선거에서 당선자인 박정희와 윤보선의 득표 차는 불과 15만여 표였다. 그런데 변영태가 얻은 표가 22만여 표였으니 만일 그가 후보 사퇴를 했더라면 윤보선이 이길 수 있는 선거였던 셈이다. 이미 지나가버린 역사에 가정은 무의미하다지만 선거가 끝난 후 그 결과를 보고 내가 느낀 안타까움은 이루 말할 수 없었다.

물론 그때 선거가 공명 선거였다는 뜻도 아니고 야당이 다수표를 얻었다고 해도 숫자 조작으로 이런 결과가 나왔으리라고 생각한다.

이미 말했듯 박정희의 사상에 깊은 의구심을 품고 있던 나는 대통령 선거전이 시작되면서 윤보선 후보를 찾아가 그런 얘기를 대충 털어놓았다. 윤보선은 내 얘기를 듣고 무척 놀라는 표정을 지어 보였는데, 그 얼마 후인 9월 24일 그는 호남 지방 유세에서 "박정희 의장의 사상 성분을 의심한다"는 발언을 함으로써 이른바 사상 논쟁을 불러일으켰다. 선거전 막바지에 터져나온 이 사상 논쟁은 선거의 최대 쟁점으로서 선거 분위기를 급격히 고조시

켰고 선거 결과에도 미묘한 영향을 미쳤다.

내가 보기에 윤보선이 사상 문제를 걸고 박정희를 공격하고 나선 데는 선거 효과를 노린 점도 있었으나, 5·16 혁명 직후 맥그루더 유엔 사령관 등이 대통령이었던 윤보선을 만나 쿠데타 진압 작전의 승인을 요청했을 때, 그가 유혈을 원치 않는다는 구실로 이를 거부함으로써 군사정권을 탄생시킨 데 대한 책임감도 작용했던 것 같다.

선거를 앞두고 사상 논쟁이 연일 그 도를 더해가면서 박정희의 가계와 과거 경력, 여순 반란 사건 연루 관계, 간첩 황태성 사건 등이 야당에 의해 공개적으로 폭로되는 것을 보고 그 논쟁을 계기로 박정희의 정체가 확실히 밝혀지기를 바랐다.

그러나 치열했던 선거전이 끝나고 박정희의 제3공화국이 시작되자 무엇 하나 확실하게 해명된 것이 없는 채로 사상 논쟁은 흐지부지되고 말았다. 패배한 야당은 더 이상 말이 없었고 승리한 공화당 역시 '선거가 끝나면 두고보자'는 말과 달리 사상 논쟁에 관한 아무런 공격이나 비난, 해명조차 없었다. 결국 이 논쟁은 사람들의 의구심만 증폭시켜 놓고는 안개가 스러지듯 종적도 없이 사라지고 말았다.

독일 아카데미 운동을 그대로 적용할 수는 없다

1963년 10월에는 독일 크리스챤 아카데미의 책임자이며 당시 유럽 평신도연합회 총회장이던 밀러(Eberhard Müller) 박사가 일본 아카데미 운동의 책임자인 슈미트(Alfred Schmidt) 박사와 함께 우리나라를 찾았다. 한국에서 아카데미 운동을 시작하기 위해 필요한 사항들을 구체적으로 점검해보기 위해서였다.

이들은 이미 1962년 말부터 활동비의 대부분을 지원해주고 있던 우리 기독교사회문제연구회의 성격과 활동 내용 등을 직접 살펴본 후, 여러 차례 강연회를 통해 아카데미 운동과 유럽 평신도 운동의 신학적 배경을 설명하면서 독일이 도와줄 수 있는 방안을 토론했다.

이처럼 독일 아카데미 운동과 긴밀한 관련을 갖게 되면서 기사연의 활동은 기존의 월례회 형식의 강연 위주 모임에서 아카데미 운동 형태의 프로그램으로 자연스럽게 변화를 이루기 시작했다. 물론 이 같은 변화는 연구회 회원 수가 100명이 넘어가면서 자연 발생적으로 이루어진 측면도 있다. 수가 많다 보니 강연보다는 주제별 토론이 자연 활기를 띠게 되고, 따라서 저절로 아카데미 의 대화 형식이 두드러지게 된 것이다.

기사연이 마지막으로 가진 월례회 형식의 모임은 1963년 12월 6일 YWCA 회관에서 열린 '한국 민족주의의 지향점'이라는 주제의 강연회였다. 그 무렵 기사연은 활동 성격과 내용에서 중대한 전환기를 맞게 되는데, 이는 독일과의 협조 아래 한국에서 펼치게 될 아카데미 운동을 전망해 볼 때 당연한 것이기도 했다.

우선 우리가 내걸기는 했으나, 그때까지도 모호한 상태였던 연구회의 현실 참여 전략을 '현실 속에 파고들기는 하되 직접적인 행동자로서가 아니라 이해와 견해를 달리하는 모든 사람들에게 잘못된 선입관과 편견에 사로잡힌 정신 구조를 개혁할 수 있도록 대화의 장을 제공하는 역할을 담당한다'는 것으로 확정지은 것이다.

이 같은 현실 참여 전략을 규정하기 위해서는 '대화'라는 말에 대한 새로운 신학적 이해가 필요했는데, 이에는 독일 아카데미 운동의 영향이 컸던 것이 사실이다.

뮐러 박사가 주도한 독일 아카데미 운동의 기본 정신은, 독일이 2차 대전을 일으켜 폐허가 되어버린 것은 무엇보다 대화를 통한 상호 의사 소통이 불가능했기 때문이라고 보고, 우선 독일 국민들 사이에 서로 대화를 틀 수 있는 광장을 마련하고 대화 운동을 일으켜 보자는 것이었다. 뮐러 박사는 수평적인 관계가 깨지고 상명하달의 일방적 명령만 존재했던 나치의 권위주의적 풍토가 무엇보다 먼저 개혁되어야 독일이 다시 설 수 있다는 믿음을 갖고 있었다.

뮐러 박사가 자신이 주도한 운동의 이름에 아카데미라는 명칭을 붙인 것도 대화의 정신을 그만큼 소중히 여겼다는 것을 보여 준다. 아카데미라는 이름은 고대 그리스 철학자들이 아테네 교외의 숲 속에 함께 모여 숙식을 같이 하며 대화를 통해 진리를 탐구했던 장소인 아카데모스에서 유래한다.

이 운동을 시작한 후 뮐러 박사는 독일 곳곳에 아카데미 하우스를 세우고 사회 각 분야의 지도자와 평신도를 모아놓고 흉금을 터놓고 대화할 수 있도록 했는데, 이 같은 운동이 전후 독일의 부흥에 끼친 영향은 놀랄 만큼 컸다.

독일 아카데미 운동의 대화 모임은 독일어로는 타궁(Tagung)이라고 하는데 이 말은 우리의 '대화'라는 말과는 그 의미가 꽤 다르다. 일본 아카데미 운동 관계자들은 타궁을 '하나시아이'(はなしあい)라고 하는데 이것 또한 우리의 '대화'와 똑같은 의미는 아니다.

우리의 대화 모임은 독일의 타궁과 내용이나 방법 면에서 두 나라의 차이만큼이나 다를 수밖에 없었고 그것은 또한 내가 예측한 바였다.

나는 뮐러 박사와 한국 아카데미 운동에 관한 얘기를 나누면서 우리나라의 상황에 대해 솔직하게 말했다.

"한국은 독일이나 유럽, 일본과는 많이 다릅니다. 그러므로 다른 나라의 모델을 그대로 우리에게 적용하기는 어렵다고 봅니다. 또 한국 아카데미 운동을 당신이 원하는 대로 새로운 형태의 선교 사업으로 받아들이고 싶지도 않습니다."

이 때문에 뮐러 박사와 나 사이에 때로 갈등과 마찰이 일기도 했으나 나는 생각을 굽히지 않았다.

아카데미 운동 형식의 첫 대화 모임은 마지막 월례 모임이 있고 난 뒤 다섯 달이 지난 1964년 4월 말에 미숙한 대로 그 모습을 드러냈다. 그 모임의 주제는 '한국 아카데미 운동의 방향'이었다. 사회학자 김경동 교수는 한국에서 아카데미 운동이 필요한 이유를 이렇게 밝혔다.

한국 사회는 복합 사회다. 먼저 인간 관계에서 볼 때 일차 관계와 이차 관계가 게마인샤프트와 게젤샤프트 혼성 형식으로 되어 있으며, 생활 양식에서는 민속 사회와 도시 사회, 신성 사회와 세속 사회가 혼합되어 있어서 이것도 저것도 아닌 애매한 상태에 있다. 이런 이중·삼중의 복합성과 한계를 가진 사회에서는 자연히 문화적 지연(遲延), 욕망과 현실의 갭이 단계적으로 형성되어 사회의 통일된 규범이 결여된 채 아노미 현상을 일으키고 있다. 이처럼 사회 통합이 이루어지지 않고 있는 상황이 바로 아카데미 운동이 자리잡을 바탕이다.

통합이란 단순히 한데 모여 사는 것만으로 이루어지는 것이 결코 아니다. 거기에는 공통된 바탕을 찾으려는 노력이 있어야 하며 서로가 마음을 교환하는 깊은 커뮤니케이션이 있어야 한다.

한국 사회의 이중성, 복합성 때문에 대화가 꼭 필요하다는 그의 지적은 한국 아카데미 운동의 진로와 관련해 시사하는 바가 적지 않았다.

이날 모임에서는 이밖에도 앞으로 아카데미 운동이 교회와 어떤 관계를 맺어야 하는가, 한국에 이 운동을 정착시키기 위해서는 어떤 형태로 할 수 있으며 또 어떤 모습이 되어야 하는가, 그리고 아카데미 운동이 대상으로 삼아야 할 계층과 집단은 현실적으로 어떤 것인가 하는 문제들이 진지하게 논의되었다.

이렇게 시작된 대화 모임은 이후 뜻있는 인사들의 호응 속에서 곧 구체적으로 모습을 드러낼 한국 아카데미 운동에 대한 기대와 함께 계속되었는데, 그 중에 지금도 기억나는 것은 1965년 1월에 있었던 '경제 자립과 외국 원조'라는 주제의 모임이다.

당시에는 아카데미 하우스가 건축되기 전이어서 주로 호텔이나 여관 등을 빌려 모임을 가지곤 했는데, 이 모임은 워커힐호텔에서 열렸다.

모임의 사회는 주요한 선생이었고 참석자 중에는 미국인도 많았다. 그런데 대화 도중 한국인과 미국인 사이에 격론이 벌어져 급기야는 감정 싸움으로 번지는 바람에 잠시 동안 모임이 중단되기도 했다. 그러나 마지막에 다행히 서로 상대방을 이해하고 화기애애한 분위기에서 끝나게 되어 겨우 안도의 한숨을 내쉴 수 있었다.

"대통령에게 빨리 도망가라고 하시오"

제3공화국이 출범한 직후인 1964년 봄의 정국은 공화당 정권에 의해 본격적으로 추진되던 한일 국교 정상화 회담과 이에 적극 반대하는 학생과 야당이 주축이 된 한일회담 반대 투쟁으로 또 한번 거센 회오리 속으로 빠져들고 있었다.

이승만 대통령이 물러난 후 미국과 일본, 그리고 한국의 이해 관계 구도에서 시작된 한일 국교 정상화를 위한 협상은 5·16 이후 박정권에 의해 적극적으로 추진되었다. 1961년 가을 이른바 '경주 발언'에서 "국민의 비난을 무릅쓰고서라도 한일회담을 하겠다"고 굳은 결심을 보였던 박정희는 그해 11월 일본을 방문해 이케다(池田) 수상과 회담을 가졌고, 1962년 11월에는 그 액수와 성격을 놓고 난항을 거듭하던 청구권 문제가 김종필-오히라(大平) 회담에서 타결을 보게 되었다.

한일회담의 한국측 주역으로서 "제2의 이완용이 되는 한이 있더라도 기어이 한일회담을 끝낼 생각"이라며 강력한 의지를 보였던 중앙정보부장 김종필과 일본 자민당 부총재 오히라가 가진 회담에서 합의된 이른바 '김-오히라 메모'는 그 굴욕적인 내용에 대한 의혹으로 많은 물의를 빚었다.

1964년 1월에는 러스크 미 국무장관이 서울을 방문해 박대통령과 함께 "한일 회담을 조기 타결한다는 데에 양자가 합의했다"는 내용이 담긴 공동 성명을 발표했고, 그해 3월부터 몇 가지 난제로 한동안 지연되었던 한일회담은 다시 발빠른 행보를 보이기 시작했다.

야당과 학생이 주축이 된 한일회담 반대 투쟁이 본격화한 것은 바로 그 무렵부터였다. 정통성이 결여된 정부에 의해 주도되는 한일회담인 만큼 각종 흑막설이 나도는 가운데 1964년 3월 야당을 중심으로 '대일 굴욕 외교 반대 범국민 투쟁위원회'가 결성되어 반대 열기는 전국으로 확산되어 갔다.

3월 24일에는 서울대·고대·연대 학생 3천여 명이 모여 '제국주의자 및 민족반역자 화형 집행'이라는 이름으로 이케다 일본 수상과 이완용의 화형식을 가진 후 '민족 반역적 한일회담 즉각 중지'를 요구하며 가두 시위에 돌입했는데, 이를 시발로 한일회담 반대 시위는 전국 대학으로 확대되었다.

시위는 그칠 새 없이 계속되었으며 특히 5월 20일에는 서울대에서 서울 시내 각 대학 학생들이 모여 '민족적 민주주의 장례식'을 가지고 한일회담뿐 아니라 5·16군사혁명을 맹렬히 성토하는 격렬한 시위를 벌이게 되었다. 한일회담 반대 투쟁이 드디어 박정권 하야까지 요구하는 반정부 투쟁으로 발전하기 시작한 것이다.

그 뒤 시위는 계속 확산되어 6월 3일에 이르러서는 시민들도 많이 참여한 대규모 시위대가 청와대 외곽 방위선을 뚫고 광화문까지 진출해 기세를 올렸다. 이에 위기를 느낀 정부측은 서울 일원에 비상계엄을 선포, 이른바 '6·3 사태'가 발발하게 된다.

생생하게 남아 있는 4·19정신을 계승한 학생들의 반대 시위가 급격히 고조될 무렵, 나는 본의 아니게 정부측으로부터 학생 시위의 배후 조종자로 의심의 눈초리를 받아야 했다. 사실 나는 학생 시위와 직접 관련은 없으나 경동교회 교인 중에 대학생을 비롯한 젊은 층이 많다는 점, 당시 학생 시위의 배후 주동 서클로 발표되었던 '서울대 민족주의 비교연구회' 회장을 지냈던 이종률(전 국회의원) 등 시위 주동자들과 적극적인 가담자들이 우리 교회에 많이 다니고 있다는 점 등이 정보부의 주목을 끌게 되었던 것 같다.

1960년대 초·중반 경동교회는 이미 젊은이와 지식인의 교회로 그 성격이 굳어져 있었다. 1962년부터 청년 학생들을 위한 교육 프로그램을 다채롭게 꾸며왔던 경동교회는 대학생 학년별 지도 모임과 수양회 등을 통해 내적 자아를 훈련하는 것은 물론이고 격동 속에 있는 우리의 민족사적 현실에서 젊은 기독교인으로서 담당해야 할 사명에 대해 진지한 모색을 해왔다.

그 무렵 나는 우리 교회에 나오는 대학생들과 청년들에게 기독교 윤리를 강의하고 있었다. 나의 강의는 자연 율법주의에서 해방된 개인 신앙과 생활, 그리고 기독교인으로서 사회 참여를 강조하는 내용이었다. 아마 이 같은 강의 내용 역시 정보부의 신경을 곤두세우게 만들었는지도 모르겠다. 그러나 나는 굴욕적인 한일 외교를 반대하는 입장에 있기는 했으나, 반대 운동을 벌이고 있는 학생들에게 지시를 하거나 하는 것과 같은 직접적인 관련을 맺은 일은 없었다.

그런데도 정보부는 어디서 들었는지 내가 주일예배가 끝나면 학생시위의 리더인 서울대생 현승일, 김중태, 이종률 등과 목사실에 모여 한 주일의 시위 계획을 세우고 지시를 내린다면서 나를 감시했다. 나는 현승일이나 김중태 같은 학생들은 알지도 못하는 처지였다.

그러나 내가 아무리 해명을 해도 정보부에서는 들은 체도 않고 오히려 한 술 더 떠 내가 기독교장로회에서 운영하는 학생 기숙사인 신우학사에 밤에 몰래 가서 학생들을 만나 데모 모의를 한다고 몰아세웠다. 물론 그 같은 주장은 터무니없는 억지였으나 정보부 요원은 늘 내 뒤를 따라다녔다.

학생 시위가 한창 고조되던 5월 말, 나는 아무래도 심상치 않은 사태를 수습해보겠다는 생각에서 민정당 당수인 윤보선의 집을 찾은 일이 있다. 안국동에 있던 그의 집에 갔더니 "먼저 온 손님들과 얘기가 아직 안 끝났으니 잠시 기다려달라"는 전갈이어서 나는 안내하는 대로 빈방에 들어가 내 차례를 기다렸다.

그런데 그 방이 바로 윤보선과 손님들이 만나고 있는 방과 맞붙어 있어서 그들이 하는 얘기가 다 내 귀에 들려왔다.

우선 나를 어리둥절하게 만든 것은 억센 경상도 사투리를 쓰는 남자의 볼멘 목소리였다.

"내무장관이라면 몰라도 그건 안 됩니더."

무슨 소리인가 하고 주의 깊게 들어보니 어처구니없게도 그 방에 모인 사람들은 이제 곧 박정권이 무너지고 윤보선이 정권을 잡는다는 가정 아래 자기들끼리 조각을 하고 있는 것이었다. 나는 너무 실망을 한 나머지 그냥 그 집에서 나오고 말았다.

윤보선을 비롯해 그 방에 모인 사람들이 박정권이 곧 무너지리라고 생각했던 것은 학생들의 배후에 미국이 있다고 믿었기 때문일 것이다. 당시에는 그런 소문이 꽤 그럴듯하게 퍼져 있었다. 나 역시 지금 돌이켜보면 큰 착각이었지만 그런 소문을 믿고 있었다. 그것은 박정희의 배후에 사상적으로 의심스러운 세력이 있는 것을 미국이 알고 있으니 이번 기회를 이용해 그를 몰아낼 수도 있을 것이라는 나름대로의 순진한 판단 때문이었다. 내가 알기로 당시 윤보선과 미국 대사관 사이를 연결해주던 사람이 양일동이었는데 그가 윤보선에게 미국이 학생들을 지지한다는 얘기를 해주었던 것 같다.

미국이 아시아에 대한 전략상 한일협정을 강력히 원하고 있고, 그 때문에 국내의 거센 반대에도 불구하고 한일협정을 서둘러 밀고나가는 박정희 정권을 지지하고 있다는 사실을 나는 어리석게도 제대로 파악하지 못하고 있었다. 그래서 비상계엄이 선포된 6월 3일 버거 미 대사와 주한 미군 사령관이 시위대의 포위 때문에 헬리콥터를 타고 청와대로 들어갔다는 보도를 들었을 때도 나는 그들이 박정희에게 망명을 권하고 있을 것이라고 생각하고 있었다.

우스운 얘기지만 그 같은 생각 때문에 바로 그 시간에 나를 담당했던 정보부원이 나에게 쫓아와 "지금 박대통령에게 긴급히 하고 싶은 조언이 있다면 해달라"고 했을 때 이런 말을 해준 일도 있다.

"대통령께 더 이상 주저하지 말고 미군 헬리콥터를 타고 도망가라고 하시오. 그것이 박대통령이 살 수 있는 길이오."

그러나 내 예상이 무색하게도 그날 밤 서울시 일원에는 비상계엄이 선포되었고, 그 며칠 뒤에는 계엄 이후 구속자가 384명에 달한다는 정부 발표가 있었다. 나는 다시 한 번 미국이 하는 일은 알 수 없다는 느낌을 갖지 않을 수 없었다.

비상계엄이 선포되자 나는 눈앞이 아찔해지면서 신변의 위협을 느끼게 되었다. 아무리 생각해도 정보부원에게 한 말이 마음에 걸렸고, 또 정보부에서 나를 어떻게 생각하고 있는지 뻔히 아는데 마음이 불안하지 않을 리가 없었다. 생각 끝에 나는 아내를 데리고 집에서 나와 일단 몸을 피하기로 했다.

우리는 택시를 잡아타고 우선 청량리로 향했다. 미아리 고개를 넘어서니 벌써 군인들이 탱크를 앞세우고 길가에 서 있는 모습이 눈에 띄었다. 청량리에서 차를 바꿔 타고 우리가 찾아간 곳은 서울 교외의 능내라는 곳이었다. 그곳에는 내 친한 친구인 박억섭이라는 사람이 농사를 지으며 살고 있었는데 우리는 그곳에서 약한 달 동안 숨어 지내다가 집으로 돌아왔다.

계엄 선포로 위기를 넘긴 박정권은 이후 한일회담에 박차를 가해 1965년 2월 20일에는 시이나(椎名) 일본 외상이 방한해서 한일협정의 기본 조약 부분이 가조인되기에 이르렀다. 그런데 시이나 외상이 방한하기 전 당시 외무부 장관이었던 이동원이 나를 점심식사에 초대했다. 그는 나에게 아주 엉뚱한 요구를 했다.

"시이나가 한국에 도착하면 비행장에서부터 계란 세례를 주면서 한일 국교 정상화 반대 의사 표시를 과격하게 보여줬으면 좋겠는데 좀 도와주시오."

나는 뜻밖인 그의 말에 깜짝 놀랐다.

"당신 그게 무슨 소리요?"

"그래야 내가 일본 사람들과 흥정하는 데 도움이 되지 않겠습니까?"

"그런데 그런 부탁을 왜 하필이면 나한테 하는 거요?"

"이런 일은 밖으로 새면 절대로 안 됩니다. 그래서 형님 같은 당신에게 부탁하는 겁니다."

물론 나는 그의 속내를 충분히 이해하기는 했으나 그런 식의 위장된 반대 운동은 할 수가 없어서 결국 거절하고 말았다.

1965년 4월 3일에는 한일조약이 가조인되었고, 이에 따라 반대 운동 또한 다시 열기를 띠며 전국적으로 번져갔다. 그러나 그

같은 반대 운동에도 불구하고 6월 22일에 동경에서 굴욕적인 내용의 한일협정이 정식으로 조인되었다. 한일협정이 조인되자 국내의 반대 투쟁은 한일회담 반대에서 국회의 비준 반대로 그 내용이 바뀌었고 비준 반대의 목소리는 사회 각계에서 거세게 쏟아져나왔다.

그때 기독교계에서는 7월 1일 한경직, 김재준 목사 등을 포함한 166명의 목사와 교역자가 비준 반대 성명을 발표했고, 각 교회를 중심으로 반대 운동을 벌였다. 여기에 뜻을 같이했던 나는 7월 2일 영락교회에서 목사 100여 명과 신도들이 자리를 가득 메운 가운데 개최되었던 한일협정 비준 성토대회에 참가, 강연을 했다.

당시 의식 있는 사람들 대부분 그러했듯 나 역시 한일 국교 정상화 자체를 감정적 애국주의 차원에서 무조건 반대한 것이 아니었다. 내가 반대하지 않을 수 없었던 가장 큰 이유는 청구권과 독도가 걸려 있는 평화선 문제를 처리하는 방식에서 드러난 박정권의 굴욕적인 대일 저자세였다. 다른 나라도 아닌 일본에 대한 그같은 굴욕 외교는 일제를 몸소 겪었던 나로서는 절대로 받아들일 수 없는 일이었다.

그러나 박정권은 당시 한일협정 반대 세력을 곧 반정부 세력으로 간주하고 무력에 의한 무자비한 탄압을 계속했으며, 마침내 8월 14일에는 야당 의원들이 전부 불참한 파행적인 국회 상황에서 한일협정 비준 동의안을 통과시키고 말았다.

일제 탄압을 받은 우리의 가장 뼈아픈 과거를 청산하고 새로운 외교 관계를 정착시킨다는 의미가 있는 한일협정이 이렇게 얼렁뚱땅 이루어진 것은 우리 역사에서 일어난 또 한 번의 실수였다. 앞으로 두고두고 문제를 일으키게 되는 이 불평등 조약은 애초부터 국민들의 의사는 완전히 묵살된 채 몇몇 집권자들의 이해 관계로 탄생한 기형아였다.

잃어버린 황금의 땅

"한국은 아직 전쟁 중입니까?"

국내가 한일협정 비준 문제로 한창 시끄럽던 1964년 여름, 나는 멀고 먼 남미를 방문하게 되었다. 아르헨티나 코르도바에서 세계기독학생연맹(WSFC) 총회에 참석하기 위해서다. 나는 당시 한국기독학생연맹(KSCF) 위원장직을 맡고 있었다. 다른 한국 대표로는 그때 캐나다에서 유학을 끝내고 귀국하는 길에 여성 대표로 회의에 참석하게 된 이화여자대학의 손승희 교수가 있었다.

나는 뉴욕에서 아르헨티나까지는 직행으로 가고 돌아올 때는 브라질 '상파울루에 들렀다가 뉴욕을 거쳐 돌아오는 비행기편을 이용하기로 하고 한국을 떠났다. 처음으로 가보는 남미였던 만큼 한국에서 이민해간 동포들이 살고 있는 여러 곳을 둘러보고 싶은 마음이 있었으나 주최측이 보내온 제한된 비행기표(prepaid ticket)를 이용해야 했기 때문에 내 마음대로 가고 싶은 곳을 갈 수 없는 점이 아쉬웠다. 이 남미 여행은 그해 2월 방콕에서 있었던 EACC 총회와 5월에 일본에서 열린 아시아 대학교수연구협의회 모임에 강사로 참석한 데 이은 1964년도의 세번째 여행이었다.

비행기로 무려 40여 시간을 날아 아르헨티나의 수도 부에노스아이레스에 도착한 날은 7월 14일이었다. 그런데 공항에 내리자 사람들이 모두 두꺼운 털외투를 입고 있어 나를 놀라게 했다. 우리가 지나온 지구의 북반구와 달리 그곳은 추운 겨울이었다. 물론 그런 차이를 미리 들어서 알고 있었지만 직접 몸으로 정반대의 날씨를 접하니 비로소 '내가 정말 먼 나라에 왔구나' 하는 실감을 했다.

그런데 '먼 나라'라는 실감은 날씨뿐만 아니라 언어 문제에서 더 심각하게 다가왔다. 어떻게 된 셈인지 항공 회사에서도 영어가 통하지 않았다. 간신히 영어를 할 줄 아는 대학생 하나를 찾아 통역으로 쓰고 나서야 제대로 움직일 수 있었다.

나는 우선 항공 회사에서 소개해주는 호텔로 갔다. 그러나 호텔은 이미 만원이어서 통역을 맡은 대학생에게 다른 호텔을 알아보도록 할 수밖에 없었다. 그는 나 대신 이곳저곳 호텔 사정을 알아보다가 문득 내가 어느 나라 사람인지 궁금해진 모양이었다.

"그런데 선생님은 어느 나라에서 오셨습니까?"

"한국에서 왔어요."

"아, 한국이요? 한국 사람이라니 놀랍군요. 나는 한국 하면 전쟁이 생각나고 전쟁 하면 한국이 생각납니다. 왜냐하면 내가 세상에 태어나서 처음으로 전쟁이란 말을 알게 된 것이 바로 초등학교 때 신문에서 본 한국전쟁 관계 기사를 통해서거든요. 한국은 아직도 전쟁 중인가요?"

나는 그의 말에 기가 막히면서도 한편으로는 난처한 기분이었다. "아직도 전쟁 중이냐"는 그의 질문에 나는 그 나라 사람들과 우리가 지리적으로 뿐만 아니라 서로에 대한 이해와 정보에서도 얼마나 멀리 떨어져 있는가를 다시 한 번 절감했다.

남미인들이 즐겨 쓰는 '아스타 마냐나'(내일 또 다시)라는 말에서 보듯이 모든 일에 행동이 느린 그곳 사람들의 습성 때문에 호텔에 짐을 푼 시간은 새벽 두 시가 가까운 때였다. 어찌됐든 이 날부터 17일 동안 회의에 참석하는 한편으로 광활한 아르헨티나 땅의 이 구석 저 구석을 둘러보면서 극명한 명암의 대비를 이루고 있는 사회상을 피상적이나마 알게 되었다.

총회가 열린 곳은 부에노스아이레스에서 버스로 13시간이나 걸리는 거리에 떨어져 있는 섬으로, 큰 강 세 개가 합쳐 호수를 이룬 곳에 위치한 매우 아름다운 휴양지였다. 그곳으로 가는 고속도로 양편에 펼쳐진 평야는 남미의 독특한 새떼와 함께 퍽 훈훈하고 낭만적인 풍경이었다.

세계기독학생연맹 총회였던 만큼 참석자들은 대부분 젊은 사람들이었고 분위기 또한 활기찼다. 그런데 이 회의에서 가장 인상적이었던 것은 격렬한 반미 분위기였다. 특히 남미의 젊은이들은 토론이 시작되면 분노에 찬 목소리로 맹렬히 미국을 공격하곤 했는데, 처음에는 그 같은 분위기에 퍽 당황했고 좀 지나치지 않은가 하는 저항감까지도 생겼던 게 솔직한 심정이었다. 그러나 그들과 대화를 나누고 또 직접 그들이 처한 정치 사회 현실을 내 눈으로 목격하면서 차츰 그들을 이해하게 되었다.

어느 주일날 오후 나는 싼 마차를 빌려 타고 하늘을 찌를 듯이 자란 나무들이 숲을 이루고 있는 아름다운 곳을 훑어보다가 호숫가를 산책하고 싶어서 혼자 내렸다. 마침 매우 따뜻한 오후였다. 호숫가에는 자가용이 몇 대 서 있고 여기저기서 가족들이 식사를 하고 있었다.

식사를 하고 있던 어느 한 가족이 나를 보자 자기네들에게 오라고 열심히 손짓을 했다. 나는 말도 통하지 않는 그들에게 다가 가기가 주저되어 망설이고 있는데, 큰딸로 보이는 키가 후리후리 한 젊은 여성이 뛰어와서는 다짜고짜 내 팔을 끼고 자기 식구들이 있는 곳으로 데려갔다. 식구들을 하나하나 소개하고 나서 나에게 무언가를 열심히 물어보았지만 스페인어를 모르는 나와 의사소통이 될 리 만무였다.

그들은 자기네들이 마시던 독특한 차를 내게 권했다. 그 차는 꼭 우리나라의 대통 꼭지를 크게 한 것 같은 통에 차를 담고 빨대 같은 것을 꽂아서 빨아 마시는 것이었다. 먼저 나를 데리고 간 처녀가 내게 시범을 보이듯이 조금 마시더니 나에게 주었다. 좀 어색하기는 하였으나 그녀가 한 대로 조금 마시고 다시 주었더니 온 가족이 박수를 쳐주고 그 차를 돌아가면서 조금씩 마셨다. 말하자면 뜨거운 환영을 표시하는 대접 인사였던 것이다.

내가 돌아가려니까 그들은 또 아르헨티나 민요를 합창으로 들려주었다. 이러한 따뜻한 환대는 세계 어디에서도 접할 수 없는 남미만의 독특한 풍경이었다.

미국의 카우보이와 비슷한 아르헨티나의 가우초들 역시 독특한 존재들이다. 방목한 가축들을 돌보는 가우초들은 지금 그렇게 많은 수가 있는 것도 아니고 사회적으로도 낮은 계급에 속한다. 이들은 말과 기타를 벗삼아 넓은 목장을 다니다가 풀밭에 누워서 기타를 퉁기며 노래하고 움집이나 초가에서 살고 있다고 한다. 비록 수는 적지만 가우초의 기풍과 기질은 남미 사람들 속에 배어 있는 것 같았다.

가난한 자들의 여신 에바 페론

회의가 끝난 후 다른 참석자들과 함께 아르헨티나의 한 대지주의 집에 초대를 받아 간 일이 있다. 버스를 타고 두 시간이나 달려 그 집에 도착했는데, 알고 보니 버스를 타고 지나온 그 땅이 모두 그의 소유라고 했다. 그뿐 아니라 광대한 코르도바 주의 땅덩어리가 불과 10여 명 대지주의 소유라는 애기를 듣고 나는 내 귀를 의심하지 않을 수 없었다.

우리를 초대한 대지주가 베풀어준 연회는 그야말로 성대했다. 영화에서 보는 것처럼 소싸움을 보여준 후 즉석에서 소를 통째로 잡아 바비큐를 해줬는데, 우리들은 그 엄청난 스케일에 흥분하면서 너무 많이 먹어 그 중 몇 명은 배탈이 나기도 했다. 질 좋은 알파파 목초를 먹고 자란 아르헨티나의 소는 세계적으로 육질이 우수하여 아르헨티나는 육류 소출로 유명한 나라다. 그러나 막상 그 나라에서 먹은 스테이크는 질기고 질이 나쁜 고기였다. 질 좋은 고기는 대부분 수출해버리기 때문이라고 한다. 그러나 이 대지주의 집에서는 최상급 쇠고기를 우리에게 제공해주었다.

우리들은 또 그곳에 설치된 큰 무대에서 남미의 전통 춤과 음악을 감상하기도 했다. 탱고의 나라인 아르헨티나는 당시 세계적으로 유행했던 트위스트가 탱고보다 더 인기 있는 것으로 보였지만, 가우초의 기풍처럼 소박하면서도 우울한 정열을 담고 있는 탱고의 정신만큼은 아르헨티나 어디에든 스며들어 있는 것 같았다. 노래와 춤, 기타 반주의 민요 코러스의 멜로디는 거리 어디에서나 접할 수 있었다.

나는 그 대지주를 보면서 이렇게 거대한 땅과 소를 한 사람이 다 소유하고 있으니 남미에 과격한 혁명이 일어날 수밖에 없다는 결론을 내리게 되었다. 여행자의 눈으로 설핏 살펴보기에도 아르헨티나는 미국의 다국적 기업과 대지주, 카톨릭 교회, 그리고 군대의 막강한 지배와 착취 아래에서 일반 국민의 생활은 피폐일로를 걷고 있었다.

나는 부에노스아이레스의 외곽 지역에 있는 빈민촌을 방문한 일이 있는데, 그곳의 생활상은 소수 지배층의 그 엄청나게 화려한 모습과 비교해 볼 때, 말 그대로 천양지차의 참상을 극명하게 보여주고 있었다.

불결하기 그지없는 게딱지 같은 집에 많은 식구들이 오글오글 모여 사는 그곳에는 상수도 시설도 되어 있지 않아서 하루에 한 번씩 차로 공급되는 물을 조금씩 받아쓰고 사는 실정이었다. 집 내부를 들여다보니 형편에 맞지 않게 화려한 여자의 옷이 한 벌씩 벽에 걸려 있었다. 이상해서 알아보니 밤이 되면 여자들이 그 옷을 입고 거리로 나가 돈을 벌어온다는 것이었다.

수도 부에노스아이레스는 유럽풍의 아름다운 도시에 방사선으로 뻗어 있는 고속도로, 다섯 대의 자동차가 나란히 달릴 수 있는 길까지 있는 웅장한 도시였지만 그 도시의 이면에는 이런 처참한 빈곤이 도사리고 있었던 것이다.

나를 더욱 기가 막히게 한 것은 그처럼 엄청난 모순에 차 있는 그 나라의 교회들이었다. 카톨릭 교회 자체가 거대한 땅을 소유한 대지주로서 그 잘못된 체제의 지배 세력이라는 점도 그렇거니와 19세기 이후 들어온 개신교 역시 모순과 고통으로 가득 찬 사회 현실에는 무관심한 채 대부분 경건주의, 타계주의 일변도로 나가고 있었다.

따라서 그들이 주로 하는 일이란 부흥회를 통한 전도 활동 정도였으며, 그 결과 문제 의식을 가진 내부 세력의 반발로 자체 내에서 심한 분열 증상을 겪고 있었다. 물론 카톨릭 성직자들과 개신교 인사들 가운데 해방신학 등을 내걸고 현실 개혁을 부르짖으며 구체적, 혹은 정치적인 행동을 모색하는 사람들이 있었지만 그 수는 소수에 불과했다.

이 같은 상황이니 남미의 뜻있는 젊은이들의 고민과 방황은 심할 수밖에 없고 많은 젊은이들은 공산주의를 그 대안으로 받아들이고 있는 실정이었다. 나는 기독교인으로서 공산주의를 택할 수도 없고 그렇다고 현실에 안주할 수도 없어 고민하고 좌절하는 남미의 젊은이들과 대화를 나누며 깊은 공감과 연민을 느꼈다.

총회의 이 같은 분위기는 정치 문제를 논의의 초점으로 떠오르게 했고 그 결과 WSCF 안에 정치 담당 부서가 새로 생기게 되었다. 이 부서는 '오늘날 기독학생은 정치적인 관심과 연구의 수준을 넘어 적극적인 행동과 실천을 병행해야 한다'는 전제 아래 '인간을 인간답게 살도록 하기 위해 정치적인 행동을 하는 모든 비기독교 단체들과도 긴밀한 협조를 모색해보자'는 의도로 창설된 것이었다.

아르헨티나는 모순투성이인 정치 · 경제 · 사회 구조도 문제였지만 일반 국민들의 의식 구조와 생활 태도 또한 문제가 있었다. 생활 구석구석에 스며든 음악과 춤, 사람들의 쾌활하고 낙천적인 성격 등은 매력적이었으나, 전체적으로 분위기가 풀어져 있어 일보다는 먹고 자는 것으로 하루를 보내는 듯한 그들의 생활 태도는 아르헨티나의 앞날과 관련해 결코 밝지 않은 전망을 예견케 했다.

나같이 오늘밖에 살지 못할 것처럼 자신을 들볶으며 사는 사람에게야 그들의 '내일이 있지 않느냐'(아스타 마냐나)는 사고가 필요할 수도 있겠지만 극심한 빈부 차이, 그로 인한 사회 불안과 혁명으로 끊임없이 신음하면서 근대화와 민주화라는 어려운 과제를 앞에 두고 있는 그들에게는 그런 여유를 마냥 부리고 있을 때가 아니라는 생각이 들었다.

토요일과 일요일을 꼬박꼬박 쉬는 거야 그럴 수 있다 쳐도 평일에도 낮 12시 이후에는 일을 보기 힘들고 겨울에는 보통 오전 11시가 되어야 일을 시작한다. 특히 식사 시간은 두 시간에서 두 시간 반 정도까지 걸린다. 흥겨운 이야기와 음악을 나누며 일곱 가지 코스가 나오는 긴 식사 시간은 물론 즐겁기야 하지만 매일 그렇게 지내다 보면 일하는 것과는 점점 거리가 멀어질 것 같았다. '또 다시 내일'이라는 그들의 말은 어찌 보면 부자들에게만 통하는 이야기인지도 모르겠다.

21세기에 접어든 오늘날 아르헨티나는 국가가 파산 위기에 몰려 있을 정도로 고통을 겪고 있는데, 아르헨티나는 일찍부터 혁명과 피의 소용돌이를 경험한 나라다. 계엄령과 비상사태가 꼬리를 물었고 1946년에 집권한 페론 대통령의 독재로 민주주의마저 위기에 처하게 되었다. 페론은 재임 중 대학 교수 7할을 파면시키고 큰 언론사들도 모조리 압수해버렸다.

1954년 카톨릭 교회와 갈등을 일으키면서부터 위기에 몰린 페론 대통령이 군부 반란과 국민들의 시위로 실각하고 마침내 1955년 파라과이의 군함을 타고 쫓겨나고 말았지만 독재자가 없어진 것으로 아르헨티나의 정국이 안정된 것도 아니고 민주주의가 실현된 것도 아니었다.

정국이 계속 불안해지자 페론의 국내 지지자들이 다시 일어나기 시작했으며, 1962년의 지방 선거에서 유권자의 3분의 1이 페론파를 지지했다.

페론은 독재자였지만 국민들의 지지를 받았다. 그가 빈민층과 노동자를 위한 정책을 실시했기 때문이다. 특히 가난한 사람들의 여신으로 숭배를 받았던 페론의 부인 에바는 지금도 전설로 남아 있다. 1952년 그녀가 죽었을 때 수십 만의 군중이 모여들었고, 에바의 이야기는 「에비타」라는 뮤지컬과 영화로도 만들어졌다.

내가 아르헨티나를 방문한 이후인 70년대에 들어서 아르헨티나는 군부 쿠데타로 혹독한 민주주의 탄압에 시달리게 된다. 군부 독재자 갈리에티 집권 동안 1만 명 이상이 실종되거나 살해됐고, 이들을 찾기 위해 어머니들이 광장을 헤매고 다니는 비극을 연출했다. 이런 내환을 씻기 위해 갈리에티는 포클랜드 전쟁을 일으켰으나 패하는 바람에 물러나게 되었다. 이후 아르헨티나는 사회주의 경향의 차베스 정권을 맞아들였으나 군부와 갈등을 빚고 있는데다 개혁 정책마저 성과를 거두지 못해 빈부 격차는 여전하다. 경제 파탄과 함께 정부와 국민, 그리고 국민과 국민들끼리도 파가 나뉘어 연일 싸우고 있다.

식민지를 겪은 모든 나라들이 그렇듯 아르헨티나 역시 힘든 출발과 성장 과정으로 국민들은 오랫동안 불안과 고통에 시달려왔다. 언제가 되어야 그들의 아스타 마냐나가 진정으로 멋진 여유에서 나오는 인사가 될 수 있을까.

아르헨티나의 그 총회에서는 임원 선거도 있었는데, 내가 부이사장에 선출되도록 내정되어 있었다. 물론 나는 한국인으로서 부이사장에 선출되는 일을 명예롭게 여기고 있었으나 특별한 사정이 있어서 그 자리는 자청해서 포기하기로 마음먹었다.

그 사정이란 경동교회 교인으로 나와 가깝던 강문규(전 YMCA 사무총장)의 개인적인 일과 관계된 것이다. 나와 함께 뉴델리

WCC 총회에도 참석했던 그는 당시 학생운동에 주력하고 있던 매우 유능한 젊은이였으나 나이가 꽤 되었는데도 아직 미혼인 채였다.

그는 경동교회 교인이던 한 여대생과 연애를 하고 있었는데 여자 집안의 반대로 결혼식을 올리지 못하고 있었다. 여자 집에서는 독문과에 다니고 있는 자기 딸을 꼭 외국에 유학시켜 박사학위를 따게 한 다음에 결혼시키겠다고 주장했다.

이 같은 사정을 알고 있던 나는 강문규를 WSFC 본부 직원으로 만들어 제네바에서 근무하게 하면 그 여자가 결혼 후에도 제네바에서 공부를 계속할 수 있게 되니 여자 집안에서도 더 이상 반대를 하지 못할 것이라는 계산 아래, 그를 WSFC 직원으로 만들 수 있는 방법을 강구했다. 나는 바도 갈랜드 총무를 찾아가 말했다.

"내가 부이사장이 되는 것보다 한국 사람 하나를 WSFC 직원으로 써주면 좋겠습니다."

그리고 그 직원으로 강문규를 추천했다. WSFC측에서는 내 제의를 받아들여 결국 내 이름은 부이사장 명단에서 빠지고, 대신 강문규가 본부의 아시아 지역 담당 직원으로 제네바에서 일하게 되었으며 뜻하던 대로 결혼식도 올리게 되었다.

아르헨티나에서 일정을 마친 나는 남미의 대표적 국가인 브라질을 둘러보기 위해 계획했던 대로 상파울루로 갈 채비를 했다. 그런데 아르헨티나 사람들이 하는 일이 얼마나 느린지 비행기 좌석을 예약하는 데도 무려 사흘을 쫓아다녀야 했다.

황금의 도시에서 꿈을 좇는 한국인

브라질의 상파울루에 도착해 그곳에서 갓 이민온 한국인 몇 사람을 만나 점심을 함께하며 이야기를 나누는 자리를 가졌다. 그들과 대화를 나누는 가운데 나는 한국 이민자들이 안고 있는 문제를 대충 알 수 있었다.

그들이 브라질로 이민을 오게 된 것은 농사를 짓기 위한 농업 이민이었는데 막상 브라질에 도착해서는 오지에 들어가 고생하는 것이 너무 겁이 나 주로 상파울루에 머물고 있었다. 그러나 말도 통하지 않는 그곳에서 일자리를 찾기란 거의 불가능해 가지고 온 돈을 빼먹고 있는 처지였다. 그들은 어떻게든 미국으로 갈 궁리만 하고 있었다.

물론 그런 생각은 예상보다 훨씬 열악한 브라질의 상황에 기인한 부분도 크겠으나, 다른 한편으로는 터무니없는 일확천금의 꿈이 그들을 쉽게 좌절시킨 것 같기도 했다. 나는 한국 이민자들 역시 황금 도시를 찾아왔다가 행방불명이 된 유럽 탐험대처럼 되지 않을까 퍽 염려스러웠다. 16세기 초 포르투갈 정복자들이 이 땅에 도착한 이후 브라질은 늘 '황금의 도시'를 건설하려는 '엘 도라도'의 땅이었다. 그러나 이곳에서 진짜 황금을 발견한 사람은 찾아보기 힘들다.

내가 보기에 브라질은 황금의 땅이 될 수 있는 충분한 요건이 갖추어져 있었다. 상파울루에서 53킬로미터 떨어진 아름다운 산토스 항에는 세계 각국으로 떠날 준비를 하고 있는 무역선들이 즐비했다. 커피와 쌀, 바나나를 잔뜩 실은 배들은 브라질의 풍부한 자연과 가능성을 말해주고 있었다.

그러나 포르투갈 총독 아래에서 400년 가까운 억압과 착취에 시달리다가 1882년 독립정부가 탄생한 이래 브라질은 제대로 평화와 안정을 누리지 못했다. 식민지를 겪은 대부분의 나라들이 그렇듯이 브라질 역시 군부 쿠데타와 피의 혁명에 시달려야 했다. 1930년에 정권을 장악했던 바르가스 대통령은 '브라질 사람을 위한 브라질'이라는 꿈을 이루기 위해 용감한 독재자가 되어 국가 개발에 박차를 가했지만 그 역시 1945년 군부 쿠데타로 쫓겨나야 했다.

1956년에 대통령에 취임한 쿠비체크는 '50년의 진보를 5년 동안에'라는 힘찬 슬로건을 내걸고 새 수도를 건설함으로써 세계의 주목을 받았다. 그러나 같은 해에 그도 종적을 감추고 새 대통령이 나타났다. 혁명은 꼬리에 꼬리를 물고 일어나 내가 브라질에 도착하기 얼마 전에도 군부 쿠데타에 의한 혁명이 일어났다.

브라질 사람들에게 새 정권에 대한 소감을 물어보니 여러 가지 반응을 타나냈으나 대체로 "새 정부 역시 잃어버린 황금의 도시를 찾아내지 못할 것"이라는 것이었다.

남미 특유의 낙관적 기질을 가장 많이 가지고 있는 브라질 사람들의 특징은 너무 착하기 때문에 곤란할 정도라고 한다. 길을 물어보면 곧잘 엉뚱한 곳에 데려가 주는데, 이는 이방인을 골탕 먹이기 위해서가 아니라 물어보는 사람에게 모른다고 하기가 너무 미안해서 나온 행동이라는 것이다.

상파울루에는 경동교회에 적을 두고 있다가 이민을 간 청년 강상모 군이 있어 그를 찾아 만나 보았다. 브라질 이민자들의 고충을 알게 된 나는 강군에게도 하루 빨리 귀국하라고 충고했더니 강군은 여느 이민자들과는 사뭇 다른 말을 했다.

"브라질을 신기루처럼 생각하면 안 됩니다. 이 잃어버린 황금의 도시는 앞으로 잘 하기만 하면 가능성이 매우 많은 땅입니다. 어학을 착실히 공부한 다음 찾아보면 할 일이 너무 많은데, 모두 준비는 하나도 하지 않은 채 분수에 넘치는 꿈을 안고 와서 큰 것만 바라고, 공부도 등한히 하고 작은 일은 거들떠보지 않으니 기회가 오지 않을 뿐이지요. 저는 꼭 성공을 할 터이니 두고 보세요."

강군의 믿음직한 말을 들으니 무척 흐뭇했다.

나는 강군의 안내로 브라질의 이곳저곳을 둘러볼 기회를 가졌다. 내가 둘러본 곳 중 리우데자네이루는 너무나 인상적이었다. 세계 3대 미항의 하나로 꼽히는 만큼 정말로 아름다운 항구였다. 연극이나 시의 무대로 자주 등장하는 나폴리나 소렌토가 낭만적인 이미지의 항구라면 리우데자네이루는 웅장한 아름다움을 지니고 있었다. 산과 바다, 평야, 그리고 열대의 푸른 식물에 둘러싸인 아름다운 건물과 상쾌한 해수욕장이 한마디로 한 폭의 아름다운 그림처럼 펼쳐져 있었다.

리우에서 유명한 그리스도 석상이 있는 코루코바로 가는 버스 길은 마치 우리나라 금강산에 들어가는 기분이 들 만큼 아름다운 산과 식물, 폭포와 물, 바위로 싸여 있었다. 높이 38미터가 넘는 그리스도의 웅대한 석상이 하늘을 꿰뚫고 서 있는 곳에서 리우의 시가를 내려다보니 마치 그림을 보고 있는 것 같았다.

나는 그 아름답고 호화로운 항구 도시를 보면서 그것이 침략자들에 의해 만들어졌다는 사실을 상기했다. 미국인과 유럽인, 그리스도 교회들이 이 아름다운 곳에서 저지른 역사는 추하기만 했다. 넓은 평원과 원시림에서 마야 문명을 이루고 살던 원주민들의 억울한 눈물과 피로 생겨난 도시. 그런 생각으로 바라보는 리우의 아름다움은 내게는 '창녀의 아름다움'으로밖에는 느껴지지 않았다.

제국주의자들이 쫓겨난 뒤에도 식민지의 잔재인 부패와 독재의 악순환에 허덕이고 있는 남미 국가들의 상황을 보니 남의 일 같지가 않았다. 기독교 청년들이 부정과 부패의 반동적인 권력과 유물론의 공산주의 틈에서 몸부림치며 정의로운 길을 모색하고 있는 모습을 보며, 나는 이 거대한 땅이 기지개를 켜고 일어나는 날이 하루 빨리 오기를 기원하면서 비 내리는 리우데자네이루 공항을 떠나왔다.

이로부터 40년 가까이 지난 오늘날 브라질은 노동자 출신의 룰라가 대통령으로 당선되어 사상 최초로 좌파 정부를 탄생시켰다. 룰라는 미국 공화당 정부와 줄다리기를 하며 남미의 정체성과 경제적 독립성을 지키기 위해 안간힘을 쓰고 있다.

아르헨티나에 비해 경제적으로나 정치적으로나 안정된 편에 속하지만 복잡한 국제 환경 속에서 브라질이 헤쳐가야 할 길은 평탄하지 않을 듯싶다. 그러나 넓은 면적과 1억 7,600만 명에 달하는 인구, 그리고 풍부한 자원을 토대로 노력한다면 머지않아

산토스 항구는 세계의 배로 가득 찰 것이고 브라질의 미래도 그만큼 밝아질 것이다.

"당신에겐 지옥이 그렇게도 필요하오?"

1964년 10월 4일 나는 으레 하던 대로 경동교회에서 주일 설교를 하게 되었다. 설교 제목은 '알파와 오메가'였는데, 특별한 설교가 아니었던 만큼 "나는 알파와 오메가요, 처음과 나중이다"라는 성경 말씀을 주제로 죽음과 부활을 얘기하며 사랑과 용서를 강조한, 지극히 평범한 내용의 설교였다.

그런데 이 설교가 끝난 후 뜻밖에도 "영혼 불멸을 부인하고 지옥은 없다고 주장했다"는 이유로 교계의 엄청난 비난과 공격을 받아야 했다. 그 사건은 『복음신문』이 내 설교를 문제삼아 '지옥은 없다, 영혼 불멸은 이교 사상─강원용 목사 설교'라는 제하의 기사를 실은 것을 보수파에서 2백만 부나 찍어 전국에 배포해 큰 파문을 일으키면서 시작되었다. 보수파에서는 나를 몰아치기 위해 전국의 평신도들에게 그 신문을 마구 뿌렸다고 한다.

문제가 되었던 설교 내용을 간추리면 대략 다음과 같다.

미래란 불확실한 것이며 확실한 것은 내 시간이 죽음으로 끝난다는 것뿐이다. 그럼에도 우리는 이 무서운 사실을 잊어버리고 살려고만 한다. 또 사람들은 이 무서운 사실을 속이며 살고 싶어한다. 다시 말해 끝나는 미래, 죽는 미래를 보는 것이 아니라 금방 찾아올 미래에 크나큰 기대와 희망을 걸고 싶은 것이다. 예를 들면 샐러리맨은 월급날을 바라보고 살고, 계를 든 주부는 곗돈 타는 날을 바라보고 살고, 미혼 남녀는 결혼할 날을 손꼽아 기다리며 산다. 그러나 그것은 죽음을 향해 가는 길가에서 잠깐 맛보는 향락에 불과하다.

신앙을 가진 사람들 중에는 사후의 세계를 바라보며 사는 경우도 많다. 사후에 천당에 가면 땀도 흘리지 않고, 속상할 일도 없고, 먹고 싶은 것 다 먹고 입고 싶은 것 다 입고 아무 일도 안 하고 편안히 놀고 먹으면서 산다고 믿고 있다.

그런데 어떤 사람이 천당에 가봤더니 과연 자기가 생전에 믿던 대로 괴로움도 없고 할 일도 없어 처음에는 무척 좋았으나 차츰 시간이 흐르면서 그런 생활이 견딜 수 없이 지루하고 권태롭게 느껴져 결국에는 '차라리 지옥에 가서 들볶이고 우는 것이 더 낫겠다'는 생각이 들어 "제발 지옥에 보내달라"고 했더니, "네가 있는 그곳이 바로 지옥"이라는 대답이 있었다는 우스갯소리가 있다.

오늘 읽은 성경에 보면 "나는 알파와 오메가요, 처음과 나중이다"라는 구절이 나와 있다. 이 말은 곧 그리스도가 전체 시간의 주인으로서 영원자라는 뜻이요, 나의 종말은 죽음이나 지옥이 아니고 오메가인 그리스도라는 것이다.

심판도 지옥도 최후가 아니고 부활하신 그리스도가 나의 최후라는 것을 정말 믿을 때 나의 과거 속에 그리스도가 들어와 나의 주가 되고, 나의 미래에 그리스도가 들어와 나의 주가 되었으니 나의 현재는 내가 사는 것이 아니요, 그리스도가 내 안에 사는 것(「갈리디아서」 2:20)이라는 바울의 말이 그것이다.

대부분의 종교인들은 사후 세계를 믿는다. 그러나 육체는 끝나지만 영혼은 살아 있다는 영혼 불멸 사상, 그 영혼은 하나님 앞에 나아가 행적에 따라 심판받아 선행을 한 신자는 천당에 가고 불신자는 지옥에 간다는 생각을 과연 성서적이라고 할 수 있는가?

그리스도가 약속한 부활이나 영생은 결코 영혼 불멸 사상에서처럼 죽은 후 내생에서 나타나는 것이 아니라 그를 믿는 사람의 현재의 삶 속에 이미 표현되어 있다. 그가 말하는 부활이나 영생은 삶의 길이가 아니라 깊이이며, 삶의 양이 아니라 질인 것이다. 미래에만 나타나는 것이 아니라 현재 내 안에 이루어진 사실이다. 말하자면 삶의 새 차원이다. 그는 이 새 생명, 삶의 새 차원으로 들어가는 문을 열어놓은 분이다.

이 설교 내용은 지금 돌이켜봐도 하나도 문제될 것이 없는데 당시 보수적인 기독교인들이 몇 구절을 오해해서 그같은 파문이 일어났던 것이다.

카를 바르트는 "지옥이란 앞에 있는 것이 아니고 뒤에 있는 것이다"라는 말을 했는데, 나는 그의 견해에 전적으로 동감한다. 그의 말은 예수가 십자가의 죽음과 부활을 통해 나를 지옥에서 건져내 하나님의 나라로 가게 해주었으니, 지옥은 과거에 있는 것이지 미래에 있는 것이 아니라는 것이다.

따라서 나는 인간의 구원, 즉 모든 인간이 하나님 나라의 백성이 되기를 원하는 하나님이 지옥을 만들어서 그것을 통치 수단처럼 쓰는 분이 아니라는 주장을 했다.

또 문제가 된 영혼불멸에 대해서도 나는 그것이 플라톤의 사상이나 마니교, 조로아스터교의 사상일 뿐, 적어도 구약에 나타난 히브리 사상에서는 인간의 육체와 영혼을 분리한 일이 없으므로 영혼불멸설이야말로 이교도의 사상이라고 말했다. 사실 나는 이런 얘기를 별로 대수롭지 않게 했는데 그처럼 큰 파문이 일어나고 말았던 것이다.

나는 이같은 생각을 문제가 된 그 설교에서 처음으로 드러낸 것이 아니었다. 그 전에도 종종 하곤 했는데, 그 중에서도 정대위 목사 부친의 장례식에서 했던 말을 지금도 분명히 기억하고 있다.

건국대 총장을 지낸 정대위 목사의 부친은 정재면 목사로 원로 목사이자 독립 유공자로 유명한 분이었다. 이분이 돌아가시게 되자 정대위 목사가 경동교회에 다녔던 관계로 내가 장례식을 집례하게 되었는데, 그때 설교에서 나는 이렇게 말했다.

우리 예수 믿는 사람들은 사람이 죽으면 감옥 같은 육체를 벗어나서 하나님 앞으로 가게 되어 고통 없는 낙원에서 즐거운 생활을 누리게 된다고 흔히 말을 합니다. 그렇다면 이 장례식에 온 우리들은 슬픈 얼굴 대신 아주 기쁜 얼굴로 정목사님의 하늘 나라행을 축하해줘야 하고 유가족에게도 "참 얼마나 기쁘십니까?" 하고 얘기해야 앞뒤가 맞습니다. 하지만 지금 우리들

중에 그런 사람은 하나도 없습니다. 왜 그렇습니까? 죽음은 한 번 뿐인 삶의 끝으로서 역시 슬픈 것이기 때문입니다. 그래도 우리의 소망은 죽음이 삶의 끝이기는 하지만 우리의 궁극적인 최후는 그리스도 안에 존재한다는 사실에 있습니다.

이날 장례식에는 목사들이 많이 참석했는데, 뒷날 들려온 얘기로는 장례식이 끝난 후 목사들 몇몇이 모여서 "정말 큰일이 났다. 세상이 이렇게 돌아가니 앞으로 교회가 어떻게 되겠느냐"며 개탄을 하고 한숨을 푹푹 쉬었다는 것이다.

그런데 이 장례식 사건은 『복음신문』의 보도로 설교 파문이 확산되면서 다시 사람들의 입에 올라 나는 겹치기로 구설수를 겪어야 했다.

설교 파문이 채 가라앉기도 전에 나는 그해 여름 아르헨티나에 가서 참석했던 WSCF 총회 보고차 대구 YMCA에서 개최된 한 모임에 참석한 일이 있었다. 내가 보고를 마치자 약간 머리가 벗겨진 오십줄의 목사 하나가 나를 향해 아주 도전적인 태도로 말했다.

"당신은 지옥이 없다고 했다는데 그 문제를 좀 분명히 얘기해 보시오."

그의 말에 나는 이런 독설로 맞받아쳤다.

"내가 보기에 당신은 그 질문을 하러 이곳에 온 것 같은데, 지옥이 없다는 내 말이 굉장히 못마땅했던 모양이지요? 지옥이 있다고 믿고 그곳에 꼭 가고 싶었는데 갈 수 없게 돼서 실망을 한 겁니까? 설마 그럴 리는 없을 테고, 그렇다면 누구 다른 사람을 꼭 지옥에 보내고 싶었는데 지옥이 없다니까 화가 난 것이겠는데, 만약 그런 생각이라면 당신이 먼저 지옥에 갈 거요."

내 말이 끝나자 사람들 사이에서는 와하하 하고 폭소가 터졌고 그 목사는 화가 나서 얼굴이 빨개져 나가버리고 말았다.

역동하는 검은 대륙 나이지리아

1964년 12월 말, 나는 나이지리아의 에누구에서 열리게 된 WCC 평신도국 회의에 참가하기 위해 아프리카 땅을 밟게 되었다. 아프리카에는 각종 전염병이 많아 떠나기 전에 황열병 예방 주사 등을 맞아야 했으나, 당시 우리나라는 그런 주사를 놓는 데가 없어서 제네바에 들른 길에 그곳에서 예방 접종을 하고 아프리카로 향했다.

프랑크푸르트 공항에서 나이지리아행 비행기에 올라탄 것은 1965년 1월 5일이었다. 딴 세계처럼 비현실적으로만 느껴지던 아프리카 대륙을 직접 방문하게 된다는 생각에 내 가슴은 기대와 흥분으로 차 있었지만, 반면 그 땅에 대한 부정적 선입견과 무지 때문에 적이 걱정이 되는 것도 사실이었다.

그때까지 내가 아프리카에 대해 알고 있었던 것이라고는 찌는 듯한 더위와 각종 질병, 사막과 원시림, 무서운 야수와 야만인들, 백인들에 의한 노예 사냥 등등의 단편적인 지식들로 이루어진, 어둡고 야만적인 검은 대륙이라는 부정적 선입견이 전부라고 해도 과언이 아니었다.

프랑크푸르트에서 비행기에 올라탈 때는 영하 20도의 겨울 날씨였는데, 나이지리아의 라고스에 도착했을 때는 기온이 영상 40도를 가리키고 있었다. 하루 사이에 무려 60도의 기온 차를 경험하게 된 것이다. 비행기 안에서 이미 여름옷으로 갈아입었는데도 겨울 나라에서 온 내게는 그 찌는 듯한 더위를 견디는 일이 쉽지 않았다. 게다가 입국 수속을 하고 짐 검사를 하는 데 시간이 엄청나게 걸려 짜증을 돋구었다.

나중에 알고 보니 팁을 줘야 수속이 빨리 끝난다는 것이었는데, 나는 '팁을 주지 말라'고 공항에 크게 써 붙인 알림판만 믿고 원칙대로 행동하다가 엄청난 고생을 한 셈이다.

그러나 현대적인 모습의 카노 공항은 나를 무척 놀라게 했다. '아프리카'라고 하면 원시와 후진성, 무지 등만을 떠올리곤 했었는데, 내 눈에 들어오는 공항 시설은 여느 선진국에도 뒤지지 않을 만큼 국제적인 수준을 갖추고 있었기 때문이었다. 공항뿐 아니라 라고스 시내의 모습도 상상한 것 이상으로 근대화된 모습을 갖추고 있어 나를 계속 놀라게 했다.

비참하고 서글픈 노예 사냥의 역사는 1차 대전과 함께 끝나고 백인들의 착취에 오래 시달려온 식민지의 역사도 2차 대전과 더불어 종결되어 이제는 자유와 발전을 향해 힘찬 발걸음을 내딛는 아프리카의 새 출발의 증거를 보는 듯했다.

비행장이 가까이 있는 카노는 사하라 사막을 횡단하는 대상들의 본거지로서 유서 깊은 회교도의 마을이기도 하다. 둥근 청록

색 지붕의 모스크가 있었고 모자를 쓰고 흰 가운을 걸친 노인들이 보였다. 이런 카노의 교외에는 미국의 항공우주국(NASA)이 1961년에 세웠다는 인공위성 추적 센터가 위용을 자랑하고 있었다.

기니아 항에 접해 있는 라고스 항은 35층이나 되는 높은 건물을 비롯하여 고층 건물로 꽉 찬 당당한 근대 도시였다. 호텔의 시설 역시 유럽의 여느 호텔 못지않았다. 라디오에서는 런던이나 뉴욕에서 들을 수 있는 재즈가 흘러나왔고 텔레비전에는 영어로 광고까지 하고 있어서 아프리카라는 느낌이 도무지 들지 않을 정도였다.

그러나 가만히 살펴보면 그런 근대화는 표피적 차원을 넘어서지 못하고 있는 듯했다. 하루 이틀 시간이 지나면서 나는 그 근대화된 아프리카의 배후에 아직도 엄청난 지배력을 행사하고 있는 백인들의 존재를 느끼지 않을 수 없었으며, 근대화의 얇은 껍질을 살짝 들추기만 해도 금방 드러나는 '원시 아프리카'의 속살 또한 여러 군데에서 목도하게 되었다.

나이지리아는 헌정 공화국이면서도 여전히 부족 사회의 모습을 간직하고 있었다. 왕이 있었고 그 아래에는 부족 추장들이 있었다. 이들은 또한 국회에 진출하기도 하고 회사 사장이 되기도 한다. 근대화와 전통이 빚어낸 특이한 아프리카식 정치라고나 할까.

서구식 교육을 받고 도시에서 사는 소수 엘리트 외에 대부분의 나이지리아 국민들은 여전히 3백 개가 넘는 부족으로 나뉜 채 원시 부족 사회의 관습을 유지하고 있었다. 따라서 부족간의 알력으로 인한 정치적 불안이 항존하고 있었다. 내가 갔을 때만 해도 선거 부정 때문에 정치적 알력이 다시 폭발하여 동부와 북부 지방은 일촉즉발의 위기에 놓여 있었다.

대다수 국민들의 의식 수준과 생활 역시 원시적 수준을 벗어나지 못해 병이 나도 우선 무당(주주)을 찾는 미신적인 관습은 여전했으며, 생활 환경도 모기가 들끓는 등 매우 비위생적이었다. 게다가 일부다처제의 오래된 사회적 관습도 고쳐지지 않아 여자를 돈주고 사는 일이 거의 문제시되지 않았다.

그러나 아프리카의 젊은이들의 검은 눈동자는 활기로 가득 차 있었다. 굴욕적인 어제를 벗어버리고 오늘의 역사를 새로이 건설해나가려는 의지와 에너지가 넘쳐나는 젊은이들에게서 바로 검은 대륙의 희망을 보는 듯했다. 비록 뿌리 깊은 과거의 잔재를 쉽게 일소할 수는 없겠지만 왕성한 의욕과 비전만은 확실해 보였다.

시시하게 끝난 말라리아 소동

회의 장소인 에누구는 라고스에서 꽤 멀리 떨어져 있기 때문에 나는 국내선을 타고 그곳에 날아갔다. 에누구는 이름도 처음 들어본 곳이었기 때문에 아는 사람이 있으리라고는 꿈에도 생각하지 않고 호텔에서 여장을 풀고 있는데 전화벨이 울렸다. 받아보니 놀랍게도 한국말이 울려나왔다.

전화를 한 사람은 뜻밖에도 조병옥 박사의 딸이었다.

"미국 남자와 결혼해 이곳에서 세계보건기구(WHO) 일을 보고 있는데 신문에서 한국 사람이 왔다는 기사를 보고 하도 반가워서 전화를 했어요."

그러면서 그녀는 나를 저녁 식사에 초대했다. 덕분에 나는 그날 저녁을 그 집에 가서 배불리 얻어먹고 또 회의가 끝나면 중앙아프리카 원시림을 자동차로 구경시켜 주겠다는 약속까지 받았다. 나는 그 부부의 호의에 감사하면서 아프리카의 진짜 원시림을 구경하리라는 기대에 부풀었지만 내게 주어진 모처럼의 좋은 기회는 결국 수포로 돌아가고 말았다.

회의가 열린 지 얼마 안돼 심한 열이 나고 온몸이 아프기 시작했다. 덜컥 겁이 나서 의사를 불렀더니 '말라리아에 걸린 것 같다'고 얘기했다.

"보통 말라리아에 걸리면 증세가 두 달은 가는데, 열이 너무 오르면 사람 몸이 붕 뜰 정도가 되기도 합니다."

걱정스럽게 덧붙이는 의사의 얘기를 듣고 나는 걱정에 휩싸였다. 말라리아에 걸려 아프리카에서 두 달이나 고열에 들떠 신음할 것을 생각하니 정말 암담했다. WCC 간부들과 만나 "힘들더라도 하루 빨리 귀국하는 게 좋을 것 같다"고 얘기했더니 회의 책임자가 항공 회사에 연락해 빨리 귀국할 수 있도록 선처를 부탁했다. 항공회사측의 태도도 매우 호의적이었다.

"일단 라고스까지 가면 우리 직원들이 공항으로 마중나와 좋은 호텔로 안내하고 유럽으로 가는 비행기를 탈 때까지 몸이 아프면 의사를 불러주는 등 일체 편의를 제공해드리겠습니다."

그러니 "염려 말고 떠나라"는 그들의 약속만 믿고 나는 라고스행 비행기에 올랐다. 그러나 라고스에 도착해서 보니 그들이 약속한 모든 게 공약(空約)이었다. 몸은 아픈데 안내자는 나타나지도 않았다.

이래저래 고생을 하던 나는 마침 런던으로 가는 백인 한 사람을 만나 지푸라기라도 잡는 심정으로 사정 얘기를 털어놓았다. 그랬더니 "그들의 말은 믿지 말고 당신 돈으로 빨리 호텔을 찾는 게 현명할 것"이라고 충고하면서 자신과 함께 호텔로 가자고 했다.

그렇게 해서 택시를 타고 호텔에 도착했는데, 그 영국인은 택시에서 내리면서 요금은 지불하지 않고 운전 기사에게 엉뚱한 이야기를 했다.

"내일 아침 여덟 시까지 다시 이 호텔로 와 공항까지 데려다주면 요금을 주겠소."

나는 그의 요금 지불 방식도 이상했거니와 다음날 아침 비행기가 11시에 출발하는데, 왜 그렇게 빨리 오라고 했는지 도무지 이해가 되지 않았다. 그러나 그는 내 의문에 자세한 답변 없이 "그냥 내가 하는 대로 두고 보라"고만 했다.

이튿날 아침 나는 약속한 시간에 맞추느라고 서둘러서 모든 계산을 끝내고 호텔 라운지에 앉아 영국인과 택시 기사를 기다렸다. 그러나 한 시간이 지나도록 영국인도 택시도 나타나지 않았다. 아홉 시가 지나자 영국인은 조금도 서두르는 빛 없이 모습을 나타냈다.

나는 화가 났지만 택시도 오지 않은 마당에 화내기도 뭣해 "아직도 택시가 안 왔으니 이상하다"고 했더니 그는 이미 알고 있다는 듯한 태도로 "이제 곧 올 테니 염려 말라"고 무심하게 대꾸하는 것이었다.

택시 기사가 우리 앞에 나타난 것은 약속 시간을 한 시간 반이나 넘긴 9시 반경이었다. 그러나 그는 한마디 미안하다는 말이 없었고 영국인 역시 영국인답지 않게 한마디 항의나 핀잔도 없이 그냥 택시에 올라타는 것이었다. 나는 그제서야 나이지리아에서는 그런 일이 다반사로 일어난다는 사실을 깨닫게 되었다.

귀국하기 위해 비행기를 타야 했는데 한국까지 직항로가 없어 별수없이 유럽을 경유해야 했다. 라고스에서 가장 가까운 유럽 도시가 로마였기 때문에 나는 우선 그곳으로 향했다. 로마에는 아는 사람이 하나도 없었으므로 한국 대사관에 전보를 띄웠다. 몸은 아픈데 만약 아무도 마중을 나오지 않으면 그냥 독일로 직행해버릴 심산이었다. 그런데 일곱 시간이나 늦게 떠난 비행기를 타고 로마에 도착해서 보니 다행히 내 전보를 받고 대사관에서 사람이 하나 나와 있었다. 그는 바로 후일 총리까지 지낸 노신영으로, 당시에는 참사관으로 근무하고 있었다.

노참사관이 마중나와준 덕분에 나는 그의 차로 믿을 만한 호텔까지 갈 수 있었고, 그날 저녁 식사도 그의 집에서 오랜만에 한식으로 먹을 수 있었다. 그 덕분이었는지 다음날 하루 쉬니 몸이 훨씬 나아진 기분이었다. 귀국 후 알게 된 일이지만 다행히 내 병은 말라리아가 아니었다.

나는 이종찬 주 이탈리아 대사와 얘기를 나눈 뒤 그 다음날 로마를 떠나 귀국길에 올랐다. 예정대로라면 나이지리아 외에도 여러 아프리카 국가들을 둘러보게 되어 있어 꽤 소득이 많았을 여행이었는데 뜻밖의 말라리아 소동으로 시시하게 끝나버리고 만 셈이었다.

크리스챤 아카데미의 탄생

첫 모습을 드러낸 아카데미 운동

내게 1965년은 무엇보다도 우리나라에서 아카데미 운동이 정식으로 출범한 역사적인 해로 뚜렷이 기억되어 있다. 뮐러 박사의 방한과 대화 모임의 성공적인 실험으로 마치 뱃속에서 태아가 자라나듯 무럭무럭 성장해가던 아카데미 운동이 1965년 2월 19일 한국기독교학술원의 설립과 함께 비로소 세상에 그 첫 모습을 드러냈다.

한국기독교학술원이라는 명칭은 아카데미 운동을 이끌 단체의 이름을 어떻게 지을까 하는 문제를 놓고 저명한 학자 몇 명이 도봉산의 어느 여관에 모여 1박 2일로 토의한 결과 결정된 것인데, 외국어는 쓰지 말자는 전제에서 그렇게 이름을 붙이게 되었다.

한국기독교학술원은 출범과 함께 이사회를 구성했다. 이사장에 홍현설(당시 감리교신학대학장, 이하 모두 당시 직책임), 총무이사에 조민하(유네스코 한국위원회 사무총장), 재무이사에 최태섭(한국판유리공업 주식회사 사장)이 추대되었고, 이사로는 강신명(새문안교회), 김재준(기독교장로회 총회장), 김옥길(이화여대 총장), 김형남(일신방직 주식회사 사장), 길진경(NCC 총무), 오재경(전 공보부 장관), 이양구(동양시멘트 주식회사 사장), 전택보(전 상공부 장관), 정대위(건국대 총장) 등이 참여했다. 감사에는 김병옥(조흥은행 전무)과 지갑섭(제일은행 기획조사부장)이 기용되었다. 고문은 백낙준, 한경직, 김활란, 이환신, 독일인 슈미트로 다섯 명이었다.

나는 실질적인 일을 맡아 처리하는 사무국 원장직을 맡게 되었으며 이재영, 박경서, 한정자 등이 간사로 함께 일하게 되었다.

학술원의 목적은 그 헌장 제3조에 나와 있듯 '한국 사회의 건전한 발전을 위한 모든 문제를 조사 연구하고, 대화를 통한 합리적 해결에 이바지하기 위한 각종 협의회를 가지며, 모든 분야에서 봉사할 일꾼을 훈련함'에 있었다. 그리고 이런 목적을 달성하기 위해 '한국 NCC를 비롯하여 운동과 관련된 국내외 기구와 기능적 관련을 가지며', 각종 사업을 재정적으로 뒷받침하기 위해 아카데미 하우스를 경영하기로 했다.

이미 말했듯 학술원의 가장 기본적이고도 중요한 과제는 대화 프로그램을 진행하는 일이었다. 따라서 이를 위해 전문 분야별 연구위원회를 두게 되었는데 그것은 종교, 정치, 경제, 사회, 문화, 교육, 청년학생, 평신도 문제 위원회 등 8개 분야에 걸쳐 있었으므로 사실상 한국 사회의 거의 모든 문제들을 다루게 되었다.

여기에 동원된 인원은 교수 40명, 교직자 11명, 선교사 2명, 국회의원 2명, 국회전문위원 2명, 언론인 5명, 방송인 5명, 영화인 2명, 그밖에 청년 운동과 평신도 운동 실무자 등 90명에 이르렀다. 이로써 한국에서 아카데미 운동을 펼치기 위한 기본 골격은 대충 마무리된 셈이었다.

학술원의 출범과 함께 정식으로 시작된 아카데미 운동은 그 활동을 뒷받침할 물적 기반이 아직 제대로 마련되지 않은 상태에서도 가능한 범위 안에서 대화 모임을 계속 해나갔다. 그리고 거기에서 전개된 논의를 계간지 『대화』(對話)에 실어 발간함으로써 아카데미 운동에 관심을 가진 사람들에게 한정적이나마 배포하기 시작했다.

그런데 1965년 4월 초 온양에서 열렸던 대화 모임에서 '한국기독교학술원'이라는 명칭에 대하여 이의가 제기되었다. 학술원 고문이었던 김활란 박사가 명칭을 바꾸자고 제의해 온 것이었다.

"학술원이란 명칭은 지극히 고답적인 지식인들의 기관이나 일반인들과는 관계없는 학술적인 회합이란 인상을 줄 뿐 아니라 정부 기관인 학술원과도 혼동하기 쉽다."

김박사의 제의는 타당한 바가 있어서 그후 5월 7일 열린 이사회에서 이 문제가 논의된 결과 한국기독교학술원이라는 명칭 대신 아카데미 운동을 직접적으로 표방하는 '한국 크리스챤 아카데미'라는 명칭이 논란 끝에 어렵사리 채택되었다. 그리고 문교부에 새 명칭으로 등록을 함으로써 '한국 크리스챤 아카데미'는 잉태된 지 7년 만에 법적인 절차까지 끝마쳤다.

이렇게 탄생된 크리스챤 아카데미는 그해 10월 26일 재단법인으로 그 형식을 바꾸게 되는데, 그때 임명된 재단 이사는 홍현설, 최태섭, 조민하, 이양구, 김옥길, 오재경, 그리고 나를 포함해 모두 일곱 명이었다.

종교간 대화가 우상숭배인가

1965년 10월 크리스챤 아카데미는 각 분야별로 활발하게 진행되던 대화 모임 중의 하나로 '한국 제종교의 공동 과제'라는 주제 아래 종교간 대화 모임을 가졌다. 18일과 19일 이틀 동안 개신교, 천주교, 불교, 유교, 천도교, 원불교 등 6대 종교 지도자들이 모여 각자 다른 종교와의 만남을 시도한 이 모임은 한국 역사상 최초로 이루어진 종교간의 대화라는 점에서 큰 관심과 함께 비난의 표적이 되기도 했다. 당시 나는 이 모임을 시도했다고 해서 기독교의 이질화니 혼합 종교니 하는 비난을 감수해야 했다.

첫 시도였던 만큼 모험을 하는 기분으로 불안과 걱정 속에 시작한 이 모임은 그러나 예상보다 훨씬 순조롭게 진행되었다. 장소는 한강가에 있던 용당산 호텔이었다. 각 종교의 지도자들은 종교인으로서 한국 사회에 공동으로 지고 있는 과제들을 각자 입장에서 발표한 후, 한국의 정신 풍토에 관한 종교의 역할 등에 관해 자유롭게 토론을 벌였다. 그리고 모든 종교의 공동 과제로 구심력 회복과 주체성 확립을 들고 이를 위해 각자 내부의 개혁 운동이 필요하다는 데 합의를 보았다.

참석자들은 대부분 종교간의 대화에 대해 매우 호의적인 반응을 보였다. 비록 각 종교간에 전통과 의식은 다를지라도 서로 공동의 광장을 마련하자는 데는 어느 종교든 교리적인 모순이 없다는 게 일치된 의견이었다. 이같이 모임이 성공리에 끝나자 참석자들 사이에서는 누가 먼저랄 것도 없이 이런 모임을 지속적으로 가지는 것이 좋겠다는 의견이 제기되었으며, 그 결과 종교인협의회를 만들기로 합의가 이루어졌다.

그런데 이 사실이 신문에 보도되면서 기독교 내에서 엄청난 반발이 일어났다. 그 때문에 NCC 주최로 이 문제를 논의하기 위해 온양에서 협의회가 열리기도 했는데, 그때 내가 당한 오해와 비난은 이루 말로 다할 수 없을 정도였다.

대다수 기독교인들의 주장은 "도대체 불교도 같은 우상 숭배자들과 어떻게 대화를 나누느냐"는 것이었다. 나와 뜻을 같이하던 당시 NCC 간사 박광재 목사는 "성령은 다른 종교 안에서도 역사하신다"고 말했다가 "당장 목사직에서 파면시켜야 한다"는 벌떼같은 공격을 당해야 했다.

그 회의에 참석한 김활란 박사는 나를 변호하기 위해 다음과 같이 얘기하기도 했다.

"강목사나 나나 똑같이 전도에 힘쓰는 교역자들입니다. 다만 차이가 있다면 그 전도 방법인데, 강목사는 종교간의 대화를 통한 방법을 택하고 있는 것뿐입니다."

어떻게든 나를 변호하려는 그의 선의를 고맙게 느끼면서도 나는 그같은 오해를 그대로 받아들일 수가 없었다. 그래서 곧장 일어서서 말했다.

"나는 대화를 통해서 다른 종교의 신자들을 개종시킬 의도는 전혀 없습니다."

내가 그렇게 단호하게 선언해버리자 장내는 들끓는 비난으로 분위기를 수습하기조차 어려운 지경이 되어 버렸다.

흔히 다른 종교, 특히 불교에 대한 기독교인들의 태도는 두 가지인 것 같다. 하나는 불교를 우상 숭배라고 치부하면서 기독교와는 너무나 다르다며 아예 등을 돌리는 것이고, 또 하나는 모든 종교의 목표는 결국 하나이기 때문에 별로 다를 게 없다는 태도다.

그러나 불교나 다른 종교에 대한 나의 입장은 그 두 가지 중 어느 것에도 속하지 않는다. 불교도들의 자유롭고 개방적인 태도는 내 체질에 잘 맞긴 하지만, 불교와 기독교는 분명히 다르다는 것을 나는 인정하고 있다.

우선 불교에는 기독교의 기본이 되는 '원죄' 의식이 없다. 기독교에서는 이 원죄 의식이 없이 인간이 의로워지는 것은 불가능하다고 본다. 그러나 불교에서는 만물이 불성을 가지고 있으므로 그 본성을 잘 닦기만 하면 누구나 부처가 될 수 있다고 본다.

이렇게 불교와 기독교는 서로 근본적으로 다르지만, 다르다고 하여 꼭 등을 돌리고 싸워야만 할까. 기독교인은 기독교인으로 철저히 살아가고, 불교도는 불교도대로 열심히 살아간다면, 이 세상에서 함께 도울 일은 있어도 싸울 일은 없다는 것이 내 생각이다. 서로 다른 것을 인정하면서 대화하고 협력할 수 있다는 것이 타종교에 대한 나의 입장이다. 이것 역시 제3의 길인지도 모르겠지만.

어쨌든 기독교 내부의 반발에도 불구하고 종교인협의회 조직은 다른 종교 지도자들의 주도로 계속 추진되어 나갔다.

그 무렵의 어느 날, 불교 대표였던 이능가 스님이 나를 찾아와서는 이런 말을 했다.

"종교인협의회가 조직되면 기독교에서 회장이고 뭐고 다 알아서 하십시오. 종교가 인류를 위해 공헌할 수만 있다면 불교가 기독교에 흡수되어 없어져도 좋습니다."

나는 그 말을 듣는 순간 십자가 정신은 오히려 그들에게 더 있는 것이 아닌가 하는 느낌을 가지지 않을 수 없었다.

원래 나는 처음 종교인협의회를 만들자는 애기가 나왔을 때, "아카데미 대화 모임은 서로간에 대화를 트는 데 목적이 있을 뿐 무슨 조직을 만들자는 게 아니다"며 반대하는 입장이었으나 불교를 비롯한 다른 종교에서 적극적으로 나서서 모임을 결성하게 되었다.

그해 12월 17일 조직된 한국 종교인협의회는 6대 종교가 동등한 자격으로 참가한 모임이었던 만큼 회장도 돌아가면서 맡고 월례 모임도 순번제로 각 종교에서 주최하기로 했다. 지금 돌이켜보면, 서로 돌아가며 그 종교에 대해 듣고, 그 종교에서 주는 음식을 먹고 하는 것 자체가 새로웠고 상당히 인상적이었다.

그런데 순서에 따라 당시 천도교 교령이던 최덕신이 종교인협회 회장이 되면서 모임의 성격에 변화가 일어났다.

그때까지 우리는 사무실도 마련하지 않고 서로의 이해 증진을 위한 친목 모임만 한달에 한 번씩 가졌는데, 최회장은 "우리 협회가 이렇게 싱겁게 만나서 얘기만 하고 끝낼 게 아니라 체계적으로 일을 벌여야 한다"며 공보부에 요청하여 재정 지원을 받아냈다. 그리고는 그 돈으로 사무실을 얻고 김선적이라는 사람을 사무국장 직책에 앉혔다.

나는 그러는 것이 솔직히 마음에 내키지 않았다.

"종교인들의 순수한 친목 단체인 종교인협회가 왜 정부 돈을 받아야 합니까?"

나는 강력하게 이의를 제기했다. 그러나 이의는 받아들여지지 않았고 대신 나에 대한 중상과 모략이 돌기 시작했다. 나를 비난하는 골자는 "크리스챤 아카데미는 남의 나라 돈을 받아 하면서 왜 제 나라 정부에서 돈 받는 일은 반대하느냐. 종교인이 그렇게 반정부적으로 행동하는 것이 이상하지 않으냐"는 것이었다.

게다가 또 통일교가 협회에 들어오는 문제까지 생겨나 이런저런 일로 참다 못한 나는 결국 그 협회에서 탈퇴하고 말았다.

최덕신 씨는 천도교 교령이지만 퇴역 장군이면서 철저한 정권의 지지자였다. 내가 보기에 그런 사람이 주도한다면 정부의 조종을 받는 단체로 전락할 가능성이 있다고 판단했다. 그는 북한으로 가기 전에도 유신학술원을 만들어 "유신만이 살 길이다"고 외쳤던 인물이기도 하다.

그의 아버지는 임시 정부의 요인이었던 최동오였다. 최동오는 을지로 5가에 살아서 나도 그 집에 자주 찾아가고 나를 사랑해

준 선배이기도 했다. 최덕신은 아버지와 달리 군인으로서 사단 장을 역임했고 구 월남 대사, 외무부 장관, 서독 대사 등 요직을 맡아서 정권에 깊이 참여한 사람이었다. 박정희의 군 선배로서 돈독한 사이였기 때문에 그런 요직을 거쳤다는 설도 있다. 나는 정부 돈을 받는 문제보다는 정부와 밀착하려는 최덕신의 의도가 마음에 들지 않아 결국 거부하게 된 것이다.

최덕신은 천도교 내분으로 미국으로 건너가 86년 북한에 영주 귀국하여 북한의 천도교 청우당 위원장을 지내다 1989년 사망했고, 현재는 그의 아내 류미영이 그 자리를 맡고 있다. 류미영은 2000년 남북 이산가족 상봉시 단장으로 서울에 온 바 있다.

어쨌든 종교인협회는 탈퇴했지만 종교간 대화 운동은 크리스 챤 아카데미에서 계속했다. 특히 이청담 스님은 종정이 된 후에 우리 모임에 거의 빠짐없이 참가했다. 키가 큰 사람이 큰 지팡이 를 짚으며 성실하게 참여했던 것이 지금도 인상 깊다.

그와 관련해서 기억에 남는 일이 하나 있다. 그는 주로 일어나 서 이야기도 많이 했는데 한 번은 수행하던 사람들이 이야기 좀 그만 하라고 쪽지를 건넨 모양이었다. 그는 그 쪽지를 그냥 읽으 면서 "천상천하 유아독존" 하면서 앉아 사람들을 웃게도 하고 어 리둥절하게도 했다.

아카데미 하우스가 완공된 뒤 청담 스님은 종교간 대화 모임에 자주 왔고, 나와 함께 밤을 보내면서 이야기도 많이 나누어 자연 스레 친해졌다. 그런 인연 때문에 청담 스님이 돌아가셨을 때 나 는 동국대에서 열린 장례식에 종교계 대표로 헌화를 하기도 했다. 그 일로 인해 "불교 중들 모임에 갔다"는 구설수에 또 시달려야 했다.

독일 돈으로 짓지만 우리 손으로 설계한다

1965년 아카데미 운동의 출범과 함께 내가 가장 주력한 것은 대화의 장이 될 아카데미 하우스를 짓는 일이었다. 아카데미 하우스 건축은 1963년 뮐러 박사가 방한했을 때 이미 독일측이 지원을 약속한 것으로서 그때 나는 뮐러 박사에게 두 가지 조건을 내세웠다.

하나는 아카데미 하우스 건물은 독일 돈으로 짓되, 땅은 우리 돈으로 사겠다는 것이었고 다른 하나는 건축 설계도 우리 손으로 하겠다는 것이었다.

"설계를 독일인이 해야 원조 승인을 받기가 쉬울 텐데요."

뮐러 박사의 은근한 반대에도 나는 끝내 고집을 꺾지 않았다.

"우리가 쓸 건물을 우리 손으로 만들지도 못한대서야 말이 되겠습니까?"

독일에서 시작된 아카데미 운동을 한국에 접목시키는 과정에서 내가 끝까지 신경 쓴 것은 자주성과 토착화였다. 독일 아카데미 운동의 취지와 성격, 방법 등을 배우기는 하되 독일식을 무조건 모방하는 것이 아니라 어디까지나 한국 사람에 의해 주도되고 한국 사회의 실정에 맞는 한국적 운동으로 거듭나야 한다는 것이 내 생각이었다.

원조를 받는다고 해서 그들의 생각이나 구상대로 움직이는 아카데미 운동이라면 아예 시작하고 싶지도 않았다. 바로 이런 점이 꽤 오랫 동안 뮐러 박사와 나 사이에 갈등 요인으로 작용했던 것이 사실이다. 그 때문에 뮐러 박사는 아카데미 하우스 준공식 자리에서 "나는 4년 동안 강원장과 가끔 만나면서 의견 차이로 다투었다"고 솔직히 토로하기도 했다.

　일본의 경우 아카데미 운동 책임자가 독일인인 슈미트와 클라인이라는 점에서 나타나듯 독일인에 의해 주도되고 있었으므로 뮐러 박사는 처음에 한국 아카데미 운동에 대해서도 일본의 경우와 비슷한 구상을 품고 있었다. 그러나 나는 아카데미 운동의 실질적인 업무에 독일인이 개입하는 것을 원치 않았다. 뮐러는 비서직이나 하다 못해 요리사라도 독일인을 쓰기를 원했으나 나는 그것도 거절했고 건축 자재도 일부러 독일제를 쓰지 않았다.

　아카데미 하우스를 건축하기 위해 가장 시급했던 일은 건물을 지을 땅을 확보하는 것이었다. 나는 대지를 물색하기 위해 우선 서울 교외의 땅을 보러 다녔다. 처음부터 서울 시내에 건물을 지을 생각은 없었다. 그러나 교외 지역은 경치도 좋고 조용하기는 한데, 서울 시내와 떨어져 있어 교통이 불편한 난점이 있었다. 결국 내가 가장 이상적으로 생각한 조건은 시내 중심지에서 차로 한 시간 정도 걸리는 거리에 있으면서 경치가 뛰어난 곳이었다.

　나는 마음에 드는 땅을 찾아내기 위해 태어난 후 처음으로 지프를 하나 마련해 서울 변두리 이곳저곳을 찾아다녔다. 그러나 적당한 땅을 물색하는 일은 생각처럼 쉽지 않았다. 우선 썩 눈에 들어오는 땅도 없는데다 간혹 그런 곳이 눈에 띄어도 소유주를 알아보면 대개 전·현직 장관이나 총리 등 힘깨나 쓰는 사람들이어서 살 수가 없었다.

한동안 헛고생만 하고 마땅한 땅을 발견하지 못하다가 지금 아카데미 하우스가 있는 우이동 쪽으로 발걸음을 한 것은 1964년 겨울이었다. 눈이 펑펑 쏟아지는 날이었는데, 왠지 좋은 일이 일어날 것 같은 예감을 느끼며 눈발을 헤치고 우이동 산속으로 들어갔다.

산 속을 헤매며 이곳저곳을 둘러보던 나는 드디어 눈에 확 들어오는 장소를 발견하게 되었다. 그곳은 지금 아카데미 하우스가 서 있는 장소 아래쪽으로, 당시에는 허허벌판이었다. 그곳에 서서 사방을 둘러보니 백운대의 당당하고 아름다운 모습이 한눈에 들어오고 서울의 명산들이 멀리 혹은 가깝게 병풍처럼 펼쳐진 광경이 시원하게 드러나, 전망이 그렇게 좋을 수가 없었다.

한마디로 서울 근방에서는 좀처럼 보기 드문 아름다운 장소였다. 게다가 그곳에서 볼 때 왼쪽 산에는 독립 투사들과 민주 지사들의 묘소가 있었고, 진입로에는 4·19탑이 있어 우리나라의 자연과 역사를 한눈에 볼 수 있다는 점에서 금상첨화였다.

봉이 김선달 식으로 마련한 땅

그 땅을 발견한 나는 두 번 다시 생각할 것도 없이 즉각 매수 작업에 들어갔다. 우선 땅임자가 누구인가 알아봤더니 당시 영락교회 장로였던 김치복이라는 사람이었다. 나는 무엇보다 땅 임자가 독실한 기독교인이라는 데 자신을 얻고 그에게 연락을 취했다. 일이 잘 되려고 그랬는지, 그는 같은 기독교인으로서 내 얘기를 듣고는 어렵지 않게 땅을 팔겠다고 나섰다. 전체 땅의 넓이는 6,400평이었는데, 땅값은 240만 원으로 합의가 되었다.

그러나 당장 돈을 치르고 정식 계약을 할 수는 없었다. 우선 돈도 없었지만 건물을 짓는 데 필요한 독일의 원조금 문제도 그 때까지 확실히 결정이 안 난 상태였다. 따라서 나는 땅 문제는 구두합의 상태로 그냥 놔둔 채 우선 독일로부터 건물 지을 돈을 받아내는 일에 주력했다.

나는 독일측에 원조금을 요청하면서 이미 건물을 세울 땅은 물색해 놓았다는 연락을 보냈다. 그러자 독일에서 건축 기사 한 명이 파견되어 그 땅을 둘러보고 갔는데, 그게 어떻게 소문이 나서 뭐 대단한 이권이나 있는 줄 알고 땅 주인이 돌연 땅을 팔지 않겠다고 나왔다. 깜짝 놀란 나는 땅주인을 만나 마음을 바꾸도록 설득하면서 다시 흥정을 시작해 480만 원에 어렵게 합의를 봤다. 사정상 시간을 끌다가 원래 액수의 두 배를 지불하게 된 것이다.

한 번 된맛을 본 나는 이번에는 서둘러 땅을 사기로 하고 매입자금을 빨리 구할 수 있는 길을 모색했다. 가진 재산도 없이 거액의 돈을 당장 마련하려니 암담했으나 뜻이 있는 곳에 길이 있고 두드리면 문은 열리게 마련이라고, 나는 대동강 물을 팔아먹은 봉이 김선달 같은 배짱으로 우선 돈이 있는 사람들부터 찾았다.

당시 알고 지내던 재력가는 두 명이었는데 한국판유리의 최태섭 사장과 동양시멘트의 이양구 사장이 그들이었다.

나는 이 두 사람을 당시 시청 뒤에 있던 '향진'이라는 일식집으로 초대했다. 그리고는 점심 식사를 함께하며 내가 처한 사정을 설명한 후 이렇게 제의했다.

"그 땅이 모두 6,400평인데 우리는 그 반만 있어도 충분합니다. 그러니 나머지 반은 두 분이 나누어 가지시는 조건으로 함께 땅값을 지불해 주시면 어떻겠습니까? 아카데미 하우스가 들어서면 길도 뚫릴 것이고 전기와 수도도 들어올 것이니 두 분이 그곳에 별장을 지어도 참 좋을 것입니다. 경치가 아주 그만이니까요."

이미 서로 가깝게 지내던 처지인데다 평소 내 뜻을 잘 이해하고 있었기 때문에 그들은 어렵지 않게 내 제의를 받아들였다. 그래서 두 사람이 각자 240만 원씩 내놓아 그 돈으로 땅을 사게 되었다. 이로써 땅 문제는 일단 한시름을 놓게 되었다.

그런데 땅을 사고 난 다음 측량을 해보니 예상치 않은 문제가 드러났다. 측량 결과 우리가 산 땅이 처음에 보아놓은 땅과는 많이 달랐던 것이다. 전체 땅 중 절반이 산등성이나 개울이어서 도저히 건물을 지을 수 없는 지형이었다. 그러니 내가 두 사람에게 한 약속을 지키자면 아카데미 하우스 건축을 포기해야 하는 기가 막힌 상황이었다. 그러나 도저히 그럴 수는 없는 일이어서 미안하긴 하지만 어떻게든 두 사람의 양보를 얻어내는 쪽으로 마음을 굳혔다.

1965년 10월, 한국 교회와 독일 교회 사이에 새로운 관계를 맺기 위해 뮐러 박사를 비롯한 거물급 독일 교계 지도자 일곱 명이 한국 교계의 초청으로 한국을 방문하게 되었다. 좀 다른 얘기이 긴 하지만 이같은 한·독 교계의 교류는 이후 한국과 독일에 각각 한독교회협의회와 독한교회협의회가 결성되는 성과를 가져와 나는 한독교회협의회 회장직을 맡게 된다.

어쨌든 당시 NCC 회장이었던 나는 그들을 위해 주선한 환영 만찬 자리에 정부 관계자들과 독일 대사 등 요인들을 초청하면서 일부러 이양구 사장과 최태섭 사장도 초청했다.

그리고 만찬이 끝나갈 무렵 나는 불쑥 두 사람을 참석한 사람들에게 소개했다.

"이 두 분이 바로 아카데미 운동을 위해 건물을 지을 땅을 기꺼이 기증해 주신 분들입니다."

두 사람이 잠시 어리둥절해하는 사이 장내에서는 박수가 터져 나왔고 "정말 뜻깊은 일을 했다", "고맙다"는 치하와 격려의 말이 잇따랐다.

서로의 신뢰를 믿고 부려본 일종의 억지였는데 두 사람은 나의 이런 억지를 너그러이 양해해주었다. 그때부터 그 땅은 명실상부하게 전부 아카데미 하우스 건축을 위해 두 사람이 기증한 셈이 됐다.

이런 우여곡절을 거쳐 땅 문제는 해결되었으나 그때까지도 독일측의 건축 자금 원조 결정이 내려지지 않은 상태였다. 나는 그때 이미 독일에 건축 자금 원조 신청을 해놓고 있었는데, 원조와 관련된 사정과 일 처리 과정은 땅 문제보다 더욱 파란만장했다.

원조자금 받기가 이렇게 어려워서야

건축 자금을 지원받으려면 우선 건물의 기초 설계를 해야 했다. 그 설계를 근거로 원조 신청을 할 수 있기 때문이었다. 나는 자금을 신청하기 위해 설계 작업에 들어갔다. 이 일은 우리가 아카데미 사무실로 쓰던 종로 2가 기독교회관 안의 조그만 방에서 시작했으나 그 좁은 사무실에서는 도저히 작업을 할 수가 없었다. 그래서 아쉬울 때면 찾는 이양구 사장에게 쓸 만한 사무실 하나를 부탁했더니, 마침 은퇴한 동양시멘트 회장이 쓰던 사무실이 비어 있다고 해서 그리로 옮기게 되었다.

그곳에서 본격적으로 설계 작업을 했는데, 비용을 최소로 하기 위해 한양대 건축학과 학생으로 경동교회 교인이던 박병일을 데려다가 시인 허영자와 함께 자장면으로 끼니를 때우며 밤낮 없이 일에 매달렸다. 나는 설계에 대한 전문지식은 없었으나 아카데미하우스를 운영할 사람으로서 필요한 아이디어를 박병일에게 주면 그가 기초 설계 작업을 하는 식으로 일을 진척시켰다.

허영자를 내게 추천해준 사람은 그녀의 스승인 시인 김남조였다. 김남조는 내가 신문이나 잡지 등에 발표하는 글의 문장이 매끄럽지 못하다며 문장 교정을 해줄 사람으로 허영자를 추천했는데, 그녀는 형편없는 월급을 받으면서도 불평 한마디 없이 내 글의 문장 교정뿐 아니라 아카데미와 관련된 각종 일을 성실하게 해냈다. 1965년에 발간된 내 수필집 『5분간의 사색』에 실린 글은 모두 그녀의 손길을 거친 것이다.

허영자는 글만 아름답게 쓰는 것이 아니라 마음씨 또한 비단결처럼 섬세했다. 그런 마음씨로 나같이 거세고 성질 급한 사람과 일을 하느라 아마 마음 고생을 많이 했을 것이다. 일을 하다가 내 뜻대로 안되면 나는 벽력같은 소리를 내지르며 화를 쏟아내곤 했는데, 그럴 때마다 허영자가 놀라 몸을 바르르 떨곤 하던 모습이 지금도 잊혀지지 않는다.

이런 어려움 속에서 마침내 아카데미 하우스의 기초 설계를 완성한 후 나는 일본에서 온 슈미트 박사와 클라인 목사의 도움으로 건축 원조 신청서를 작성해 독일 교회 대외 원조처(EZE)에 제출하였다. 그것이 1965년 여름의 일이었다.

그만하면 원조를 받기 위해 내가 할 일은 대충 끝낸 셈이었으나 산 넘어 산이요, 호사다마라고 이번에는 다른 난관이 기다리고 있었다. 한국에서 아카데미 운동을 시작하는 것에 대해 일본과 독일 내에서 만만치 않은 반대가 일고 있었기 때문이었다.

일본 기독교인들은 자기들이 이미 아카데미 운동을 하고 있으면서도 WCC를 통해 한국의 아카데미 운동을 반대하고 나섰다. 그런데 그 이유가 어처구니없었다.

"한국은 인간 관계가 종적 관계, 즉 상하 관계로 되어 있는데, 어떻게 대화가 가능하겠는가. 우리 일본에서도 실제로 해보니까 잘 안 되는데, 한국 같은 문화 풍토 속에서 아카데미 운동을 하는 것은 불가능하다."

독일 내 반대 여론은 뮐러 박사의 반대파에 의해서 제기되었다. 그들은 뮐러 박사의 세력권이 해외로 점차 확산되는 것을 막기 위해 "뮐러 박사가 아카데미 식민지를 만들고 있다"면서 한국 아카데미 설립을 거세게 반대하고 있었다.

그런 상황에서 가만히 앉아서 결과만 기다릴 수가 없어 독일로 가서 반대자들을 차례로 만나 설득 작전을 펼쳤다. 뮐러 반대파들을 만난 자리에서 나는 이렇게 말했다.

"한국 아카데미는 독일 원조금을 받기는 하지만 독일 아카데미와는 실질적으로 어떠한 관계도 가지지 않겠다, 독일 사람을 쓰지도 않고 우리 실정에 맞게 완전히 독립적으로 프로그램을 운영할 것이다. 우리가 필요로 하는 것은 단지 아카데미 하우스 건축을 위한 원조금뿐이다."

그런데 이같은 내 얘기는 다른 입장에 있던 사람들의 또 다른 반대를 불러일으켰다. 대외 원조 책임자였던 몰토스트 박사가 내 말에 반발하며 나섰다.

"그러면 원조는 받되 간섭은 받지 않겠다는 얘기인데, 그런 조건의 원조는 할 수가 없다."

나에게 좋지 않은 감정을 가지고 있던 몰토스트 박사는 "당신은 미국도 제국주의 국가라고 생각하고 있다는 얘기를 들었다"며 나를 공격했고 우리의 계획에 대해 매우 부정적이었다.

양쪽의 협공으로 진퇴양난에 빠진 나는 '이러다 결국 원조를 받지 못하는 게 아닌가' 하는 우려와 불안을 떨칠 수가 없었다. 이미 땅을 마련해놓은 마당에 건축 자금을 지원받지 못한다면 아카데미 하우스를 세우는 일은 기약할 수 없는 먼 훗날로 미루어질 게 뻔하고, 그만큼 대화 운동의 속도도 더디어질 것이었다.

결국 결정은 몰토스트 박사에게 달려 있었으므로 나는 그를 계속 설득했다. 하나님의 도우심인지 결국 그는 내 주장을 이해하게 되었고 1965년 겨울 어느 날 마침내 초조하게 기다리던 원조 결정이 내려졌다.

지금도 기억나는 것은 건축 기금 원조 결정이 내려졌다는 전보가 우리 사무실에 도착했을 때 마침 슈미트와 클라인이 우리와 함께 있다가 너무 기쁜 나머지 일어나서 겅중겅중 춤을 추던 모습이다. 건축 자금 원조 신청에 대한 독일 교회의 정식 승인서를 받은 날은 1966년 3월 21일이었고, 총 원조액은 9,350여만 원이었다.

자금 원조 결정이 내려진 후 나는 본격적으로 아카데미 하우스 건축 준비에 들어갔다. 이미 크리스챤 아카데미는 원조 결정이 내려지기 전인 1965년 10월 26일 재단 이사회 구성과 함께 건축위원회를 조직해 놓고 있었다. 위원장은 오재경이었고 나는 건축위원 중 하나로 선정되었으나 전체적인 추진은 내가 맡을 수밖에 없었다.

나는 원조 신청을 마친 후 사무실을 대한화재 빌딩으로 옮기고 아카데미 직원 두 명과 타이피스트 한 명을 새로 채용해 놓고 있었다. 새로 채용된 직원은 그때 서울대 사회학과를 졸업한 박경서와 연세대를 졸업한 한정자였다. 둘 다 참 유능하고 성실한 사람들로 어려운 시절 아카데미 일을 훌륭하게 해낸 인재들이었다.

산속에 콘크리트 집을 짓는 미친 놈

건축 자금과 부지가 마련되었으니 이제 할 일은 건축 허가를 받아내는 일이었다. 그러나 그 일 역시 처음부터 난관에 부딪치고 말았다. 우리가 산 우이동 땅이 자연 공원에 속해 있고 선열 묘지가 있는 지역인데다가 풍치 지구로 지정되어 있어 건물을 지을 수 없다는 것이었다. 건축이 법으로 금지되어 있으니 다른 장소를 물색해야 했으나, 그 장소에 건물을 짓겠다고 말해놓고 원조금까지 받아낸 마당에 그럴 수는 없는 노릇이었다.

묘안이 없을까 머리를 짜내던 중, 교통부 차관을 지내고 아카데미 건축위원을 맡고 있던 이창석이 우리가 건축 허가를 받아낼 수 있는 법적 근거를 찾아냈다.

"이 땅이 건축 불허 지역으로 묶여 있기는 하나 예외 규정이 있습니다. 즉 '국가가 필요로 하는 기관이나 관광 시설에 한해서 건설부 장관과 교통부 장관, 그리고 서울 시장이 합의를 하면 건물을 지을 수 있다'는 규정입니다. 만약 관광 시설 허가를 받으려면 욕실이 딸린 객실을 15개 이상 갖추고 있어야 합니다."

우리는 이미 아카데미 하우스 내에 객실 40개를 설치하기로 계획하고 있었으므로 관광 시설로 허가를 받아내기로 했다. 그러나 이 일 역시 난관의 연속이었다. 어찌나 요구하는 서류가 많고 절차가 까다로운지 성질이 급하고 불같은 나는 그만 속이 터져 곤죽이 될 지경이었다.

그때 그같은 사정을 알게 된 이어령(전 문화부 장관)이 『조선

일보』'만물상' 난에 'K목사가 A하우스를 짓기 위해 허가를 받는데 찍힌 도장수가 그 집 벽돌수보다 더 많았다'고 쓸 정도였다.

말못할 난관이 정말 많았지만 당시 공화당 원내총무이던 김동환 의원이 비서인 홍상설 목사를 통해 힘써주는 등 주위 사람들의 도움을 받아 결국 건축 허가를 받아냈다.

국내외적으로 길고도 험한 과정을 거쳐 아카데미 하우스의 기공식이 거행된 날은 1966년 4월 16일이었다. 건축은 경일기업에서 맡아 6개월 예정으로 공사에 들어갔으나 땅을 파보니 전부 바위여서 예정보다 좀 늦어졌다.

공사가 시작되자 주일을 빼고는 하루도 빠짐없이 현장에 나가일일이 공사 감독을 하느라고 안 그래도 바쁜 나는 더욱 바쁘게뛰어다녀야 했다. 길이나 수도, 전기 등 아무런 기반 시설도 되어있지 않은 산속에서 진행하는 공사였던 만큼 어려운 문제는 어느구석에서나 틈만 있으면 튀어나왔다.

그 중에서도 가장 어려운 문제는 물이었다. 수도를 끌어오는일은 엄두도 못 내고 우물을 파서 써야 했는데, 아무리 힘들여 두터운 암반을 파봐도 도무지 물줄기가 잡히지 않았다. 누군가가천안에 있는 어떤 신부가 버드나무 가지를 이용해 백발백중으로물줄기를 잡아낸다고 하기에 그를 초빙해 스무 곳 남짓 찾아보았지만 결과는 신통치 않았다. 한두 군데를 찾아내기는 했으나 수량이 너무 적었다.

다시 우물을 전문적으로 파는 업체에 의뢰하는 등 이런저런 노력 끝에 겨우 하루에 2만 갤런 정도의 물을 확보할 수 있었다. 그러나 그 정도의 양으로는 물을 약 쓰듯 해야 했다.

물이 귀한 그곳에 수도가 들어온 것은 아카데미 하우스가 세워지고 15년도 더 지난 1983년이다. 그때까지 우리는 탱크를 설치하고 물을 저장해서 써야 했다. 그러니 여름 가뭄이 심하거나 겨울 강추위로 물이 얼어붙으면 시내에서 물을 사들여야 하는 등 고생이 이만저만이 아니었다.

산속에다 건물을 지었기 때문에 건축 과정에서 여러 재미있는 에피소드도 생겨났다. 그 무렵의 어느 날 나는 외무부 장관 이동원의 초청으로 선운각에서 열린 파티에 참석한 일이 있었다. 파티가 시작되어 막 여흥이 오르려는데 국회의원 최치환이 좀 늦게 나타났다. 그러면서 불쑥 한다는 말이 이랬다.

"아이고, 늦어서 죄송합니다. 지금 인수봉에 올라갔다가 내려오는 길인데 대한민국에 정신병자가 하나 있더군요."

"그게 무슨 소리요?"

"세상에, 누군지 몰라도 길도 없고 전기도 없는 산속에 콘크리트로 큰 집을 짓고 있더라고요. 짓고서 어쩌겠다는 건지, 그런 미친 놈이 어디 있습니까?"

그의 말이 끝나자 박장대소가 터지고 사람들의 시선이 내게로 쏠렸다. 나는 웃음 섞인 목소리로 최의원을 보고 말했다.

"그 미친 놈이 바로 나요."

그해 여름에는 국제 워크 캠프에 참가한 젊은이들이 아카데미 하우스 건축 현장을 찾아왔다. 국제 워크 캠프는 여러 나라 청년들이 함께 모여 필요한 곳에 노동 봉사를 하는 모임이다. 이 캠프는 일을 하는 현장에 참가국의 국기를 달아놓는데, 산에 오르내리는 사람들이 즐비하게 꽂힌 여러 나라의 국기들을 보고는 비밀스런 국제 기관이 들어서는 줄 알고 말을 퍼뜨려, 한때 세간에는 북한산에 국제 정보 센터가 들어선다는 소문이 돌기도 했다.

어찌됐든 온갖 어려움과 오해 속에서도 관련자 모두가 공사에 전력을 기울인 결과 아카데미 하우스는 하루하루 그 구체적인 형태를 갖추어 나갔다.

영화와 맺은 인연

뜨거운 아이스크림을 만드는 일

아카데미 하우스 공사로 정신없이 바쁘던 1966년 5월 초, 나는 엉뚱하게도 서울에서 열린 아시아영화제 심사위원장직을 맡게 되었다. 아카데미 일에도 시간이 모자라 그런 외도에 시간을 뺏길 처지는 아니었으나 아시아영화제를 주최하는 영화인 단체 회장이던 김태수의 간청으로 어쩔 수 없이 그 일을 하게 되었다.

나는 바쁜 시간을 쪼개 아시아 각국에서 출품한 영화를 감상해야 했는데 어떻게 된 셈인지 출품된 외국 영화 필름이 세관을 미처 통과하지 못하고 보세 창고에 보관되어 있었다. 그 때문에 심사위원들은 보세 창고까지 찾아가서 작품들을 봐야 했으니 시간이 없는 나로서는 여간 번거로운 일이 아니었다.

그래도 나는 명색이 심사위원장이라 출품된 작품을 다 봤는데, 대부분 심사위원들은 출품작을 제대로 보지도 않았다. 열댓 명되는 심사위원 중 그래도 열심히 본 사람은 나하고 조경희(전 예총회장), 여석기(전 외대교수), 유한철(영화평론가) 등 몇 명에 불과했다.

이렇게 무책임하게 심사를 했으나 그래도 수상작은 결정해야 했으므로 수상작을 뽑는 모임이 중부경찰서 건너편에 있는 '새마을'이라는 일식집에서 열리게 되었다. 그런데 그 자리에 뜻밖에도 중앙정보부에서 나온 사람 하나가 참석해서는 우리들의 의견은 싹 무시한 채 일방적으로 수상작을 지명하는 것이었다. 그는 영화제 출품작의 명단까지 가지고 와서 "이 상은 이 작품에 주고 이 상은 이 사람에게 주라"는 식으로 아예 명령을 내리는 듯한 태도였다. 심사장이 아니라 정보부의 심사 결과 발표장이었다.

내 기억에 그때 그가 문화상인가를 주라고 한 영화가 대만 작품이었는데, 장개석 선전 영화 비슷한 아주 치졸한 것이었다. 무조건 "대만에다 상을 하나 줘야 한다"는 게 그가 밝힌 선정 이유였다.

나는 그 꼴을 보다 못해 거세게 항의했다.

"아니, 이거 누가 심사위원이오? 심사위원인 우리가 심사를 해야지 왜 관계도 없는 당신이 여기 와서 감 놔라 대추 놔라 간섭입니까? 당신이 다 알아서 하니 나는 이 자리에 더 앉아 있을 이유가 없겠소."

그리고 나는 "심사위원장직을 그만두겠다"는 말을 뱉고는 그 자리를 뛰쳐나왔다.

나는 기분이 몹시 상해 더 이상 그 일에 관계하고 싶은 마음이 없었다. 그런데 다음날 아침 우리집으로 유한철이 찾아와서는 통사정을 하는 것이었다.

"목사님이 처음이어서 이러시는데 사실 우리는 지금까지 늘 이런 식으로 해왔습니다. 이런 일은 어디나 마찬가지 아닙니까? 그러니 사정 좀 봐주십시오. 대회는 열리는데 심사보고를 할 위원장이 안 나오면 어떻게 합니까? 한 번만 참고 나와 주십시오."

그래도 나는 "안 하겠다"며 주장을 굽히지 않았는데, 그후로 김태수도 몇 번 와서 사정을 하는 바람에 또 마음이 약해져서 할 수 없이 영화제에 나가 심사 보고를 하기로 했다.

아시아영화제가 열린 시민회관은 성장한 유명 배우들과 영화 관계자들로 휘황찬란했지만 심사위원장으로 참석한 내 기분은 꼭 두각시 극에 떠밀려서 참가한 것처럼 영 개운치가 않았다.

영화제가 시작되고 드디어 심사위원장의 심사 보고 순서가 왔다. 단상에 올라간 나는 심사 결과를 보고하면서 아무래도 그냥 넘길 수가 없어 이런 말로 내 불편한 심기를 드러내 보였다.

"이번 영화제 심사는 한마디로 '뜨거운 아이스크림'을 만드는 것과 같았습니다. 아이스크림은 차야 하는데 뜨거운 아이스크림을 만들려니 여간 고충이 많지 않았습니다."

말을 하면서 아래를 보니 김태수를 비롯해 내 말뜻을 알아들은 사람들의 얼굴에 당황해하는 기색이 떠올랐다.

나중에 영화제 주최측은 뜨거운 아이스크림 운운한 내 발언 때문에 정보부와 공보부로부터 나라 망신을 시켰다면서 공격을 당했다고 한다.

부산영화제 등 민간의 자발적인 참여로 이루어지는 영화제가 성황을 이루고 있는 요즘 세상에서는 상상하기 힘든 이 얘기는, 유감스럽게도 사실이었다. 영화를 영화로서 제대로 평가할 수 없고, 심사를 양심에 따라 공정하게 하지 못하는 것이 오히려 '정상'이었던 시대가 있었다.

영화보다 더 희극적인 영화심의

영화계와 맺은 첫 인연이 이렇게 좋지 않았음에도 불구하고 나는 그 얼마 뒤 이번에는 영화 심의위원으로 다시 한 번 영화와 관계를 맺게 되었다. 무대와 연극을 좋아하는 내 성격과 영화가 대중에게 미치는 영향을 결코 무시할 수 없는 현실이 나를 다시 한 번 영화계와 관계하도록 했던 것이다. 그러나 나름대로 사명감을 갖고 임했던 그 일 역시 내게 쓴맛만 남긴 채 헛수고로 끝나고 말았다.

당시 영화 심의위원은 위원장인 공보부 차관을 포함해 정부 인사 5명, 민간인 6명 등 모두 11명이었던 것으로 기억하는데, 심의위원들이 하는 일은 국내에서 상영되는 국내외 영화를 심의하는 것 외에도 국제 영화제 출품작을 추천하거나 해외에 수출할 영화를 선정하는 것 등 이 세 가지를 주로 했다.

당시 정부는 방화가 해외에 수출될 경우 그 실적에 따라 제작사에 장려금을 지급하는 한편, 막대한 이권인 외화 수입권도 배정해줬다. 따라서 영화사측으로 보자면 심의위원회의 추천을 받는 일이 돈벌이와 직결된 매우 중요한 일이었다.

나는 시간을 내기가 매우 어려운 가운데서도 심의가 있는 날은 공보부의 영화 시사실에 나가 꼬박꼬박 영화를 보곤 했다. 그래서 그 무렵의 영화들은 빼놓지 않고 보게 되었는데 이번에도 어찌된 셈인지 시사실에 모습을 나타내는 심의위원들은 몇 명이 되지 않았다. 다른 사람들은 영화를 보지도 않고 심의를 하는 것이었다.

나는 그 점이 참 못마땅했다. 그때 영화계 내에서는 누가 냉장고를 받았느니 어쨌느니 하면서 제작자와 일부 심의위원 사이의 더러운 뒷거래에 관한 소문들이 나돌고 있었다.

한번은 해외 수출 영화를 결정하는 심의를 하게 되었는데 그때 영화계에서 힘깨나 쓰던 사람이 만든 영화가 올라와 있었다. 그런데 심의 결과 그 작품이 일본 영화를 표절한 것으로 밝혀져 수출 불가로 결정이 내려졌다. 너무나 당연한 판정이었다. 그러자 제작자는 확실한 근거를 제시하지 않은 채 심의 결과에 불복한다면서 재심 신청을 냈다. 불쾌해진 나는 재심을 위해 심의위원들이 다시 모인 자리에서 그때까지 쌓인 불만을 토로했다.

"나는 재심을 위해 우리가 모인 이 자리 자체가 잘못되었다고 봅니다. 먼저 재심을 하려면 우리의 결정에 잘못된 점이 있다는 것이 제시되어야 하는데, 재심 신청 이유도 확실치 않고, 그리고 무엇보다 이제 재심 결과를 투표로 나타내야 하는데, 여기 계신 분 중에 솔직히 작품을 보지도 않은 분이 있지 않습니까? 보지도 않고 어떻게 투표를 하겠다는 겁니까?"

그러자 심의위원들 사이에서는 "아, 그건 각자 양심에다 맡깁시다. 보지도 않은 사람이 양심이 있지, 설마 투표를 하겠습니까?" 하는 얘기가 나왔다. 그러자 유명 작가인 한 심의위원이 정직한 체하며 이렇게 거들고 나섰다.

"솔직히 말해서 나는 이 영화를 못 봤습니다. 그러니 투표를 안 할 테니 각자 양심에 맡기기로 합시다."

그래서 '양심'을 믿고 투표에 들어갔는데, 그 결과가 참 기가 막히는 것이었다. 정부 인사는 한 명밖에 참석을 안 했는데, 그가 오지 않은 다른 사람들 것을 전부 위임받아 혼자 다섯 표를 행사했고, 분명히 투표를 안 하겠다고 공언한 사람이 있었는데도 투표 결과는 심의위원 총수와 똑같은 11표였다. 양심에 따라 기권한 사람은 한 명도 없이 전부 투표를 했다는 소리였다. 더구나 결과는 9대 2로 추천 불가 결정을 뒤엎는 것이었다.

재심 투표에서 반대한 사람은 나와 이어령뿐이었다. 이렇게 희극처럼 투표가 끝난 후 나는 심의위원직 자체에 엄청난 회의를 느껴 항의고 뭐고 할 의욕마저 잃어버리고 그냥 자리에서 일어났다. 그리고는 화장실에 들어갔는데, 그곳에서 일을 보고 있으려니 문밖 복도에서 떠드는 소리가 들려왔다.

"아이고, 오늘도 자칫했으면 강원용이라는 사람 때문에 일이 안될 뻔했어요."

"정말 수고하셨습니다. 저도 알고 있었습니다."

내가 화장실 문을 확 열고 나서서 보니 그들은 재심 결과를 기다리고 있던 제작 관계자들이었다. 그들은 가버린 줄 알았던 내가 화장실에서 나오는 것을 보고는 무안한 기색을 감추지 못했다.

하여튼 나는 그 길로 위원장인 공보부 차관에게 찾아가 사표를 던졌다. 이어령도 후에 별도로 사표를 냈는데, 이렇게 되자 기자들이 그 사실을 알고는 내게 찾아와 "왜 사표를 냈느냐"고 캐물었다.

"개인적 사정 때문이오. 일이 너무 바빠 영화 볼 시간이 없어요."

나는 그렇게 둘러댔으나 다음날 신문에 실린 기사를 보니 '강 목사 본인은 개인적 사정이라고 말하고 있으나 들리는 바에 의하면……' 하면서 그 내막이 함축적으로 소개되어 있었다.

그렇게 심의위원을 그만두고 난 직후 서울신문사 건물에서 무슨 시상식인가가 있어 참석했다가 공보부 장관인 홍종철을 만나게 되었다. 그는 나를 보자 잘 만났다는 듯이 대뜸 이렇게 물어왔다.

"영화 심의위원직을 그만두었다는데 어떻게 된 일입니까?"

나는 장관인 그만은 사실을 있는 대로 알아야 할 것 같아 그간 있었던 일을 모두 털어놨다. 내 말이 끝나자 그는 충격을 받았는지 얼굴이 새파래지더니 식이 채 끝나기도 전에 서둘러 나가버렸다.

홍장관이 어떻게 조치를 취했는지 그 얼마 후 영화 심의위원 전원이 사표를 내게 되었고 그 이후부터는 심의위원 명단이 신문 등에 공개되지도 않았다.

보수반동이라는 비난

아카데미 하우스 건축 공사로 한창 바빴던 1966년 7월 초, 나는 제네바에서 열리는 WCC '교회와 사회위원회' 세계 대회에 참석하기 위해 부득이 한 40일 동안 공사 현장을 비워야만 했다. 주위 사람들에게 공사 감독과 지원을 세세히 부탁해 놓고도 마음 한쪽은 공사 현장에 놔둔 채 제네바를 향해 떠났다.

나와 함께 한국 대표로 참석하게 된 사람은 백낙준 박사(전 연세대 총장)와 김재준 박사였다. 1961년 인도 뉴델리 대회에서 '교회와 사회위원회' 실행위원으로 뽑힌 이후 매년 준비대회에 참석하면서 제네바 본대회를 준비해 온 나로서는 이 대회에 남다른 의미를 둘 수밖에 없었다.

사실 '교회와 사회위원회' 대회는 WCC 역사에서 중대한 전환점을 기록한 역사적인 대회였다. 이를 계기로 WCC의 핵심 사안이 미·소 대결로 상징되는 체제 대결, 이념 문제(동서 문제)에서 빈국과 부국들 간의 격차 문제(남북 문제)로 바뀌었기 때문이다.

당시 WCC는 '현재 세계는 사회 혁명, 과학기술 혁명, 신학 혁명의 소용돌이 속에 있다'고 전제한 뒤, 그같은 상황에서 교회가 세계적 차원에서 일어나고 있는 혁명에 어떻게 대응해야 하느냐 하는 문제를 제기했던 것이다.

대회 참석자들은 '전세계 인구의 20퍼센트밖에 안 되는 대서양 연안의 북쪽 나라들이 전세계 부의 80퍼센트를 차지하고 있는 이 엄청난 불균형의 세상에서 어떻게 갈등을 풀고 평화를 이룩할 수 있을 것인가 하는 문제를 놓고 심각한 토의를 벌였다.

이와같이 못사는 나라들에 대한 관심이 전면에 부상하게 되자 WCC 내에서 아시아, 아프리카, 남미 지역 대표들의 발언권이 눈에 띄게 강화되었으며, 미국을 비롯한 선진국들을 제국주의 국가라고 공격하는 등 자본주의 체제에 대한 비판의 목소리도 커져갔다. 이같은 현상은 물론 당시의 세계적 흐름이 그대로 반영된 결과였다.

제3세계에 속하는 빈국 중 하나인 한국 대표로서 나는 솔직히 이같은 변화가 반가웠다. 그러나 전쟁의 위협이 상존하는 분단국에서 온 나로서는 공산주의에 대한 비판은 없이 '제국주의 운운'하는 공격만이 무성한 토의장 분위기에 제동을 걸 필요가 있다고 느꼈다. 그래서 이렇게 내 생각을 밝혔다.

"우리 앞에 위협적으로 다가오고 있는, 당신들이 제국주의라고 부르는 호랑이를 막아야 한다는 데는 나도 전적으로 동감입니다. 그러나 호랑이를 막아야 한다고 해서 뒤에서 덮치는 곰을 잊어서는 안 됩니다. 호랑이가 밉다고 해서 곰이 예쁜 것은 아니며 그 곰 역시 호랑이와 함께 막아야 하는 것입니다."

당시 분위기에서 이같은 내 견해는 거의 무시되다시피 했으며 오히려 '보수 반동'이라는 비난을 감수해야 했다. 이런 상황은 국내에서도 마찬가지였다. 국내에서도 차츰 이런 세계적인 추세의 영향을 받아 도시 산업선교니 빈민 선교니 하는 흐름이 생겨났는데, 나는 이들과도 갈등을 피할 수 없게 되었다.

나는 무슨 일이든 원칙보다는 상황(context)을 가지고 판단해야 한다고 믿는 사람이다. 만일 남미에서 태어났다면 나도 해방신학에 동조했을 터이지만 공산화의 위협이 가장 큰 한국에서는 판단의 결과가 크게 달라질 수밖에 없다고 생각한다.

스위스가 잘사는 비결은

회의가 끝난 후 우리 일행은 제네바에서 WSCF 직원으로 근무하고 있던 강문규의 안내로 융프라우를 보러 가게 되었다. 스위스의 수도인 베른까지는 기차를 타고 갔고, 베른에서 알프스의 어귀라고 할 수 있는 인터라켄까지는 자동차를 타고 갔다. 자동차로 가는 여정은 웅장한 아름다움 그 자체여서 나의 가슴은 확 열리는 기분이었다.

거울같이 맑고 고요한 호숫가에서 점심을 나누어 먹으면서 웅장한 산들을 보고 있으려니 만주의 거친 벌판에서 보낸 소년 시절부터 6·25전쟁까지 내 몸 구석구석에 남아 있는 묵은 때들이 말끔히 씻겨나가는 것을 느꼈다. 역시 자연은 인간을 정화시키는 힘이 있었다. 인터라켄이라는 말 그대로 호수 사이에 끼여 있는 이곳은 맑고 시원한 땅이었다.

우리들은 융프라우까지 가는 전차를 탔다. 인터라켄에서 융프라우까지는 그리 먼 거리가 아니었지만 그 전차를 타고 가는 짧은 시간 동안 우리는 봄, 여름, 가을, 겨울 네 계절을 모두 만날 수 있었다.

폭포와 눈에 쌓인 클라이네 자이데크 역에서 산속으로 들어가는 전차로 갈아탔는데, 산속이라기보다는 마치 굴로 들어가는 기분이었다. 이 산속에 굴을 뚫고 철로를 놓은 것이 19세기 말, 20세기 초였다고 하니 스위스인들의 노력과 기술력이 대단하다는 생각이 들었다.

전차는 기둥도 콘크리트도 없는 순 바위로 된 굴 속을 한 시간 이상 오르고 있었다. 100년 전 산속에 이렇게 긴 전찻길을 만든 데에 대해 우리 일행은 약속이나 한 듯이 감탄을 터뜨렸다.

"역시 잘산다는 일은 결코 우연이 아니다. 이렇게 어려운 일을 감히 할 생각을 했으니!"

스위스는 사실 국가로서는 좋은 환경을 가진 나라는 아니다. 우리나라의 5분의 1밖에 안 되는 국토는 지금은 아름다운 천혜의 관광 자원이지만 과거에는 산과 호수가 많아 농사짓기 힘든 땅이었을 것이다. 게다가 좁은 땅덩어리에 독일계, 프랑스계, 이탈리아계 등 여러 민족이 뒤섞여 사는 까닭에 공용어만 해도 서너 가지에 여러 문화 전통이 있으므로 이 작은 나라가 스무 개 이상의 지방 정부로 이루어진 연방국이 된 것이다.

중세 시대 이후 늘 주변 강대국의 침입에 시달려온 작은 나라 스위스가 연방제를 선택하게 된 데는 역사적인 근거가 있다. 연방제는 13세기 무렵 산간 공동체의 동맹 결성에서 시작되었다. 강한 합스부르크 가를 몰아내기 위해 산간 마을들이 힘을 모았고, 그 과정에서 아들의 머리 위에 사과를 놓고 쏘았다는 빌헬름 텔이라는 영웅이 나왔다.

스위스의 각 지역이 연방에 속속 가입하면서 스위스인들은 힘을 합쳐 오스트리아, 신성 로마제국, 영국과 프랑스의 귀족 세력과 싸워 나라를 회복해갔다. 스위스 용병의 기술과 용맹성은 유럽에서도 이름나 있는데, 그들은 용병으로 받은 돈을 고스란히 조국 건설에 바쳤다고 한다. 그것을 설명하는 이야기가 바로 프랑스의 태양왕 루이 14세의 이야기다. 스위스 용병을 특히 많이 고용한 루이 14세의 재무장관이 왕에게 이렇게 진언했다.

"폐하, 만약 폐하의 선왕들이 스위스 병정들에게 준 돈을 다 모은다면 파리에서 바젤까지 온 도로를 금화로 포장할 수 있습니다."

그러자 옆에 있던 친위 대장이 대답했다.

"폐하, 만약 스위스 병정들이 폐하의 선왕들을 위하여 흘린 피를 다 모은다면 바젤에서 파리까지 운하를 만들 수 있을 것입니다."

이 이야기에서 알 수 있듯 스위스 사람들은 피와 땀으로 자신들의 나라를 지키고 건설했다. 자원이 부족하기 때문에 일찍이 관광 사업에 눈을 돌려 알프스에 철도망을 놓았고, 높은 산에 둘러싸인 스위스의 기나긴 밤은 노동 집약적인 가내 수공업을 발달시켜 오늘날 시계 왕국을 이루었다.

정치적으로는 영세 중립국으로 독립을 이루어 2차 대전 동안에도 피해를 거의 입지 않고 안정을 이루었으며 19세기부터 무상 의무 교육을 실시하여 국가의 백년 대계를 공고히 하였다. 그런 덕택에 그들은 권력형 정부보다는 주민들이 적극적으로 참여하는 그들만의 자치 정부를 지금도 훌륭히 유지해오고 있다.

강대국의 틈바구니에서 스위스 국민이 이룩해낸 국가 건설의 역사는 내게 부러움과 함께 시사하는 바가 컸다. 어떤 역사든 역사에 기적이나 요행은 없다는 것, 모든 것이 피와 땀의 노력으로 이루어진다는 것, 그리고 아무리 작은 나라라고 해도 국민들의 앞선 의식이 밑받침되면 자주적이고 부강한 나라를 이룰 수 있다는 사실이다.

산속의 굴을 지나가는 철도였지만 도중에는 역들도 있었다. 산허리에 낸 창문을 통해 바깥을 내려다볼 수 있는데, 수많은 전설을 낳은 빙하들이 눈에 들어왔다. 철도의 종착역은 해발 3천 미터가 넘는 곳이었다. 그곳에도 큰 호텔과 식당, 휴게실, 상점들이 완비되어 있었다.

기우는 저녁 햇빛을 받아 빛나는 융프라우의 웅장한 모습은 그곳에 선 사람을 모두 나폴레옹과 같은 영웅으로 만들어주는 듯했다.

"내게 불가능은 없다. 알프스라고 못 넘을쏘냐!"

나폴레옹의 일갈이 실감이 나면서 나 역시 영웅이 된 듯한 기분에 휩싸였다. 그러면서 문득 생각했다. 이렇게 장엄하고 아름다운 산을 왜 영웅의 이름을 따지 않고 '젊은 부인'이라고 불렀을까. 곁에 선 사람이 빙그레 웃으며 해준 설명은 이러했다.

"저녁 햇빛을 받으면 빛나는 저 흰 산 한쪽에 약간 그림자가 지는데, 그 모습이 수줍어하는 젊은 여자 같지 않습니까?"

우리는 산이라고 하면 호연지기를 먼저 떠올리는데, 이들이 산을 대하는 자세는 소박하다고 할까, 낭만적이랄까 우리와는 사뭇 다른 것 같았다.

우리는 융프라우를 내려가 제일 가까운 마을이라고 하는 그린델발트에서 하룻밤을 묵었다. 마테호른과 아이거까지 볼 수 있는 이 마을은 등산가들이 즐겨 찾는 곳이라 했다. 이런 산들의 정기를 받는 스위스이니 풍수(風水)로 보아도 세계 정부가 들어설 만하다는 생각이 저절로 들었다.

이튿날 아침 나는 네 시에 일어나 산책에 나섰다. 이렇게 좋은 장소에 와 늦잠을 자기가 너무 아까웠기 때문에 일찌감치 깨어 집을 나섰다. 스웨터에 외투를 걸쳐 입고 역에서 빙하로 가는 약 시오리 길을 걸어 보았다. 산이 가깝기 때문인지, 아니면 새벽이었기 때문인지 그곳은 마치 탈속한 세상 같았다. 천지창조의 엄숙한 신비가 저랬으려니 하는 생각이 절로 들면서 평화와 경외감을 동시에 맛보았다. 자연 속에 서면 이런 경건함을 느끼게 되고 나는 그 느낌을 오래도록 간직하고 싶었다.

기장 총회장에 추대되다

백운대 기슭에 짓는 '대화의 집'은 가을로 접어들자 공사가 막바지에 이르면서 하루하루 박차를 더해가고 있었다. 나는 아카데미 건축 관계 일만으로도 눈코 뜰 새 없이 바쁜 나날을 보내느라 웬만한 다른 일에는 시간을 내지 못할 뿐 아니라 신경조차 쓰지 못했다.

9월 22일 경동교회에서 기독교 장로회 총회가 열리게 되었는데 나는 거기에도 참석하지 못하고 대한빌딩에 있던 우리 사무실에서 분초를 아끼며 일에 쫓기고 있었다. 그런데 갑자기 경동교회에서 김재준 목사가 나를 급히 보자고 한다는 연락이 왔다. 그래서 교회로 달려갔더니 뜻밖에도 총회에서 내가 총회장으로 선출되었다는 것이었다. 그때는 지금처럼 총회장이 치열한 경선에 의해 선출되는 것이 아니라 여러 가지 사정을 참작하여 안배 형식으로 추대되었다.

총회장으로 추대되었다는 말을 들은 나는 더 생각하고 말고 할 것도 없이 한마디로 "못하겠다"고 잘라 말했다.

"아시다시피 아카데미 일만으로도 정신이 없는데 몸이 둘이 아닌 바에야 총회장직까지 맡는다는 것은 무리도 보통 무리가 아닙니다. 도저히 못할 것 같습니다."

그 무렵 아카데미 일에 전념하기 위해 경동교회 담임 목사직도 내놓겠다는 뜻을 밝히고 있던 참이었다. 교회측에서 "교회 일은 실질적으로 부목사가 다 맡을 테니 이름만이라도 그냥 걸어 놓으라"고 강력하게 권하는 바람에 사임하지 못하고 있는 실정인데, 이번에는 총회장직이라니, 이것만은 도저히 못하겠다고 거듭 사양을 할 수밖에 없었다.

그러나 사람들은 내 사정은 봐주지 않는 듯했다.

"이미 결정이 났으니 오늘 저녁에 꼭 취임을 해야 합니다."

나는 그들과 계속 실랑이를 벌이다 할 수 없이 예정된 시간보다 20분이 늦은 시간에 총회장에 취임하게 되었다.

비록 주위의 강권으로 마지못해 맡게 된 자리이기는 했으나 막상 취임하고 보니 기독교 장로회가 예전의 장로교단에서 떨어져나와 새로 탄생하는 과정에 깊숙이 관여했던 당사자로서 헤아릴 수 없는 감개를 느끼지 않을 수 없었다. 기장이 탄생하고 십여 년 동안 거쳐온 길이 내 개인적 행로와 교차되어 떠오르면서 나는 어느 덧 내가 이 사회의 골간을 이루는 기성 세대로 편입되어 버렸음을 절감했다.

그러나 나는 결코 생각과 감수성이 굳어버리지 않은 기성 세대, 썩거나 편협하지 않은 기성 세대가 되고 싶었다. 어쩔 수 없이 기성 세대가 되었지만 젊은이들을 신바람나게 만들 수 있는 비전을 이 사회에 제시하고, 사회 각 계층에 생기와 활력을 불어넣는 그런 역할을 하고 싶었다.

이런 생각은 아카데미 하우스 준공을 앞두고 더욱 구체적인 형태를 갖추어 가면서 나를 마치 신들린 사람처럼 열정에 가득 차게 했다.

준공식 전날 바닥난 물, 빨리 확보하라!

국내외의 관심과 성원 속에 고대하던 아카데미 하우스의 준공식이 치러진 날은 1966년 11월 16일이었다. 수유리 산록에 지상 4층으로 아담한 그 모습을 드러낸 아카데미 하우스는 총 건평 1,300평에 객실 44개, 회의실 4개 및 팔각정 대화실을 갖춘 '딜럭스 관광호텔 시설'로 준공식을 갖게 되었다.

준공식을 앞두고 주위에서는 차츰 축하 분위기가 무르익어 갔다. 그러나 나는 감격과 보람을 느낄 겨를도 없이 준공식을 탈없이 치르기 위해 마지막까지 신경을 곤두세워야 했다.

준공식 준비 과정에서 끝까지 속을 썩인 문제는 물이었다. 준공식 전날 밤, 마지막으로 준비 상황을 점검하던 나는 물이 바닥나 버린 것을 알고 대경실색했다. 준공식을 위해 건물 대청소를 하느라고 있던 물을 다 써버린 결과였다.

독일과 일본 등지에서 외국 손님들도 많이 왔는데 물이 한 방울도 남아 있지 않으니 정말 난감한 일이었다. 급한 김에 소방서에 알아보았으나 곤란하다고 하여 궁리 끝에 김계원 육군 참모총장 공관에 전화를 걸었다. 동생 형용이가 김총장의 주치의였으므로 그와는 알고 지내는 사이였다.

내가 전화를 건 시간은 새벽 두 시였다. 그 시간에 전화를 받은 이는 그의 부관이었다.

"지금 취침 중이어서 받기가 곤란합니다. 내일 다시 전화하시는 게."

"지금 당장 깨워주시오. 매우 급한 일이오."

다급한 나의 재촉에 부관은 김총장을 깨워 전화를 받게 했다.

"아니, 이 밤중에 웬일입니까? 휴전선이라도 없어졌습니까?"

나는 그에게 사정을 설명했고 다행히 다음날 아침 군 부대의 도움으로 겨우 물을 공급받을 수 있었다.

준공식날은 공교롭게도 초겨울의 찬비가 부슬부슬 내리는 별로 좋지 않은 날씨였다. 그러나 식장은 참석한 국내외 인사들의 뜨거운 축하 열기와 아카데미의 밝은 앞날에 대한 기대로 따뜻하고 환했다.

그때 서울여대에 다니던 둘째딸 혜원이는 친구들을 동원해 치마 저고리를 곱게 차려입고 안내를 맡아 식장 분위기를 한결 부드럽게 만들었다. 그애들이 안내를 하는 모습은 신문과 텔레비전에 소개되기도 했는데 그 모습이 잘 모르는 사람들에게 오해를 불러일으켜 "아카데미 하우스가 기생집이냐" 하는 어처구니없는 얘기가 돌기도 했다.

각계 각층 인사들이 초만원을 이룬 가운데 드디어 준공식이 거행되었다. 참석자들 가운데에서 특히 눈길을 끈 사람은 카톨릭 노기남 대주교와 불교의 이능가 스님이었다. 개신교 행사에 이렇게 다른 종교 지도자들이 참석해 축사까지 한 일은 처음이었기 때문이다.

독일측 참석자로는 감개 어린 표정으로 앉아 있던 뮐러 박사와 주한 서독대사 등이 있었고 백낙준 박사 등 교계의 저명한 지도자들, 그리고 정계와 관계의 여러 요인들도 참석해 아카데미의 앞날을 축하했다.

이처럼 수많은 사람들의 축하 속에 준공식이 거행되는 것을 바라보며 나는 금방이라도 터져나올 듯 용솟음치는 감격으로 가슴이 자꾸 울렁거렸다. 나는 긴 진통 끝에 갓 태어난 아기를 바라보는 산모의 심정으로 아카데미 하우스 준공식을 보고 있었다.

그때 준공식 사회는 나와 함께 침식을 같이하다시피 하며 아카데미 일에 혼신의 힘을 기울인 박경서가 맡았다. 그런데 그는 찬송 순서가 되어 함께 찬송을 부르다가 그만 감격에 북받쳐 울음이 터지는 바람에 식장을 나가버리고 말았다. 그의 감격 역시 나 못지않았던 것이다.

그날 식사에서 나는 떨리는 가슴을 진정하며 앞으로 펼칠 아카데미의 사업 내용을 참석자들에게 이렇게 밝혔다.

우리는 우리 의식 밑바탕에 광범위하게 깔려 있는 비합리성을 고쳐나가는 일에 노력하고자 합니다. 과학의 발달과 기술 혁명이 일어나고 있는 오늘, 우리들은 과학적인 분석 위에서 모든 문제를 처리할 수 있는 침착한 이성의 소리를 우리 민족이 해결해야 할 모든 문제들에 들려주는 연구 사업에 힘쓸 것입니다.

그리고 이 나라 정당과 정당간, 종교와 종교간, 기업주와 노동자간, 세대와 세대간에 쳐진 장벽을 허물고 서로 진실한 이해와 협조의 길을 모색하는 대화의 광장으로 이 집이 쓰일 것입니다.

우리는 이 집이 이 나라 정신 풍토를 개혁하는 데에 혁명적인 역할을 다할 것을 다짐하는 바입니다. 조국 근대화의 제일선에서 개척자 노릇을 담당할 일꾼들을 이 집에서 길러낼 것이며 국제적인 유대 관계를 강화하는 터전으로도 이 집이 쓰일 것입니다.

식사에서 밝힌 것처럼 나는 아카데미 하우스의 용도를 크게 두 가지로 생각하고 있었다. 하나는 입장을 달리하는 각계 각층의 지도자들이 함께 모여 대화를 갖는 대화 운동의 기지가 되는 것이었다. 이미 실험적으로 행한 많은 대화 모임을 통해 나는 비록 견해와 이해 관계가 다른 사람들이라도 숙식을 같이하며 말문을 트게 되면 갈등의 원인이 드러나면서, 상호 이해를 바탕으로 문제를 건설적으로 해결할 방도를 찾을 수 있다는 확신을 가지고 있었다.

다른 하나는 아카데미 하우스를 명실공히 연구와 훈련 센터로 이용하겠다는 구상이었다. 구체적으로 설명하자면 대화 운동을 뒷받침하기 위해서는 대화의 주제에 대한 연구 활동이 필요하고, 또 대화를 통해 드러난 우리 사회의 문제점을 인식하고 앞장서서 해결해 나갈 젊은 세대들을 훈련하는 일이 절실하다고 보았기 때문이었다. 결국은 모든 사업이 하나의 물줄기로 맥락을 같이하는 셈이었다.

이같은 목적으로 세우게 된 아카데미 하우스에 대한 사회의 기대 또한 컸다. 당시 『대한일보』는 아카데미 하우스 준공식을 보고 다음과 같은 내용의 사설을 실었다.

생각건대 한국은 폐쇄 사회의 역사를 가지고 있다. 말하자면 대화를 잃은 독백의 나라이며 민족이었다. 이런 폐쇄 심리를 열어주고 영예로운 상호 이해에서 극한론을 완화하며 합리적인 이론 교환에서 독단을 해소시키고 실정의 토론에서 동정(同情)을 교류시키는 화해의 복음 운동이 새로운 한국을 재건하는 데에 얼마나 필요한가는 더 말할 필요가 없다. 그런 고로 서로 만나 아무런 기교나 조작 없이 인간 대 인간으로 이야기를 나누는 고장, 즉 '대화의 집'이 마련되어야 했으며 이 고장은 아무 불편이나 부담 없는 누그러진 분위기를 간직해야 한다.

준공식과 함께 아카데미 하우스는 우선 대화의 장으로서 제 기능을 발휘하기 시작했다. 그 동안 자체 공간이 없어 워커힐, 용당산 호텔, 온양 등지를 전전하며 개최하던 대화 모임이 비로소 안정된 장소를 확보하게 된 것이다. 아카데미 하우스에서 개최된 첫 번째 대화 모임은 개관을 기념하여 준공식 바로 다음날부터 9일에 걸쳐 '대화를 찾는 한국 사회'라는 주제로 열린 분야별 모임이었다.

아카데미 하우스가 완성됨에 따라 대한빌딩을 얻어 쓰던 사무실도 이곳으로 들어오게 되었고 아카데미 수익 사업으로 마련된 호텔도 문을 열었다. 그런데 이 호텔 경영을 포함한 아카데미 하우스의 총책임을 누가 맡느냐 하는 문제를 놓고 처음에는 이견이 있었다. 건축위원장인 오재경은 경영 문제는 원장인 나보다 전문가에게 맡기자는 의견이었는 데 반해, 뮐러 박사는 독일에서처럼 원장이 프로그램뿐 아니라 경영까지 전부 책임지는 것이 좋다는 주장이었다.

이 문제는 많은 토론 끝에 결국 뮐러의 주장을 따르기로 결정이 나서 내가 경영까지 책임지게 되었다. 나로서는 '호텔 경영'

이라는 완전히 새로운 일이 하나 더 늘어난 셈이었다.

길 닦아주겠다던 박대통령의 약속

아카데미 하우스가 문을 연 후 넉 달이 지난 1967년 3월 5일, 아카데미 하우스는 개관 이래 최고의 귀빈을 맞게 되었다. 당시 서독 대통령인 뤼브케가 한국을 방문한 길에 아카데미 하우스를 내방하게 된 것이다. 그의 방문 일정은 그 자신이 자발적으로 요청하여 이루어졌다는 얘기를 듣고 우리는 그의 내방을 중심으로 환영하며 더욱 신경을 썼다.

우리 정부에서는 뤼브케 대통령이 방문하는 장소 중에 아직 길이 안 닦인 곳에는 모두 길을 놓기로 방침을 세워놓고 있었으므로 아카데미 하우스도 수유리 큰길부터 하우스까지 좁게 나 있는 길을 넓히고 포장도 해주겠다고 했다.

소원이던 포장길을 놔주겠다니 이유야 어쨌든 나로서는 고마운 일이었다. 그 때문에 나는 정일권 총리가 "한 번 박대통령을 찾아 뵙고 감사 인사를 드리라"고 했을 때 별 저항 없이 그러겠노라고 대답했다.

박대통령과 면담 약속이 이루어져 내가 청와대로 찾아간 것은 그 얼마 후였다. 홍종철 공보부 장관의 안내로 박대통령을 만나게 되었는데, 그는 예상 밖으로 나를 반갑게 맞아들였다.

"강목사님, 이거 오랜만입니다. 아카데미 하우스가 문을 열었다는 소식은 들어 알고 있습니다만 그래 잘 돼갑니까?"

"덕분에 별 탈 없이 잘 되고 있습니다."

"다행이군요. 나도 도울 방법이 있으면 돕겠습니다. 이번에 뤼브케 대통령이 그곳을 방문할 때 나도 같이 가서 아카데미 하우스가 어떻게 생겼나 한 번 보려고 했는데, 그게 무슨 프로토콜인가 뭔가 하는 것 때문에 안 된다는군요. 유감입니다. 나는 나중에 따로 한 번 방문하기로 하지요."

"고맙습니다."

그의 태도는 나에게 아무런 유감이 없는 것처럼 아주 부드러웠다.

사실 돌이켜보면 박대통령과 나는 일종의 애증 관계에 있었다고 말할 수 있다. 혁명 후 우리의 첫 대면은 서로에게 긍정적인 인상을 남겼고, 이후 내가 국민운동을 맡아달라는 제의를 거절하고 그에 대해 비판적인 언행을 했었건만 그는 나에 대해 여전히 관심을 갖고 있었다.

나는 방송윤리위원장직을 맡고 있던 1965년 겨울에도 회의 참석차 실론에 다녀온 직후 그를 만난 일이 있었다. 평소 나는 청와대에서 언론 관계 인사들을 초청하는 자리에 이런저런 핑계를 대며 참석하지 않고 있었다. 그런데 그때는 홍종철 장관이 초청한다고 하기에 응했는데, 응낙을 하고 나서 장소를 물어보니 청와대였다. 차가 없던 나는 '걸어들어갈 수도 없고 어떻게 하나' 고민을 하다가 이양구 사장의 차를 잠깐 빌려서 타고 들어갔던 일이 생각난다.

안내를 받고 자리에 가보니 그곳에는 신문사 사장 등 언론계 인사들이 모두 모여 있었다. 박대통령이 모습을 드러낸 것은 잠시 후였다. 그런데 그는 참석자 전원에게 인사말을 하면서 특별히 나에 대한 언급을 덧붙였다.

"여러분, 이렇게 와주셔서 감사합니다. 특히 오늘 이 자리에는 강원용 목사가 오셔서 더욱 영광입니다."

그 소리를 듣고 나는 그의 특별한 관심에 내심 놀라지 않을 수 없었다. 박대통령은 자리에 앉아 참석자들과 얘기를 시작한 후에도 나에 대해 관심을 솔직히 드러냈다.

"강목사님, 이번에 실론에 다녀오셨죠?"

"아니, 그걸 어떻게 아십니까?"

"나야 목사님 동향에 대해서는 잘 알고 있지요. 그래 거긴 어떻습디까?"

나는 박대통령이 내 동향에 대해 관심을 두고 있다는 사실을 알고 다시 한 번 놀랐다. 그러면서 그가 왜 특별한 관계도 아닌 나에게 그렇게 관심을 두고 있는지 궁금하지 않을 수 없었다. 정치적인 입장 차이야 어쨌든 나에 대한 그의 평가가 부정적인 것은 아니라는 걸 느낄 수는 있었다.

박대통령과 나의 관계가 나빠지게 된 결정적 계기는 이미 말했듯 그의 사상 문제였으나 그것이 표면화된 것은 삼선 개헌을 놓고 내가 반대 입장을 표명하면서부터였다.

하여튼 아카데미 하우스에 길을 놓아주는 데 대한 감사 인사를 하러 청와대에 갔을 때만 해도 박대통령과 나 사이가 결정적으로 나쁠 때는 아니었고, 또 나는 도로를 놓아주기로 한 데 대해서는 정말로 그에게 감사한 마음이었다.

그 이후 아카데미 하우스에 서울 시장 김현옥이 직원들을 대동하고 와 길을 어떻게 놓는 것이 좋은지 직접 살펴보면서 지시를 내리기도 했다. 나는 있는 길을 넓히는 것만으로도 좋다고 했으나 그는 지름길을 새로 만들겠다며 새 길의 코스와 넓이까지 구체적으로 언급했다.

그런데 어찌된 셈인지 날짜가 가도 공사가 시작될 기미가 영보이지 않았다. 아무래도 이상해서 실질적으로 길 놓는 일을 책임지고 있던 차일석 부시장을 찾아갔다. 그는 내가 약혼식 주례까지 한 사람으로 서로 잘 알고 있던 사이였다. 그러나 그는 뜻밖에도 내 얘기를 듣고는 "예산이 없어 공사를 못하겠다"고 나왔다.

"돈이 없는데 어떻게 합니까? 목사님이 박대통령께 말씀드려서 예산이 나오게 해주시면 모를까 지금 상태로는 힘듭니다."

나는 기가 막혔으나 '대통령이 허락한 사항'이라고 해도 꿈쩍도 하지 않는 그의 앞에서 더 이상 어쩔 수가 없었다. 결국 정부가 약속한 길 공사는 뤼브케 대통령의 방한 때는 물론 그가 돌아가고 난 후에도 끝내 지켜지지 않았다.

나는 철저한 상명하복의 군사 정권 조직에서 대통령의 지시조차 시행되지 않는 그런 일이 어떻게 일어날 수 있었는지 지금도 이해가 가지 않는다. 그런데 당시 뤼브케 대통령이 방문하기로 한 다른 곳에는 정부가 예정했던 대로 길이 놓인 것을 보면, 무언가 우리가 밉게 보인 부분이 있었던 게 틀림없는 모양이다.

어쨌든 길이 닦이지는 않았지만 뤼브케 대통령은 예정대로 아카데미 하우스를 방문해 우리에게 큰 격려가 되었다. 그는 우리가 마련한 환영회에서 아카데미 하우스에 대한 그의 기대를 이렇게 짤막한 말로 드러냈다.

"이 자리에서 정치 및 경제 문제보다 정신적인 이야기를 할 수 있다는 것은 대단히 반가운 일입니다."

이 말은 내 입장과는 분명히 차이가 있었다. 그러나 초창기에 아카데미의 진로를 놓고 종종 드러나곤 했던 이런 오해와 차이들은 그만큼 아카데미 하우스에 쏟아지는 관심이 폭넓고 기대의 내용 역시 다양하다는 것을 드러내는 것이기도 했다.

버스값이 비싼 거라면, 사람 목숨값은

아카데미 하우스가 개관되고 이듬해인 1967년에 접어들면서 각 분야의 대화 모임은 전문가들의 적극적인 호응 속에 본격적으로 자리를 잡아가기 시작했다. 1967년에만도 종교 · 문화예술 · 언론 · 노동 · 가족 · 교육 등 광범위한 분야에 걸쳐 대화 모임이 활발하게 벌어졌는데, 그 중 특기할 만한 것으로는 1967년 4월에 있었던 '도시화와 시민'이라는 주제의 대화 모임이다. 오늘날 심각한 사회 문제로 떠오른 교통, 주택, 공해 문제를 앞으로 대비해야 할 중대 문제로 다루었기 때문이다.

당시 정부는 경제 개발 5개년 계획을 세워놓고 산업화를 통한 경제 발전을 적극 추진하고 있었다. 이에 따라 서울 등 대도시에는 전국 각지에서 이농 인구가 몰려들어 각종 도시 문제들이 이미 그 징후를 보이기 시작하고 있었다. 급격한 인구 집중 현상을 보이고 있는 서울이 머지않아 주택난, 교통 문제, 공해 문제 등을 안게 되리라는 것은 불을 보듯 뻔한 일이었다.

따라서 우리 대화 모임에서는 이런 예상되는 도시 문제를 놓고, 후발국의 장점을 살려서 선진국의 예를 거울삼아 대비책을 마련해야 한다는 것을 강력하게 제기했다. 우선 인구의 서울 집중을 막기 위해 균형 잡힌 국토 발전을 요구했고 서울 인구의 반 이상이 무주택자인 현실을 타개하기 위해 실질적인 주택 정책 수립이 필요하다는 얘기도 나왔다. 급증하는 인구와 핵가족화 경향으로 이미 서울의 주택 문제는 심각한 상황에 놓여 있었다.

교통 문제 역시 열악한 상황이었다. 당시 서울에서 네 바퀴 달린 차량은 약 4만 대에 불과했지만 교통 사고는 차 대수에 비해서 엄청나게 많았다. 특히 버스가 너무 낡아서 일어나는 사고가 많았다. 버스가 목욕탕을 들이받아 목욕하던 사람이 벌거벗은 채로 밖으로 나오는 사고까지 있었다. 그래서 이 문제를 아카데미에서 다루게 되었는데 서울시에 있는 교통 책임자들도 오게 해서 대화를 나누었다.

노후한 버스를 바꿔야 한다는 제안에 그때 서울시장 김현옥은 이렇게 대답했다.

"우리나라 버스는 생계의 수단이에요. 한 가족이 버스에 기대어 먹고사는 실정인데, 버스 하나를 바꾸자면 돈이 얼마나 드는지 압니까? 어떻게 버스를 쉽게 바꿀 수 있겠습니까."

그의 대답에 내가 말했다.

"김시장은 버스 하나가 얼마나 비싼지는 잘 알고 있으면서도 사람의 목숨 값이 얼마인지는 잘 모르는 모양입니다. 사고가 나서 많은 사람들이 죽어가고 있는데, 사람 목숨이 얼마나 중요한지 아는 것이 더 급한 일인 것 같습니다."

당시는 한일 외교 정상화와 그에 따른 4대 의혹이 불거져 있었는데, 일본과의 합자로 생산하기로 한 새나라 자동차 문제도 그 의혹 중 하나로 매우 시끄러운 때였다.

교통 문제는 사고로 인한 인명 손상을 막는 것이 제일 시급한 문제였으나 급증하고 있는 출퇴근 인구를 원활히 수송하기 위해 지하철 같은 새로운 대중 교통 수단을 도입하는 계획 역시 필요한 때였다.

한편 공해 문제도 중점적으로 제기되었다. 우리가 공해 문제를 특별히 제기하게 된 것은 공업화된 선진국의 나쁜 전철을 밟지 않으면서 공업화를 진행하는, 이른바 '후발의 이익'을 꾀해보자는 것이었다. 그때 이미 우리는 공해 문제를 단순한 환경 오염 차원을 넘어 생명의 문제로 인식하고 있었다.

우리는 이런 여러 문제들에 대해 과학적인 대책을 수립하기 위해 전문가들로 연구팀을 구성하고 장기적이고 합리적인 안들을 내놓았으나, 서울시나 정부측에서는 남의 나라 얘기 듣는 듯 마이동풍일 뿐이었다.

당시만 해도 공해 문제를 포함한 환경 문제에 대한 일반의 관심은 거의 전무하다시피 했다. 그 점은 정부 역시 마찬가지여서 우리 모임에서 아무리 떠들어도 별 반응이 없었다. 그래도 대화 모임에서 제기된 문제에 관심을 많이 보인 것은 언론으로, 꽤 열심히 토론 내용을 보도해주곤 했다.

반응이야 있든 없든 우리는 예견되는 도시화와 그에 따른 문제들에 대비하기 위해 '도시화와 생활 환경', '도시화와 인간' 등의 주제를 시리즈로 내걸고 도시 문제를 계속 다뤘다. 1968년부터 1970년 사이에도 '자동차 등 교통 문제', '도시 안의 판자촌 문제', '1970년대의 서울' 등의 주제 아래 도시 문제는 계속 논의되었다.

그런데 우리가 도시 문제를 얘기하면서 자꾸 공해 문제를 들고 나오니 그 점이 경제 발전을 우선으로 삼고 공해 문제에는 눈을 감으려는 정부의 미움을 사게 되고, 그와 함께 우리의 활동도 제약을 받기 시작했다.

우리가 공해 문제를 한참 얘기하고 있던 무렵 박대통령이 삼척에 가서 "경제 발전에는 관심없이 공해 문제만 떠들고 다니는 사람들이 있다"고 불쾌한 심정을 드러낸 후부터 공해 문제를 공식적으로 거론하는 일이 어렵게 되었다.

미래학자로 불리던 허만 칸(당시 허드슨 연구소장)이라는 사람이 고대 아시아문제 연구소 초청으로 한국에 와서 "국민 소득이 2만 달러 이상 되는 나라는 공해 문제를 걱정해야 하지만 개발도상국은 아직 공해 문제에 신경 쓰지 않아도 된다"고 정부측 대변인 같은 말을 하고 간 것도 그 무렵의 일로 기억된다.

공해 문제를 다루던 우리 모임이 결정적으로 위축된 것은 당국의 노골적인 탄압에 의해서였다. 연세대학의 권숙표 교수가 우리 모임에서 공해 문제를 얘기한 후 중앙정보부에 끌려가 수모를 당하는 일까지 생기자 아카데미로서는 그 문제를 다시 공식적으로 다루기가 힘들어졌다.

그로부터 40여 년이 지난 오늘날 그 활동들을 돌이켜보면 참으로 안타까운 점이 한두 가지가 아니다. 만약 그때 우리의 토론 내용을 정책 담당자들이 조금이라도 신경 써서 들었더라면 오늘날과 같은 지독한 교통난, 주택 문제, 공해 문제는 예방할 수 있지 않았을까 하는 생각을 떨칠 수가 없기 때문이다. 이같은 안타까움에는 물론 그때 아무리 탄압이 가해지더라도 우리가 끝까지 그 문제들을 다뤘어야 했다는 자책도 포함되어 있다.

허망한 짓 많이 하는 허만 칸

지구상 환경이 가장 좋은 지대가 아열대 지대다. 한반도도 여기에 속한다. 전통적으로 산자가 수려한 우리나라 옛 이야기의 마지막은 늘 '산 좋고 물 좋은 곳에서 잘살았다'는 것으로 끝을 맺는다. 지구 위에 있는 몇 안 되는 '산 좋고 물 좋은 나라'인 것이다. 특히 한국의 가을은 하늘까지 아름답다. 이렇게 아름다운 환경을 지켜야 한다는 우리들의 주장이 짓밟힌 것이 한탄스럽기 짝이 없다. 지금 우리의 아름다운 자연이 무분별하게 개발되고 있는 것을 보면 그때 더 저항하지 못한 것이 두고두고 가책으로 남는다.

그때 초청되었던 허만 칸은 나라에서 20만 달러를 주고 초청했고, 강연 후 청와대에 초청되어 조찬을 들었다. 박대통령은 이 사람과 만난 후 기자 회견에서 이런 말을 했다.

"허만 칸은 뭘 아니까 이런 강연을 하는데, 잘 알지 못하는 놈들이 경제 개발에 관심 없이 '공해 공해' 떠들고 있다."

저명한 인류학자 마거릿 미드 여사가 이화여대 50주년 기념 강연을 왔을 때, 내가 그녀와 인연이 있어 비행장에 나갔는데, 그때 나는 허만 칸이라는 사람에 대해 일부러 그녀에게 물어보았다. 내 물음에 미드 여사는 아주 냉랭한 표정으로 대답했다.

"허만 칸은 여기저기서 돈 받고 다니면서 헛소리하는 사람이에요."

아주 짧게 대답하는 그녀의 말투에서 경멸이 가득 담긴 것을 느낄 수 있었다. 그 대답을 듣고 나는 "허만 칸은 이름처럼 참 허망한 짓만 하고 돌아다닌다"고 사람들에게 농담을 했다.

우리가 공해 문제를 제기하던 당시에는 정부에서 공해 문제를 전혀 다루지 않았는데, 그 이후 환경 문제를 다루는 주사 한 사람이 생겼다는 소식을 들었다. 박정희는 이후 환경이 훼손되는 것을 알고 '자연을 살리자'는 캠페인을 벌였다. 대통령이 직접 계곡에 나와서 콜라 병을 줍는 모습 등을 홍보하고, 이후 그린벨트를 조성하는 일을 했다. 그런 뒤에는 우리가 환경 문제를 들고 나와도 탄압이 없었다.

환경부처가 언제부터 생겼는지 모르겠지만, 그린벨트는 여러 가지 문제점이 있다 하더라도 어쨌거나 잘한 일이었다. 애초에 그린벨트 선정은 지도를 펴놓고 무 자르듯 경계를 짓는 군대식 결정으로 이루어졌다. 그러다 보니 실정이 전혀 고려되지 않은 곳도 많았다. 이제 와서 그런 사안을 고려하여 무리가 있는 지역은 부분적으로 풀어줄 수도 있겠으나 최근의 그린벨트 해제는 지방 자치 단체들의 재정을 위해 무분별하게 이루어지고 있는 실정이어서 우려가 앞선다. 지난 수십 년 동안 어렵게 지켜온 자연을 단시간에 파괴해버리는 이런 난개발은 나중에 큰 후회를 불러일으킬 소지가 많다. 환경 문제는 21세기 우리 민족의 사활이 걸린 문제라는 것을 분명히 인식해야 한다.

우리가 환경 문제를 본격적으로 다룬 것은 1965년 대통령 선거 때부터다. 그때는 환경 문제가 이미 전세계적으로 심각한 문제로 대두되던 때였다. 라인 강의 물고기가 죽고, 일본에 이타이이타이 병이 보고되었고, 스톡홀름의 세계 환경회의에서는 '하나뿐인 지구'라는 주제로 환경이 본격적으로 이야기되던 때였다.

제3의 길을 걷다

박정희의 재선

아카데미 하우스가 완공되어 대화 운동이 정상 궤도에 오르기 시작한 1967년 상반기의 정국은 대통령 선거와 국회의원 선거가 연이어져 온통 선거 열기에 들떠 있었다. 당시 나는 아카데미 일과 세계 교회 활동으로 바빠 국내 정세의 주요 흐름에서는 한 발 뒤로 물러나 있었다.

다만 5월 3일 대통령 선거에서 야당인 신민당의 윤보선 후보가 당선되어 박정희의 재집권을 막아주기를 바라고 있었으므로 그를 돕는 일에 간접적으로나마 나선 일이 있기는 하다. 윤보선 후보에게 직접 자금을 전해 주지 못하는 기업인들을 대신해서 자금을 전달해 주는 일을 몇 차례 맡아했다. 따라서 겉으로는 내가 윤 후보에게 자금을 지원하는 것으로 보였다.

그러나 선거 결과는 실망스럽게도 박정희의 재선으로 판명이

났고 곧 이어 공화당의 의기양양한 기세 속에 6월 8일 국회의원 선거가 치러졌다. 엄청난 부정과 불법으로 얼룩진 국회의원 선거 역시 공화당의 압승으로 끝나게 되는데, 후일 밝혀졌듯이 이 선거는 삼선 개헌을 향한 전초전이나 다름없었다.

6·8총선에서 국민들의 관심을 가장 크게 모은 사람은 바로 목포에서 출마한 김대중 후보였다. 신민당 후보였던 그는 박정희가 직접 지원 유세까지 벌인 공화당의 김병삼 후보를 이김으로써 정계의 샛별로 등장했다. 그리고 그때 이미 그는 대통령의 꿈을 가슴에 품고 있었다.

나는 그 사실을 그를 지원하러 목포에 내려갔다 온 김정례를 통해 처음으로 듣게 되었다.

"김대중 씨가 이번 선거에서 아주 멋지게 싸워서 이겼는데, 다음 대통령 선거에 출마할 생각이라고 합디다."

솔직히 말해 나는 그 말을 듣고 터무니없는 소리라고 일축해버렸다. 당시 김대중의 위치나 무게로는 이름난 야당 거물들을 제치고 4년 후에 대통령 후보로 나서겠다는 생각 자체가 상식적으로 납득되기 힘들었기 때문이었다.

그러나 그는 정말 4년 후 대통령 선거에서 신민당 후보로 출마하게 되었으니 당시 한국 정치라는 게 그처럼 한치 앞도 예견할 수 없는 안개 속 같은 상황이었다. 그리고 이같은 예측 불허의 정치 상황은 오늘날까지도 그대로 이어져 내려오고 있는 셈이다.

1967년 선거와 관련해 한 가지 얘기하고 싶은 것은 우리 아카데미가 주창한 대화의 정신이 그 무렵 정치권에까지 흘러들어가 선거 운동에서 '대화 정치'라는 말이 등장한 사실이다. 내 기억에 아마 김종필이 그 말을 자주 썼던 것 같다. 그들이 말하는 '대화'의 순수성 여부와는 관계없이, 어쨌든 그같은 결과는 아카데미 운동이 거둔 작은 성과로 볼 수도 있었다.

대통령에 재선된 박정희는 수단 방법을 가리지 않고 삼선 개헌을 추진하기로 작심하고 이를 향한 행보를 조심스럽게 떼기 시작했다. 그러면서 미국의 눈치를 보지 않을 수 없었던지 차츰 좌파 세력과의 관계를 청산해가면서 미국에 대해 노골적인 추파를 던지기 시작했다는 게 내 생각이다.

미국이 박정희를 지원하게 된 이유

이제 여기에서 5·16 이후 삼선 개헌 무렵까지 미국의 대한 정책을 내가 아는 한도 내에서 얘기할 필요가 있을 것 같다. 이미 밝혔듯 나는 5·16 이후 박경일의 제보로 박정희의 사상에 대해 알게 됐고, 미국측도 그 사실을 알고 제거하려는 계획을 세운 걸로 알고 있었다. 그후 미국의 조치를 조심스럽게 기다리고 있었는데, 그 결과는 이동원이 주선한 하비브와의 만남에서 드러났듯 매우 실망스러운 것이었다. 나는 해방 후 유행했던 "미국놈 믿지 말고 소련놈에게 속지 말자. 일본이 일어난다"는 말이나 되새기면서 미국에 대한 기대는 더 이상 하지 않고 있었다.

그러던 1963년경 어느 날이었다. 그 동안 아무 얘기도 없었던 로버트 키니에게서 만나자는 연락이 왔다. 나는 우리 집 앞에서 그가 타고 온 지프에 올라탄 후 함께 시내의 한 빈집으로 가서 은밀하게 얘기를 나누게 되었다.

그는 먼저 박정희의 사상 전력 때문에 자기들도 안심이 되지 않는다면서 이렇게 얘기를 시작했다.

"그런데 정권을 바꿀 경우 이제 무리한 방법을 쓸 수는 없고, 결국 헌법 절차를 밟는 형식을 취해야 할 것입니다. 합법적 정권 교체를 해야 하지요. 이를테면 후임자를 미리 총리 자리에 앉혀 놓은 후 박정희를 물러나게 하고 자연스럽게 그를 다음 집권자로 내세우는 방법 같은 것 말입니다."

그러면서 그는 덧붙였다.

"그런 상황을 가정할 경우 백낙준, 박병권, 정일권 세 사람 중 누가 총리 자리에 적격이겠습니까?"

나는 그의 물음에 이렇게 대답했던 것으로 기억한다.

"박병권은 어떤 사람인지 별로 아는 바가 없습니다. 백낙준 박사는 국민들이 갖고 있는 이미지는 좋지만 심약하다는 것이 단점입니다. 내 생각으로는 정일권이 무난할 것 같지만 아마 그는 하라고 해도 안 하려들 겁니다."

그때 정일권은 주미 대사를 그만두고 영국에 가 있었는데 박정권에 대한 감정이 별로 좋지 않았다.

어쨌든 나는 로버트 키니의 말을 듣고 미국이 뭔가 일을 꾸미고 있다는 것을 알 수 있었고, 실제로 그 얼마 후 정일권은 외무부 장관에 기용되었다가 1964년 5월에 국무총리로 임명되었다. 나는 그가 총리가 되는 것을 보고 내심 '로버트 키니가 밝힌 미국의 공작이 시작되고 있구나' 하고 긴장한 채 사태의 추이를 주시했다.

그런데 어찌된 셈인지 6·3사태 등 미국이 박정희를 물러나게 할 만한 조치를 취할 수 있는 호기가 분명히 있었는데도 내가 예상한 일은 일어나지 않았다. 그러기는커녕 시간이 흐를수록 미국과 박정희의 관계는 오히려 호전되는 것 같아 보였다.

정일권 총리와 알고 지내던 나는 그 무렵 그와 여러 번 만날 기회가 있었다. 장소는 주로 '장원'이라는 음식점이었는데, 그는 그곳에 박대통령 측근이나 기업가들과 함께 와서 화투나 치고 농담이나 늘어놓으면서 시간을 보냈다. 나는 그런 그를 보면서 '이 사람이 현대판 흥선대원군이 아닌가' 하는 생각을 하기도 했다.

그를 내세운 미국의 정책이 어떻게 진행되고 있는지 답답하고 궁금했던 나는 참다못해 그에게 한 번 단독으로 만나자고 요청을 했다. 그래서 그와 나는 장원에서 사람들이 저녁 식사를 하러 모이기로 한 시간보다 30분 먼저 단둘이 만나게 되었다. 나는 그 자리에서 로버트 키니를 만나서 했던 얘기를 다 털어놓고 단도직입적으로 물었다.

"정총리, 도대체 어떻게 된 일이오? 당신이 총리가 된 것은 분명히 미국과 관계가 있는 거요? 그렇다면 앞으로 어떻게 할 작정이오?"

그는 내 노골적인 질문에 아무 대답 없이 미소만 짓고 있었다. 그것이 결코 부정적인 것은 아니었던 것으로 보아 그와 미국 사이에 그런 얘기가 있긴 있었던 모양이었다.

합법적인 방법으로 박정희를 밀어내려 했던 미국의 정책이 박정희를 지원하는 것으로 바뀌게 된 사정을 내가 듣게 된 것은 그로부터 몇 년이 흐른 뒤였다. 연도를 정확히 기억할 수는 없지만 미국 대사관에 있던 하비브가 월남 대사로 임명되어 한국을 떠나게 된 1960년대 후반기였던 것 같다.

그 동안 하비브로부터 만나자는 연락을 수차례 받았지만 나는 미국 사람들에게 이미 실망할 대로 해버려 그를 만나고 싶은 마음이 없었으므로 몇 번이나 거절하곤 했다.

그 무렵의 어느 날 오재경이 자기 집에 저녁 파티가 있으니 부부동반으로 참석해 달라는 초청을 해왔다. 그래서 갔는데 뜻밖에도 하비브가 그 자리에 나와 있었다. 나는 그와 인사를 나눈 후 잡담이나 하다 말려고 했으나 그는 긴요하게 할 말이 있는 듯 나를 은밀하게 뜰로 이끌었다.

"당신을 만나고 싶었는데 안 만나줘서 오재경 씨에게 부탁해서 이렇게 만나게 된 것입니다."

그는 이렇게 첫마디를 시작하더니 나에게 좀 엉뚱한 질문을 던졌다.

"당신, 감옥에 가본 일이 있소?"

"일제 시대에는 가본 일이 있지요."

"이정권 아래서는 가본 일이 없어요?"

"없습니다."

"당신은 종교인이고 순진한 민주주의 신봉자라 정치가 뭔지 잘 모르는 것 같아요. 그래서 이렇게 말을 해주는 겁니다. 사실 그때 당신이 박대통령의 배경에 대해 우리에게 알려준 정보는 상당히 유익했습니다. 우리들이 내린 결론도 그가 좌익 사상을 가지고 있는 건 틀림없다는 것이었어요. 그런데 가만히 그의 사람됨을 살펴보니까 이념보다는 권력에 더 철저한 사람이더군요. 그래서 처음에는 그를 배척하려다가 정책을 바꾸게 되었지요. 그에게는 계속 권력욕을 만족시키도록 하고 대신 그 밑에 믿을 만한 사람들로 벽을 쌓아 불순한 세력을 차단하기로 한 것입니다."

"벽을 쌓는다구요?"

"그렇습니다. 예를 들면 이후락 공보실장이나 정일권 총리 같은 사람들이죠. 그들을 박정희 둘레에 울타리로 세우고 박정권의 좌경화를 막아온 겁니다. 당신은 우리가 박정희를 지지하는 것이 못마땅하겠지만 우리로서는 그럴 수밖에 없는 이유가 있습니다.

미국이 지금 한국 정부에 대해 바라고 있는 것은 크게 두 가지예요. 하나는 월남전에 정규군을 보내주는 것이고 다른 하나는 일본과 관계를 정상화하는 것입니다. 알다시피 지금 미국의 월남전개입에 대해 세계 여론이 좋지 않습니다. 미국의 참전을 놓고 백인과 황인 사이의 전쟁이라고 선전하는 목소리도 높아요. 이럴 때 아시아 국가인 한국이 참전해 주면 우리 입장에선 월남전이 백인과 황인의 전쟁이 아니라 공산 세력과 반공 세력의 싸움이라는 걸 주장할 수 있습니다. 따라서 우리는 한국이 월남전에 계속 참전해 주기를 바라는데, 이를 박대통령이 적극적으로 받아들이고 있습니다. 야당에서는 한국군 파병을 반대하고 있지 않아요?

한일 관계 정상화 문제도 미국으로서는 동북아 전략상 매우 중요합니다. 우리는 동북아 지역에서 일본을 주축으로 한 반공 세력권을 형성하려고 하는데, 그러려면 한일 관계 정상화가 꼭 필요합니다. 이 문제에서도 박정권은 한일 협정을 이미 성공적으로 끝냈고 계속 실질적인 정상화 노력을 기울이고 있습니다. 대북 관계에 있어서도 박대통령은 미국과 보조를 함께 취하고 있으니 안심해도 됩니다.

현재 미국으로서는 박대통령이 계속 필요하니 다른 세력들을 지원할 수가 없는 것이지요, 먼 장래에는 미국의 태도가 어떻게 변할지 몰라도 지금으로서는 박정권을 계속 유지할 수밖에 없습니다. 이 점을 분명히 알아두세요. 공연히 박정권에게 섣불리 대들었다가 감옥에 가는 우는 범하지 않는 게 좋지 않겠습니까?

나는 이제 월남으로 갑니다. 당신은 외국에 자주 나가니까 기회가 닿으면 사이공으로 나를 찾아오세요, 거기에서라면 여기서 못한 많은 얘기들을 할 수 있을 겁니다."

나는 그의 얘기를 듣고 정치니 외교니 하는 것들은 나 같은 사람은 따라갈 수 없는 어렵고 복잡한 것이로구나 하는 생각이 먼저 들었다. 정치 세계를 움직이는 원리는 내가 믿고 있던 원칙들과는 확실히 다르다는 사실도 새삼 깨닫게 되었다. 강대국의 논리와 집권자의 이해 타산이 어우러져 돌아가는 정치권의 움직임은 나 같은 사람이 이해할 만한 대상이 아니었다. 나는 기묘한 느낌으로 지난날 나의 단순한 행동에 대해 회한과 후회를 느끼지 않을 수 없었다.

그러나 한편으로는 '이제 박대통령의 사상 문제에 대해서는 더 이상 걱정을 하지 않아도 되겠구나' 하는 생각에 마음이 홀가분해지기도 했다.

독일로 간 한국 간호원과 노예무역

1967년 10월 말 나는 독일에서 개최되는 종교 개혁 450주년 기념식에 참석하기 위해 다시 독일을 방문하게 되었다. 그때 함께 초청을 받은 사람은 NCC 총무를 지낸 길진경 목사와 예수교 장로회의 김광현 목사였다.

마르틴 루터가 종교 개혁을 일으킨 현장에서 거행되는 기념식에 참석하게 된 우리들은 그런 만큼 기대도 컸고 나름대로 계획도 많았다. 그런데 막상 그곳에 도착해서 보니 루터의 개혁 발상지는 대부분 동독 지역에 있어서 입국할 수 없었던 우리는 동독에서 주로 열리는 주요 행사에는 참석할 수가 없었다. 결국 우리는 서독 함부르크에서 열린 기념 행사 하나에 참석하는 것으로 만족해야 했고, 여행 자체가 별로 할 일이 없는 것이 되어버리고 말았다.

그런데 함부르크에서 기념 행사로 열린 한 회의에 참석한 나는 그곳에서 한국과 관련된 좋지 못한 얘기를 한 가지 듣게 되었다.

오전 회의를 끝내고 점심 식사를 하는 도중이었다. 하노버에서 왔다는 한 독일 교계 인사가 나에게 어느 나라에서 왔느냐고 물어왔다.

"한국에서 왔습니다."

"아, 그래요? 그런데 당신들 노예 무역을 언제까지 할 겁니까?"

"무슨 소리요?"

"당신네 나라가 우리나라에 간호원들을 수출하고 있지 않습니까? 내 친구 중에 이영빈이라는 한국인 목사가 있는데 그에게 들어서 다 알고 있습니다. 이종수라는 사람이 한국 간호원들을 노예를 팔 듯 돈을 받고 독일에 넘겨주고 있다는군요. 부끄러운 일입니다."

"뭐라구요? 당신 그 말 당장 취소하시오."

비록 나는 자세한 사정은 알지 못했지만 독일인의 입에서 노예 무역이니 하는 그런 치욕스런 얘기가 나오는 것을 그냥 듣고만 있을 수 없어 불같이 화를 냈다. 이 때문에 주위에 있던 사람들이 말리고 나서는 등 시끄러운 상황이 연출되기까지 했는데, 어쨌든 일단 그런 얘기를 들은 이상 그냥 넘어갈 수가 없어 본으로 가서 이영빈 목사와 이종수 박사를 만나 보았다.

이영빈 목사는 원래 독일에서 살던 사람으로 NCC에서 파견된 형식으로 주로 광부 선교를 하고 있었고, 이종수 박사는 심장 수술로 유명한 본 대학 의학부 교수였다. 그런데 이박사는 당시 한국 간호원들을 독일로 데려오는 데 주도적인 역할을 하고 있었다.

나는 본에서 두 사람을 만나 얘기를 들어봤는데 자초지종을 듣고 난 후 내가 내린 결론은 "이목사가 이박사가 하는 일을 자기가 주도해서 하고 싶은데 그렇게 하지 못하니까 이박사를 모함하고 다니는 게 아닌가" 하는 것이었다.

그때 이박사는 한국 간호원들을 많이 데려오면서 그들이 받는 급료의 일정액을 슈투트가르트에 있는 독일 교회 사회봉사 총본부와 연결해 적립시키고 있었다. 그 돈으로 한국에 병원을 지어 독일에서 근무하던 간호원들이 귀국한 후 일하게 할 계획이라고 했다.

그런데 이것을 두고 이목사는 "이박사는 일종의 노예 무역상이다. 간호원들을 데려다가 돈을 뜯어먹고 있다"며 떠들고 다닌다는 것이었다.

나는 두 사람을 만나 화해시키려고 했지만 워낙 서로 사이가 나빠져 뜻대로 되지 않았다. 결국 나는 한국에 돌아와 이영빈 목사와 NCC의 관계를 끊는 조치를 취했는데, 그후 이목사는 평양쪽을 들락날락한 것으로 알고 있다.

나는 그 이듬해 독일 교회 총회(EKD)에서 독일 교회 사회봉사 총본부의 책임자인 쇼버 박사를 만난 일이 있다. 마침 이박사의 병원 계획안이 생각나서 물어보았더니 그는 이박사의 말대로라고 확인해주었다.

"한국 간호원들이 적립한 돈은 우리 계좌에 들어와 있습니다."

그러나 어떻게 된 일인지 이박사가 밝힌 병원 건립 계획은 지금까지 실현되지 않고 있는 것으로 안다. 간호원 대부분들이 한국에 돌아오지 않고 독일에 정착하여 병원 건립 계획은 아예 필요가 없어진 것도 사실이었다. 하지만 그때 적립된 간호원들의 돈에 대해서는 이후 어떤 소식도 듣지 못했다.

그때 독일 방문에서 잊혀지지 않는 또 하나의 일은 옛 친구 에
바 간츠를 다시 만나보게 된 것이다. 본에 머물러 있던 기간 중
에바에게 전화했다가 "독일까지 왔다가 그냥 갈 수 있느냐"는 그
녀의 항의를 듣게 되고, 결국 뮐러 박사가 내준 차로 프랑크푸르
트에 있는 그녀의 집을 방문하게 되었다.

그날 저녁 그녀가 내게 차려준 식탁은 지금도 잊혀지지 않을
정도로 간소했다. 빵과 치즈 몇 쪽 외에는 별로 먹을 게 없어서
처음에 나는 그것이 간식인 줄 알았다. 나중에 알고 보니 독일인
의 저녁 식탁은 원래 그렇다는 것이었다. 에바는 말 그대로 나를
서슴없는 친구로 대해준 것이었다. 사실 거하게 차렸다면 내가
더욱 부담스러웠을 것이다. 부담 없이 나를 보고 싶어하고 소탈
하게 맞아주는 에바의 태도는 정말 고마웠지만 그 덕분에 나는
그날 밤 허기진 배를 움켜쥐고 잠을 청해야 했다.

명동성당에 서다

내 지나온 생애의 발자취를 돌이켜보면 개중에는 전인미답의
낯선 장소에 파격적으로 찍혀 있는 흔적들이 꽤 있다. 이는 항상
하나님의 뜻을 적극적으로 받아들여 자유롭고 새로운 것, 좀더
나은 것으로 나아가기 원했던 내 생애의 증거이기도 하지만 동시
에 나의 삶을 시끄럽고 순탄치 않은 길로 이끌었던 요인이 되기
도 했다.

사실 나는 파격적인 일을 하기 좋아하는 성격도 아니고, 또 의

도적으로 그런 파격을 행한 것도 아니었다. 다만 내 생각을 솔직히 표현하고 행동으로 옮겼을 뿐인데, 그것을 받아들이는 쪽에서 그렇게 받아들이고 나면 나의 말이나 행위는 파격적인 것으로 낙인찍혀버리곤 한다.

1964년 이화여대 신앙강좌에서 나는 "더 이상 농업사회가 아닌 오늘날 여성의 결혼은 선택이지 필수가 아니다"라는 말을 한 적이 있다. 오늘날은 여성들 스스로 "결혼은 선택이다"라고 내세우고 있지만 당시에는 나의 발언이 충격적으로 받아들여졌다. 그런데 강연 후 학보사에서 가진 기자회견에서 누군가가 내게 당돌한 질문을 던졌다.

"결혼이 필수가 아니라면 인간의 본능인 성적 욕구는 어떻게 해결합니까?"

다소 도전적인 질문이었기 때문인지 나의 대답도 직설적이 되어버렸다.

"좋아하는 사람과 하면 되는 거지, 꼭 결혼을 해야만 되는 겁니까?"

나의 발언이 종종 파문을 일으키자 내가 이화여대에 강연을 하게 되는 날이 가까워오면 대학 담당자들은 또 무슨 일이 터지지 않을까 걱정되어 잠을 못 이룰 지경이었다고 한다.

오늘날 보면 나의 이런 발언은 하나도 새로울 것도, 파격이 될 것도 없는 내용이다. 여성의 결혼이나 이혼 문제, 핵가족 관계 등에 대해서도 나는 사람들이 말하는 '파격적'인 발언을 많이 하여 구설수에 시달린 적이 많다. 나이가 든 지금도 마음에 있는 말을 다하는 것은 아니다. 오히려 자제하여 말을 조심하고 있는 편이다. 그런데도 내 주변에서는 나의 발언이나 태도를 두고 이런저런 말이 들려오고 있다.

그러나 내가 파격적인 발언을 하고 얼마 지나지 않으면 현실로 나타나곤 하니까 사람들은 내가 점쟁이 같은 직감을 가지고 있는 줄 알고 질문을 하기도 한다. 사실 그런 일은 직감이 필요하지도 않다. 현재 진행되는 현상들을 자세히, 그리고 솔직하게 관찰하고 제대로 분석해보기만 하면 곧 현실로 다가올 것이 뻔하게 보이기 때문이다.

어쨌든 나는 의도하지 않은 '파격'을 자주 행하곤 했는데 1968년 1월, 명동성당에서 설교를 하게 된 일도 그런 파격 중 하나일 것이다. 그때 나는 한국 교회사상 개신교 목사로는 처음으로 명동성당에서 설교를 하게 되었다.

그런 '놀라운' 일이 생기게 된 것은 한국 카톨릭이 갑자기 진보적으로 변해서가 아니라, 당시 교황청으로부터 "매년 1월 중 한 주일을 평화를 위해 비카톨릭 성직자에게 설교할 기회를 주라"는 지시가 내려왔기 때문이었다. 말하자면 나는 그 지시에 따라 초청된 최초의 비카톨릭 성직자였던 셈이다.

어찌 됐든 명동성당에서 역사적 설교를 하게 된 나는 적잖이 긴장한 채 설교 준비에 임했다. 설교가 있는 1월 8일 나는 카톨릭 신자들이 조금이라도 더 친숙하게 받아들일 수 있도록 일부러 목에 흰 칼라를 달고 나가는 등 세심한 신경을 썼다.

내가 명동성당에서 설교하게 된 일이 이미 개신교 신자들 사이에 화제가 되어 있었으므로 성당 안에는 경동교회 신자들을 비롯해 개신교 교인들도 꽤 많이 참석해 있었다.

먼저 카톨릭식으로 미사가 진행되어 성체를 받는 시간이 되었다. 나는 내게도 성체를 주면 받으려고 했는데, 역시 내게는 주지 않았다. 다소 거북스럽기는 했으나 카톨릭 제도상 영세를 받지 않은 사람에게는 성체를 주지 않도록 되어 있다고 하니 그런 대로 이해할 수밖에 없었다. 내 곁에는 박양운 신부가 앉아 있었는데, 그도 나를 생각해서 성체를 받지 않았다.

드디어 미사가 끝나고 내가 설교할 차례가 왔다. 미사를 끝낸 신부는 제단의 불을 끄고 나서 신자들을 향해 내 설교가 시작될 것임을 알렸다.

"오늘 개신교측에서 강원용 목사님이 오셔서 강론을 하니까 가급적이면 많이 앉아서 들으십시오."

안내말이 끝나자마자 앞줄에 미사보를 쓰고 앉아 있던 여자들부터 우르르 일어나 나가기 시작했다. 그렇게 되니 남아 있는 사람들은 개신교 신자들이 대부분인 우스운 꼴이 되어버리고 말았다. 그때만 해도 개신교와 카톨릭 사이가 오랫동안 얼어붙어 있어 그 사이를 녹이는 일은 그처럼 어려웠다.

그날 내가 한 설교 제목은 「에베소서」 2장 14절에서 택한 '막힌 담을 헐자'는 것이었다. 그 내용을 간추리면 다음과 같다.

오늘은 내 생애에서 잊을 수 없는 역사적인 영광의 날입니다. 오늘 내가 이 장소에 서게 된 것은 '이상한 일'이 아니라

'자연스러운 일'입니다. 「에베소서」 4장 3절에서 6절까지 보면 사도 바울은 다음과 같이 말하고 있습니다.

"여러분을 함께 묶어두는 평화로 성령이 하나가 되게 하신 것을 힘써 지키시오. 몸도 하나요, 영도 하나입니다. 그와 같이 부르심을 받은 여러분의 그 부르심에 따르는 희망도 하나입니다. 주도 하나요, 믿음도 하나요, 세례도 하나입니다. 만민의 아버지이신 하나님도 한 분이십니다."

(중략) 세상을 떠나신 교황 요한 23세는 우리에게 길이 잊을 수 없는 교훈을 남겼습니다.

"본질적인 문제에서는 일치를, 의심스런 점에 대해서는 자유를, 모든 일에서는 사랑을."

신교 목사인 나는 이 말을 아무 이의 없이 전적으로 받아들입니다. 그런데 본질적인 문제에서의 일치는 이미 해결되었으나 '의심스런 점에 대한 자유'의 문제는 아직도 해결되지 않은 채로 남아 있습니다. 교회의 권위 문제, 세례와 성찬 문제 등 해결하기 어려운 견해 차이가 많습니다.

신조나 제도 그리고 전통은 매우 중요한 것이지만 그것은 우리들이 믿는 예수 그리스도의 권위를 넘어설 수 없습니다. 명심해야 할 점은 견해 차이가 생기는 것은 우리들 때문이지 그에게서 비롯하는 것이 아니라는 것입니다.

(중략) 우리가 교회의 일치를 말하는 것은 기계적인 교회의 통일을 의미하는 것이 아닙니다. 다양성을 가진 일치를 말합니다. 우리는 서로 차이가 있으면서도 '그리스도 안에서' 그리고

'봉사와 친교'의 현장에서 그 일치점을 찾아볼 수 있습니다. 우리는 신조나 교리가 다른 점을 이야기하되 그것이 사랑, 즉 친교를 깨뜨리게 해서는 안 됩니다. 또 한국 땅에 있는 모든 교회는 구체적으로 오늘 현재 한국 땅에 살고 있는 모든 백성들에게 봉사하기 위해 있음을 알아야 합니다. 이 사실을 깨닫는다면 교회는 두터운 벽 안에 처박혀 교리·신조·전통 등의 담을 쌓고 지낼 수 없습니다.

「에베소서」 2장 14절에 보면 그리스도는 누구인가 하는 문제에 대한 대답이 있습니다. 그리스도는 갈라진 둘을 하나로 만드시는 분, 즉 막힌 담을 헐어버리는 분이라고 합니다. 예수가 구주라는 말은 하나님과 인간, 즉 영원과 순간, 의로운 자와 죄인 사이에 막힌 담을 허신 분이라는 말입니다. 그리스도의 몸인 교회가 서는 장소에는 유대인과 이방인, 주인과 종, 남자와 여자, 율법을 지키는 자와 안 지키는 자 사이에 막힌 담들이 무너지고 하나가 되는 사건이 일어났습니다.

우리가 막힌 담을 그대로 두고 교회 안에서 하나님을 믿는다는 것은 실상 그리스도 밖에서 사는 것이고 실질적인 이단이며 우상 숭배인 것입니다.

(중략) 그러므로 우리는 무엇보다 먼저 우리 자신 안에 막혀 있는 담부터 헐어버리고 일치를 이루는 일을 해야 합니다. 그리고 이것을 이루어가면서 우리가 사는 역사의 현실 속에 뚫고 들어가서 막혀 있는 담들을 무너뜨려야 합니다. 우리 역사를 병들게 하는 모든 종류의 유물주의 사조와 전체주의, 그리고

부정 부패와 독재를 몰아내고 참된 자유와 정의를 실현하는 일에 앞장서야 할 것입니다.

내가 명동성당에서 설교를 한 그 다음 주일날에는 카톨릭의 황민성 주교가 경동교회에 초빙되어 설교를 하게 되었다. 그 예배에서는 우리 교회 교인 모두가 황주교의 설교가 끝날 때까지 자리를 지켜주었다.

한국을 성토하는 국제회의장

1968년 1월 말 나는 태국 방콕에서 열리게 된 EACC 총회에 참석하기 위해 한국을 떠났다. 1960년대 초반부터 세계교회 활동과 관련을 맺으면서 지금까지 매년 많을 때는 일고여덟 차례, 적을 때는 서너 차례 정도 해외 여행을 하며 내 시간의 3분의 1에 해당하는 시간을 외국에서 보냈는데, 세계를 무대로 한 내 활동에 관록이 붙기 시작한 때가 바로 1968년부터다. 이해에 나는 EACC의 부회장이 되면서 WCC 중앙위원직을 맡게 되었기 때문이다.

방콕에서 열린 EACC 총회의 주제는 '인간 공동체 안의 기독교 공동체'로, 인구의 절대다수가 기독교와 무관한 아시아에서 소수인 기독교 공동체의 문제에 초점을 맞춘 것이었다.

회의 장소는 안식교회에서 운영하는 스왕가닛바츠라는 요양소였는데, 건물도 가건물 형태였을 뿐 아니라 무엇보다 날씨가 너무 더워 죽을 노릇이었다. 기온이 보통 섭씨 40도를 가리키고 있으니 참석자들은 노상 입에 콜라를 달고 다녀도 더위를 견디기가 힘들었다. 게다가 밤늦게 회의가 끝나 숙소로 돌아가면 모기가 들끓고 새벽에는 습기가 차서 잠도 제대로 이룰 수 없었다. 그러니 20일 동안 계속되는 회의 일정은 우선 육체적으로 엄청난 고역이었다.

하지만 방콕의 그 회의가 유난히 내게 힘들었던 것으로 기억되는 것은 그같은 육체적 고통 때문만은 아니다. 당시는 월남 문제 위원회를 조직해놓고 매임 밤늦게까지 마라톤 회의를 했는데 한국 대표인 나는 월남 문제 위원회에서 각국 대표들로부터 쏟아지는 비난을 감수해야 했다. 한국은 이미 1965년부터 월남전에 국군을 계속 파병하고 있었고 그로 인해 제3세계를 비롯한 세계 여론의 공격을 받고 있었다.

"미군과 한국군은 월남에서 즉각 철수해야 한다"는 목소리가 회의장을 지배하는 가운데 나는 매일 곤란한 입장을 견뎌야 했다. 국제 모임에서 번번이 겪게 되는 이같이 '곤란한 처지'는 그 이후 한 번도 제대로 풀린 적이 없다. 이후 국내 정세가 삼선 개헌, 유신, 12·12사태, 광주항쟁 등 악화일로를 걸으면서 나는 국제회의에서 늘 대답하기 곤란한 질문과 받아치기 어려운 공격을 감수해야 했다.

다른 나라 사람들과 목소리를 맞춰 우리 정부를 함께 비난할 수도, 그렇다고 옹호할 수도 없었던 나는 그럴 때마다 양쪽의 공격에 끼인 샌드위치 신세가 되곤 했다. 정부는 정부대로 밖에 나

가 자기들의 입장을 옹호해 달라 하고 반정부 세력들은 내가 앞
장서서 비난의 목청을 높이기를 바랐으나, 내 입장은 그 두 세력
어느 쪽 편도 아닌 '제3의 것'이었다. 나는 어느 경우든 흑백 논
리는 받아들일 수 없었다.

나는 박정권을 반대하고 있었지만 그렇다고 다른 나라 사람들
이 한국을 군사 독재의 야만국가로 간단히 치부해버리는 것도 참
을 수가 없었다. 그것은 무엇보다 우리 민족 전체의 자존심이 걸
린 문제였기 때문이다. 우선 우리 국가 문제가 세계 사람들의 비
난을 받는 대상이 된 것부터가 내겐 수치였다. 그러므로 우리의
상황을 간단하게 매도하기보다는 이해시켜야 한다는 생각이 앞
섰다. 그래서 나는 국제 회의에서 우리 정부를 지나치게 비판하
는 것은 되도록 삼갔고 때로는 필요에 따라 우리보다 더 상황이
나쁜 나라들을 예로 들며 정부를 변명해주는 듯한 발언도 할 수
밖에 없었다.

어떤 한국 인사들은 국내에서는 정부 비판을 못하니까 국제 회
의에 나와 우리 정부를 마음껏 두들겨대곤 했는데, 나는 우리의
부끄러운 문제를 외국 사람들에게 공공연히 떠들어서 그들의 힘
을 빌리려는 생각 자체가 좋게 생각되지 않았다.

그 때문에 나는 국제 사회의 반한적인 인사들에게 친여적인 사
람으로 몰리기도 했으나 국내에서는 여전히 박정권과 사이가 나
빴으므로 내 입지는 국내에서도 국외에서도 어렵기만 했다. 중간
에 서는 사람들에게는 늘 부족한 입지와 좁은 문만 주어질 뿐이
었다.

한국군의 월남전 참전에 대한 견해는 '무조건적 파병 반대'도 아니었고 '무비판적 파병지지'도 아니었다. 1966년 3월 국내가 월남 증파 문제로 한창 시끄러울 때 나는 그에 대한 내 견해를 『조선일보』 칼럼(3월 12일자)에 발표한 일이 있다.

그 칼럼에서 나는 찬반 양론의 감정적 대립이 가져올 위험을 경고하고 합리적인 대화법으로 국론을 통일해야 한다고 전제하면서 '객관적인 검토를 토대로 하여 만든 안을 국민들의 지지와 대미 유대 관계를 고려해 살펴보고 우리의 태도를 결정해야 한다'고 말했다.

마지막으로 나는 잘못된 미국의 대한 정책을 지적하고 그것을 시정하는 일에도 노력을 기울여야 한다고 역설했다. 이 생각은 주한 미군 행정협정이 문제가 되고 있는 오늘날도 마찬가지다.

앞서 말했듯 나는 방콕 EACC 총회에서 부회장으로 피선되었다. 총무인 D.T. 나일스가 자기 말을 잘 안 듣는 나를 싫어해 반대하고 나서는 바람에 어려움이 있었지만 결국 그는 자기 뜻을 관철시키지는 못했다.

내가 부회장에 피선된 사실은 태국 현지 신문에 보도되었는데, 그 사실을 알게 된 한 태국 여자가 나를 위해 축하 파티를 열어주기도 했다. 그녀는 태국 귀족의 딸로 민주당 정권 때 참사관으로 방콕에 있었던 지백산이란 한국 남자와 결혼한 사람이었다. 이때는 지백산이 사업을 하고 있었는데, 그녀는 자기 남편 나라에서 온 사람이 부회장이 되었다는 사실에 매우 기뻐하면서 파티를 열어준 것이었다.

나는 총회에서 부회장으로 선출되면서 동시에 '정책과 구조위원회'(Policy and Structure Committee) 위원장직을 맡게 되었다. 이 위원회는 말 그대로 그간 문제가 되어온 EACC 대회 헌장을 개정하고 기존 조직 체계를 변화하는 현실에 맞게 바꾸는 매우 중요한 일을 담당하게 된 위원회였다. 1968년 발족된 이 위원회는 그로부터 5년 동안 헌장 개정과 기구 개편 작업을 지속적으로 추진해 1973년 총회에서 마무리된 안을 통과시킴으로써 EACC에 일대 변혁을 가져왔다.

내가 헌장 개정을 놓고 시도한 중요한 일 중 하나는 총회에 청년과 여성 대표를 꼭 참석시키고자 한 점이다. 그 때문에 나는 어느 교단이든지 제1대표 후보는 누구라도 좋지만 제2후보는 반드시 여성, 제3후보는 청년이어야 한다는 조항을 개정안에 집어넣었다. 이는 교회의 자주권을 무시한다는 이유로 거센 저항을 받았지만 결국 내 뜻대로 관철되었다.

기구 개편 작업에서 내가 중점을 둔 것은 '아시아는 하나'라는 서구 중심적 사고 방식을 제도적으로 깨뜨리려는 노력이었다. WCC 관점에서 보면 아시아는 하나일 수 있겠지만 우리 아시아인들 눈으로 보면 인도나 필리핀, 한국과 일본 등은 분명히 다른 문화권에 속해 있는 나라들이다. 그때까지만 해도 WCC에서 아시아 하면 인도를 중심으로 한 지역을 뜻했다.

나는 아시아를 크게 4개 문화권으로 나누고 각 문화권에서 한 명씩 회장을 선출해 4인의 회장단을 구성하는 방식으로 지도부 체제를 바꿨다. 그리고 편파적으로 배정돼 있는 나라별 대표수를 고르게 하기 위해 지나치게 대표수가 많은 나라는 그 수를 줄이고 적은 나라는 그만큼 늘렸다. 전체 총대의 과반수를 차지하고 있던 인도와 인도네시아에서는 이같은 개편안에 대해 반발하고 나섰지만 나는 이것도 원안대로 통과시키고 말았다.

우리는 1973년에 최종안을 통과시키면서 EACC라는 명칭도 CCA(Christian Conference of Asia)로 바꾸었다. 동아시아 (East Asia)란 명칭은 서양 사람이 볼 때 동쪽이어서 붙인 것이지 우리들 자신이 붙인 것은 아니기 때문에 독자적인 주체성을 드러내기 위해 일부러 명칭을 바꾸었다.

인간의 영혼을 믿지 않는 사람들

당뇨병과 더불어 살아가는 비결

방콕에서 회의를 끝내고 귀국한 것은 그해 2월 중순이었다. 계속된 강행군으로 몸이 녹초가 되어 돌아왔는데, 아무래도 몸 상태가 심상치 않아 병원에 가봤더니 당뇨병이라는 진단이 떨어졌다.

당뇨병은 10년 동안 건강에 무리가 가해지면 나타나는 병이라고 한다. 30, 40대부터는 운동을 하면서 건강을 잘 돌보아야 하는데, 나는 운동은 아예 생각도 하지 않았고 하루에 네 시간 정도만 자고 일만 해댔으니 어쩌면 당연한 결과인지도 모른다. 당뇨병이 생긴 뒤로는 전보다 건강에 신경을 썼으나 한 번 발병한 당뇨병은 완치가 어려워 지금까지도 나를 떠나지 않고 있다.

처음에는 병원에서 시키는 대로 식이요법에 입각한 식단을 마련하여 먹었는데, 얼마나 까다롭고 지키기도 번거로운지, '음식이 아니라 이건 숫제 약이로구나' 하는 생각이 들었다. 음식을 약처럼 먹는대서야 밥을 먹어도 어디 식사라고 할 수가 있겠는가 싶어서 나는 식이요법 따위는 싹 집어치워 버렸다. 다만 설탕과 과식, 간식만을 피하고 내 맘대로 먹었다.

당뇨병이 나의 친구가 된 지도 어언 34년이 된다. 인간은 언젠 가 늙게 마련이고, 늙음의 가장 친한 동반자는 바로 병이다. 나는 병도 늙음처럼 자연스런 현상인지도 모른다고 생각한다. 이렇게 병을 일단 받아들이고 나면 의외로 그 병과 더불어 사는 일이 쉬워진다.

당뇨병을 앓는 많은 사람들이 합병증으로 고생을 하거나 목숨 을 잃지만 다행히 나는 별 문제 없이 살고 있다. 나의 주치의 허 갑범 씨는 늘 놀라워한다.

"목사님, 우리나라에 당뇨병 환자가 400만 명인데, 그 가운데 이렇게 조절이 잘 되는 당뇨병 환자는 없습니다. 제가 텔레비전 에서 당뇨병에 대해 강의를 하는데, 한 번 같이 나가서 목사님의 비법을 좀 공개해주십시오."

"일 없습니다. 내 몸이야 내 맘대로 할 수 있지만 다른 환자들 에게 어떻게 내 방법을 쓰라고 권할 수 있겠소? 그러다 이상이 생기면 누가 책임지려구요?"

나는 겁쟁이에 속하지만 병이나 건강에 대한 걱정은 너무 하는 것보다 안 하는 게 낫다고 생각하는 사람이다. 커피나 술, 담배 등 몸에 나쁘다는 건 죄다 조심하는 사람일수록 병에 잘 걸리는 것을 보는데, 그런 식으로 따지자면 요즘 세상에 안전한 건 하나 도 없을 것이다. 무엇이든 지나친 게 문제인 것이지, 그 자체가 좋고 나쁜 것은 별로 없다는 것이 내 생각이다.

언젠가 이태영 박사와 함께 위마연구소로 이상구 박사를 찾아간 적이 있는데, 이상구 박사는 커피조차 독약으로 간주하는 사람이다. 그때 이상구 박사는 우리들의 건강을 위해 식단을 짜주었는데, 나는 아예 거들떠보지도 않았지만 이태영 박사는 그 식단대로 실행하는 바람에 살이 8킬로그램이나 빠져버렸다. 80평생 지녀온 버릇이나 식습관을 하루아침에 바꾸는 것 자체가 무리였다.

그 뒤에 이상구 박사를 만나게 되었는데, 그가 나의 건강 비결을 물어왔다.

"목사님, 어떻게 하시기에 그렇게 건강을 유지하시는 겁니까?"

"이상구 박사가 하라는 대로 안 하면 좋아지지."

나다운 퉁명스러운 대답이긴 하지만 사실 그렇다. 건강에 지나치게 신경 쓰며 이건 된다, 이건 안 된다 하고 따지는 것보다 모든 것을 적당히 즐기는 마음으로 섭취하는 것이 낫지 않을까?

평생 운동과는 담을 쌓고 살아온 나이지만 당뇨가 생긴 후 의사와 주위 사람들이 자꾸 걸어야 한다고 성화를 해댔다. 나는 본래 산을 좋아하기 때문에 산을 오르내리곤 했는데, 당뇨가 생긴 이후 확실히 산 타는 것이 힘들어졌다.

그러던 차에 동경에서 나와 함께 선교 활동을 했던 여성이 내게 골프장 회원권을 보내왔다. 그녀의 남편이 구파발에서 골프장을 경영하고 있는데 그 골프장에 와서 운동을 하라며 평생 회원권을 보내준 것이다.

가파른 산을 타는 것보다야 완만한 골프장을 걷는 게 내게 더 알맞지 싶어 골프장에 나가게 되었지만 나는 본래 '골프 망국론'을 주장해온 사람이다. 미국이나 캐나다처럼 땅이 넓거나 영국처럼 본래 생긴 지형이 골프하기에 알맞은 구릉 지대라면 모를까, 우리나라처럼 골프장을 만들기 위해 산을 깎아야 하는 처지에서는 골프라는 운동을 찬성할 수 없다.

　　그래서 백두진이 국무총리로 있던 시절에 함께 점심을 먹으며 "총리로 이름을 남기고 싶다면 골프장을 없애야 한다"라는 주장을 강하게 펼치기도 했다. 백총리는 골프장을 없애는 조치를 취했다가 결국 반발을 견뎌내지 못하고 다시 열어주고 말았지만 나는 아직도 골프라는 운동을 좋아하지는 않는다. 그리고 직접 해보니 시간과 돈이 무척 많이 드는 운동이라는 걸 알았다.

　　나는 순전히 걷기 위해 골프장에 가는 것이므로 골프채도 필요 없었지만, 골프채를 지참하여야 한다고 하기에 7번 아이언 채만 하나 구입하여 골프장에 나갔다. 처음 골프장에 갔더니 사람들이 줄을 지어 기다리고 있기에 나는 거들떠보지도 않고 채 하나만 덜렁덜렁 들고 앞서 나갔다. 그러자 사람들이 기겁을 하며 나를 멈춰 세웠다.

　　"차례를 기다려야지 그렇게 혼자 나가면 안 됩니다."

　　"나는 골프 치러 온 것이 아니오."

　　"그래도 그렇게 나갔다가는 골프공에 맞아 죽어요."

　　골프장을 제대로 돌아다니기 위해서는 골프를 배울 수밖에 없었다. 나는 골프장 회장의 소개로 프로 골프 선수에게 몇 번 배

위보았는데 싫증도 나고 취미에 전혀 맞지 않아 곧 그만두고 말았다.

나는 아직도 골프의 규칙을 모른다. 다만 골프장에 들어가려면 최소한 세 명이 되어야 한다기에 아는 사람 두 사람과 함께 들어가 두 사람은 골프를 치고 나는 걷기만 한다. 그나마 더위가 심한 때는 나가는 것도 여의치 않아 아예 건너 뛰어버리는 해도 있다.

68운동의 메아리가 울려퍼진 웁살라 대회

내가 한국인으로서는 처음으로 WCC 중앙위원이 된 것은 그해 여름 스웨덴 웁살라에서 열린 총회에서였다. 인도 뉴델리 총회에서 김활란 박사를 비롯한 한국 대표들이 나를 중앙위원으로 내세우려다 실패한 후, 7년 만에 뜻을 이루게 된 것이다.

중앙위원회는 WCC 총회 중 최고 의결기관으로 전세계의 모든 교회를 대표한다고 자부하는 중요한 기관이므로 한국 대표인 내가 중앙위원에 선출되었다는 것은 세계 교회 내에서 한국의 지위가 그만큼 격상되었음을 드러내는 것이었다.

웁살라 총회의 주제는 '만물을 새롭게'(「요한계시록」 21 : 5)였다. 이는 '오늘날 급변하는 역사 속에서 하나님이 하시는 일은 고정된 일이 아니라 새로운 변화를 일으키는 일'이라는 전제 아래 기독교인들은 역사의 선두에 서서 항상 세상을 새롭게 하는 개혁에 앞장서야 한다는 인식을 담고 있었다.

이때 유럽은 그 전해에 일어난 68운동의 여파로 자유와 개혁이라는 새로운 바람의 물결을 타고 있어 주제도 그렇지만 토의 내용이나 수준도 매우 진보적이었다.

이 총회에서 다루어진 최대 이슈는 2년 전 제네바에서 열린 '교회와 사회위원회' 세계 대회에서 부각되었던 빈부 격차 문제였다. 참가자들은 '하나님은 한 분이시고 그가 창조한 세계도 하나이며 따라서 세상 사람 모두가 한 백성'이라는 신학적 해석 아래 지구상에서 생산되고 있는 모든 것은 하나님의 것으로서 그의 모든 백성들을 위해 쓰여야 한다는 데 생각을 같이했다. 기독교의 이웃사랑이 빈국과 부국간의 모순과 갈등에 대한 관심으로 새로운 차원에서 구체화되기 시작한 것이다.

이 회의에 참가한 영국의 잭슨 여사는 남북 문제를 해결하기 위해서는 우선 부유한 나라들이 책임을 느껴야 한다면서 "선진국들이 국민 총생산의 1퍼센트를 발전도상국의 경제 발전을 위해 유엔 같은 국제기구에 헌납할 것"을 주장해 사람들의 관심을 모으기도 했다.

빈부 격차에 대해 열띤 토론을 벌인 결과 총회에서는 그 문제 해결에 이바지하기 위해 구체적인 결정을 내렸다. 즉 부유한 나라의 교회는 잭슨 여사의 주장대로 그 나라 정부가 국민 총생산의 1퍼센트를 가난한 나라의 발전을 위해 쓰도록 주장하고 그와 함께 교회 스스로가 수입의 1퍼센트 이상을 헌납하기로 했으며, WCC 안에 '발전에 대한 교회 참여부'(CCPD)를 신설해 그 문제를 지속적으로 다루도록 한 것이다.

총회에서 중요하게 다룬 또 다른 문제는 인종 차별 문제였다.

이 문제를 토론하는 자리에는 미국의 흑인문학가 볼드윈의 강연이 있었는데, 그는 유색 인종에 대한 백인들의 착취의 역사와 차별을 신랄하게 공격하면서 백색 인종주의를 벗어나지 못한 그때까지의 서구 기독교를 거부한다고 목소리를 높였다. 그의 강연 내용 중에는 내게 충격적인 것이 참 많았다. 지금도 기억나는 것은 "인종 차별주의자들은 인간의 육체만 믿고 영혼은 믿지 않는 사람들"이라는 정곡을 찌르는 얘기였다.

인종 차별 문제를 토론하면서 가장 논쟁을 불러일으킨 것은 그 문제의 해결 방법에 관한 것이었다. 아프리카에서 온 사람들이 "차별 철폐를 위해서는 차별에 대해 폭력으로 저항하는 길밖에 없다"고 주장하면서 비롯된 이 논쟁은 그 폭력의 정당성 문제를 놓고 격렬한 토론이 이어졌으나, 워낙 합의 도출이 어려운 심각한 문제라 앞으로 폭력과 비폭력의 문제를 더 연구하기로만 하고 별 결론이 없이 끝나고 말았다.

이밖에 웁살라 총회에서는 청년과 여성 문제가 크게 부각되어 그 동안 주변부에 머물러 있던 여성과 청년들이 WCC의 핵심에 들어서게 되었다. 이는 당시 유럽에서 절정에 달했던 학생 운동과 기세를 높여가던 여성 운동의 영향을 받은 것이었다.

당시 기성 세대에 대해 완벽한 불신을 드러내던 서구의 젊은이들은 WCC 총회에 대해서도 그것이 청년들을 소외시킨 부패하고 보수적인 기성 세대의 모임이라며 거센 반발을 보였다.

총회가 시작되기 전 웁살라에는 유럽 청년 수만 명이 총회 장소를 습격한다는 소문이 돌아 스웨덴 경찰을 긴장시키기도 했다.

자체 경찰력으로는 자신이 없었던 스웨덴 경찰은 주변국들에게 지원까지 요청해 경비를 삼엄하게 펼쳤으나 총회가 시작되기까지의 과정은 결코 순탄치 않았다.

스웨덴 왕이 참석하기로 되어 있는 교회당에 청년들이 폭탄을 장치에 두었다는 소문 때문에 개회 예배가 두 시간이나 지연되는 소동을 겪다가 결국 WCC측은 청년 학생들과 애기를 해서 개회 예배에 그들이 들어와 평화적인 시위를 할 수 있도록 타협함으로써 총회를 무사히 시작할 수 있었다.

이에 따라 수십 명의 젊은이들이 개회식장에 정식으로 입장하여 예배 순서에 정해진 데모시간에 그들의 주장을 담은 피켓을 들고 평화적으로 시위를 벌였는데, 내 눈에는 청년 학생들의 주장을 그렇게 적극적으로 받아들이는 WCC의 태도가 참으로 좋아 보였다. 무력 진압과 극렬 데모의 악순환이 끝없이 되풀이되고 있는 우리의 현실을 고려해 볼 때, 그같이 젊은이들의 주장을 합리적으로 받아들이는 성숙된 태도와 타협과 합의로 문제를 풀어 나가는 모습은 몹시 부럽고도 인상적이었다.

청년 문제에 관해서는 총회에서 미국의 유명한 인류학자인 마거릿 미드 여사가 한 말이 특히 기억에 남는다.

"우리 기성 세대들은 결코 젊은 세대보다 앞서 있다는 착각에 빠져서는 안 된다. 젊은이들을 우리 뒤에 오는 사람들이라고 여기는 사고 방식부터 바꿔야 한다. 오히려 1968년도의 주역은 젊은이들이고 우리가 지나온 세계에서 새 세계로 이민온 사람들이다."

그녀의 이 말에 장내가 떠나갈 듯한 박수 갈채가 터졌다.

여성 문제에 대해서도 총회에서는 여성을 '창조적 파트너'로 규정하고 여성의 역할을 강조했다. 당시 총회에 참석한 사람 중 여성 대표는 아홉 명에 불과했는데, 여성의 역할과 비중이 강조되면서 그들 모두가 중앙위원에 선정되고 각 분과 위원회 위원으로 위촉되는 일이 일어났다. 그뿐 아니라 총회에서는 앞으로 청년과 여성이 대거 참여할 수 있도록 헌장을 개정하기로 결의해 이후부터 WCC 내에서 그들의 목소리가 크게 강화되었다.

웁살라 총회가 있기 약 반 년 전 방콕에서 열렸던 EACC 총회에서 내가 청년과 여성을 중시하는 방향으로의 헌장 개정을 주장했다는 얘기는 바로 앞에서 했지만, 이같은 양 단체의 흐름은 물론 같은 맥락에서 이해되어야 할 것이다.

어쨌든 이같은 시대의 흐름에 따라 웁살라 총회 이후부터 WCC는 총회 전체 참가자의 약 4분의 1을 여성이 차지하는 획기적인 변화를 보이기 시작했다.

웁살라 대회의 또 하나의 특징은 교회 일치를 인류 일치와 연결시킨 점이다. 그 이전까지는 교회의 일치만 얘기했는데, 이때부터 교회와 인류의 일치를 같은 차원에서 다루기 시작해 '인류 공동체 안에서 모든 인간과 연대 관계를 구체적으로 어떻게 이룰 것인가' 하는 문제가 심도 있게 제기되었다.

그런데 당시 WCC가 교회 테두리를 벗어나 인류의 일치를 주장하게 된 신학적 배경으로는 '우주적 그리스도'(Cosmic Christ) 개념을 얘기할 수 있다. 신약 「골로새서」에 나오는 우주적 그리스도라는 개념은 쉽게 말해 그리스도는 우주를 창조한 우주적인 존재이므로 모든 인종과 종교와 자연, 한마디로 만물을 다 포함하고 있다는 것이다. 이런 열린 그리스도 개념은 기존의 '신자만 구원해 주는' 닫힌 그리스도 개념과는 본질적으로 다르다. 따라서 신자니 비신자니 선교국이니 피선교국이니 하는 구별이 무의미해지고 모든 인류가 하나님의 같은 백성이라는 일치점을 가지게 되는 것이었다. 그러나 이같이 기독교의 지평을 혁명적으로 변화시킨 우주적 그리스도 개념은 그후 결국 소수의 목소리에 그치고 말았다.

움살라 총회와 관련해 마지막으로 언급하고 싶은 것은 WCC의 창시자라고 할 수 있는 비셔트 후프트가 그 대회를 마지막으로 현역에서 은퇴해 명예회장으로 추대된 일이다. 이는 그만큼 WCC의 연륜이 쌓였음을 의미하는 것이었다.

천국도 지옥도 아닌 복지국가 스웨덴

스웨덴에 머무는 동안 나는 스톡홀름에 살고 있던 손인원 부부의 안내로 복지 국가 스웨덴의 여러 곳을 돌아볼 기회가 있었다. 1962년 여름 유럽 방문 때 처음 스웨덴을 찾은 적이 있었지만 그때는 불과 닷새에 그쳤던 만큼, 이번이 스웨덴을 제대로 만날 수 있는 첫 기회였다.

바이킹의 남성적인 정열, 백야, 맑고 외로운 별빛 아래 덮인 눈과 얼음 위로 썰매를 달리며 크리스마스 캐럴을 부르는 꿈의 나라인 스칸디나비아 국가들 중에서도 스웨덴은 스트린드베리의 문학과 베리만의 영화, 잉그리드 버그만과 그레타 가르보와 같은 북구 미인을 배출한 나라이자 노벨상을 수여하는 곳이라는 점에서 더욱 관심이 가는 곳이었다.

본래 나는 스칸디나비아 국가들에 관심이 많았다. 북국의 낭만을 간직하고 있는데다 세계적인 복지 국가이므로, 만약 조국을 떠나 살아야만 하는 운명이라고 가정해볼 때 유일한 후보지로 떠오르는 곳이 바로 스칸디나비아 국가였다.

그러나 이들 나라가 무엇보다 나의 관심을 끄는 것은 우리나라처럼 지리적으로 강대국 곁에 있어 고난의 역사를 경험했으면서도 종내는 그런 역사와 열악한 자연 환경을 극복하고 살기 좋은 복지 국가를 건설했기 때문이다. 이들 국가는 소련이나 중국 같은 전체주의 국가도 아니고, 그렇다고 미국처럼 빈부 격차나 인종 갈등, 억압 같은 자본주의의 폐해도 없이 평화와 자유, 복지를 한꺼번에 달성한 부러운 나라라고 할 수 있다.

나는 바이킹의 후예들이 이룬 이런 나라의 제도가 너무 부러운 나머지 그런 제도와 역사를 우리나라에 수입해보면 어떨까 고민해본 적도 있었다. 그러나 그들과 우리 사이에는 공통점도 많지만 차이점도 많았다. 북유럽의 독특한 자연과 역사 속에서 형성되어온 바이킹의 정열, 인생의 깊이를 다른 시각으로 바라보는 예술이나 철학, 합리적인 과학 정신, 모험심, 오랜 기독교 전통 등은 우리와 분명 다른 점이었다. 그래서 그들의 것을 그대로 우리 땅에 이식하는 것은 불가능하다는 결론에 이르게 되었다.

그러나 그들을 모델로 삼아 우리식으로 재창조하는 것은 영 불가능한 것만은 아니라는 생각을 해본다. 북유럽의 백야와 금발 미인을 우리 것으로 할 수는 없지만 자유와 정의, 질서가 균형 잡힌 복지 사회를 우리 식으로 만들어볼 수는 있지 않겠는가.

그렇듯 호감이 섞인 호기심을 가지고 있었던 스웨덴을 처음 방문했던 1962년 나는 입국부터 별로 좋지 않은 인상을 받았다. 지금도 그렇지만 유럽 여러 나라는 같은 유럽 국가 사람들에 대해서는 여권도 열어보는 둥 마는 둥 하며 통과시켜주지만 다른 대륙에서 온 사람들에 대해서는 더러 까다롭게 군다. 이런 차별 대우에 대해 기분이 썩 유쾌할 수는 없었다.

스톡홀름에 사는 우리 교포가 당시 백여 명 있었는데, 그들도 소수이다 보니 그런 차별 대우를 느끼며 산다고 했다. 가령 1년 거주의 체류증을 가진 사람이라 하더라도 도중에 외국에 나갔다 돌아올 적엔 반드시 재입국 허가를 받아야 한다는 것이다. 물론 다른 나라 사람들은 자유롭게 들어올 수 있다. 그 이유를 알아보니 우리나라와 외교 절차가 아직 해결되지 않았기 때문이라고 했다. 지금에야 개선이 되었겠지만, 국가 차원의 외교는 교포들 개개인의 삶에 이렇듯 지대한 영향을 끼치는 것이니, 재외 동포들에 대해서도 같은 한국민을 위하는 심정으로 배려를 해주어야 우리 민족이 세계 여러 나라로 뻗어나가 활동을 맘껏 펼칠 수 있을 것이다.

나를 안내한 손인원은 「청춘극장」으로 유명한 작가 김내성의 사위로 스톡홀름에서 무역업을 하고 있었는데 내가 약혼식 주례를 셨던 인연이 있었다. 지금도 잊혀지지 않는 것은 그의 안내로 영화관에 갔다가 나로서는 매우 충격적인 장면을 보게 된 일이다. 포르노는 아니었지만 화면 가득 남녀의 정사 장면이 노골적으로 펼쳐지는 것을 보고 매우 놀랐다. 성이 개방적인 북구라고 하지만 그때까지만 해도 그 정도는 아니었다.

한참 세월이 흐른 뒤에 생각해보니 그 무렵은 68혁명이 온 유럽을 휩쓸고 있던 때였으니, 여성의 성 혁명과 피임 혁명의 바람 역시 폭발적으로 이루어지던 시기였다. 그런 바람을 타고 영화에서도 성 묘사에 혁명적인 변화가 일어나기 시작했고, 그 현장을 내가 목격했던 것이다.

스톡홀름, 에테르보이, 말뫼 등 주요 도시들을 돌아보면서 나는 그 나라의 완벽에 가까운 사회보장 제도와 도시 계획에 경탄하지 않을 수 없었다. 스톡홀름 상업 지구에는 그 당시에 이미 천여 대의 자동차를 세울 수 있는 주차장이 마련되어 있었으며 1912년부터 위성 도시 건설 계획을 세웠다고 하니 그들의 장기적인 안목과 치밀한 계획성이 오늘날의 복지 제도를 탄생시킨 바탕이 된 모양이다.

오늘날 복지 국가로 손꼽히는 북유럽 국가들은 역사적으로 보면 러시아나 영국, 프랑스와 같은 강대국들과 싸워왔으며, 자기들끼리도 지배와 독립을 반복하는 전쟁이 잇따랐다. 게다가 자연 환경도 결코 좋은 편은 아니다. 태양도 보기 힘들어 만물이 얼어붙는 겨울에, 여름이라야 흐린 날씨와 궂은 날씨가 대부분이다. 산과 호수로 이루어진 나라지만 스위스처럼 아름다운 것도 아니고, 전국토의 고작 9퍼센트만이 경작 가능한 땅이라고 한다. 그런 나라가 어떻게 하여 지상 낙원을 이루었을까?

우선 스웨덴 국민들은 총소득의 30퍼센트 이상을 사회 보장을 위해 쓰고 국가 예산의 13퍼센트 이상을 교육 사업에 쓰면서 국민 소득이 점점 늘어가는 기적을 이루어냈다. 이 나라는 단지 부를 이루었을 뿐만 아니라, 그 부가 사회 전체에 고루 분배되어 미국과 같은 빈부 격차와 사회 문제를 낳지 않았다는 점이 특히 돋보인다. 아마도 미국과 달리 유럽의 복지 국가들은 대개 교육과 의료비를 무상으로 하고 있기 때문에 심한 빈부 격차를 막을 수 있지 않나 싶다.

병이 나면 치료받을 수 있고, 배움의 기회가 똑같이 주어진다는 것은 사회 보장의 기본이다. 이 기본이 제대로 되면 능력 있고 건강한 인재들이 나와서 사회의 원동력이 될 터이니 자연히 높은 생산성과 발달된 민주주의, 수준 높은 사회가 이루어지게 된다. 물론 이렇게 되다 보니 모든 소득에는 엄청난 세금이 부과된다. 나는 그곳에서 만난 건축업자에게 물어보았다.

"당신이 힘들여 번 돈을 그렇게 많이 세금으로 바치면 혹시 생산 의욕이 떨어지지는 않는가?"

"내가 바치는 그 돈이 내 가족과 국민을 위해 가장 좋은 일에 쓰이는데 왜 아깝습니까?"

나는 그의 말이 괜한 자랑이라고 생각하지 않는다. 우리나라도 의료비와 자식들 교육이 해결된다면 세금 내는 걸 아깝게 생각하지 않을 사람이 많을 것이다.

그들의 교육 복지는 출산부터 시작된다. 출산한 여성이 충분한 육아 휴직을 받을 수 있는 것은 물론이고 육아를 끝내고 직장에 복귀하는 데 아무런 불이익을 받지도 않는다. 또한 여성이 사회 생활을 계속하기 위해선 아이를 마음놓고 맡길 수 있는 시설이 있어야 한다. 내가 30년 전에 둘러본 그곳의 탁아 시설은 그때 이미 매우 훌륭하여 교육의 질이 높고 영양 급식이 해결되어 있었다. 나는 시설이 너무 좋아 부잣집 아이들이 오는 곳인 줄 알았더니, 아이들은 모든 계층을 망라하여 나오고 똑같은 대우를 받지만 부모가 내는 돈은 소득에 따라 다르다고 했다.

의무 교육과 직업 학교에 이르기까지 무료로 공부할 수 있고, 학교 급식이 모두 이런 식으로 이루어지니 이 나라에는 공산당이 자유롭게 활동하지만 할 말이 없어 선거를 해도 호응을 못 받는다고 한다. 새 시대를 짊어질 학생과 젊은 부부들에게는 교육비와 생활비를 보조해주는 것은 물론이고 장애인, 퇴직자, 노령 인구, 심지어 실업자에 이르기까지 최소한 인간적인 자존심을 지키며 살아갈 수 있는 제도가 있으니 국민들이 얼마나 살 만할까.

워낙 노령 인구가 많아서인지는 모르지만 미혼 여성의 임신과 출산에 대해서도 기혼 여성과 하등 차이가 없다. 모든 어린아이는 미래의 국민이므로 수태하는 순간부터 건강 관리를 받을 수 있다. 오늘날 우리나라의 젊은 여성들이 점차 아이 낳기를 거부하고 있는데, 선진국의 사례를 잘 살펴 미리 제도적인 대비책을 세우지 않으면 미래에 노동력 부족과 함께 큰 문제를 안게 될 것이다. 더구나 우리처럼 공교육이 확립되지 못한 상황에서는 문제가 더욱 심각해질 수도 있다.

나는 스톡홀름에서 스웨덴에서 두번째로 큰 도시인 에테르보이로 갔다. 제일 큰 항만이 있는 에테르보이 항구에는 각국의 선박이 꽉 들어차 있었고, 도시는 깨끗했다.

에테르보이에서 말뫼까지 가는 길에서 본 스웨덴의 농촌 풍경은 매우 인상 깊었다. 깨끗이 정리된 넓은 농장과 무르익은 밀밭의 금빛 파도, 그리고 덴마크처럼 큰 목장이 보였다. 또 네덜란드처럼 풍차도 많았다. 고전적인 풍차와 현대적인 트랙터를 함께 쓰는 광경도 신기하였거니와, 어떤 곳에는 풍차의 날개를 떼어버리고 전기로 현대식 시설을 한 것도 보였다. 이곳에서는 한국 고아를 입양한 스웨덴 부부가 날 안내했는데 그들에게 물어보았다.

"이 풍차를 아직도 사용하는 것은 실용적인 이유에서인가, 그렇지 않으면 관광객들에게 보이기 위한 것인가, 아니면 전통적인 목가적 시정을 살리기 위해서인가요?"

"그 모든 것을 다 포함한 것이 아닐까요?"

고속도로를 타고 가는 동안 눈에 띄는 것은 어디에나 있는 휴가용 오두막이었다. 숲속이나 강가에 서 있는 작은 오두막은 스웨덴 사람들이 주말이나 여름 휴가를 지내기 위해 가족과 함께 지내기 위해 세운 집들이라고 했다. 이런 휴가 주택과 함께 큰 호수에는 작은 배가 매여 있었다. 일할 줄 알고, 놀 줄 알고, 돈을 벌 줄 알고, 제대로 쓸 줄도 아는 이 나라 국민들의 생활이 참으로 부러웠다.

말뫼는 북유럽보다는 프랑스나 스위스 같은 분위기가 나는 아름다운 도시였다. 특히 아름답게 가꾼 화초와 호수의 공원을 보고 무척 놀랐다. 수십 년 혹은 수백 년의 세월 동안 그렇게 꾸며 온 것일 텐데, 이들이 잘살기 이전부터 그런 노력을 기울여왔다는 것을 말해주기 때문이었다.

천국 속의 연옥

또 한 가지 나의 눈길을 끈 것은 그 나라의 텔레비전 방송이었다. 이토록 부유하고 민주적인 나라의 텔레비전이 아직까지 국영뿐이어서 프로그램이 우리나라와는 매우 대조적이었다. 국민을 계몽하고 건전한 여론을 반영하는 노력이 지나치다는 생각이 들 정도였다. 세계에서 가장 건전한 사회 기반을 닦은 나라가 아직도 먼 앞날을 내다보고 이렇게 정신을 바짝 차려 전진하고 있는데, 우리나라처럼 근대화의 길목에서 발버둥치는 나라의 방송이 오로지 저급한 오락과 분에 넘치는 소비를 자극하는 내용으로 가득 찬 것을 떠올리며 나는 쓴웃음을 짓지 않을 수 없었다.

너무 건전한 텔레비전 방송에 비해 제도와 개인의 의식은 무한히 자유롭고 개방적이다. 수도 스톡홀름 대학에 찾아갔을 때 내가 놀란 것은 기숙사를 보고 나서였다. 시설이 매우 훌륭했을 뿐아니라 남녀 기숙사가 함께 있었다. 물론 한방을 쓰는 것은 아니었지만 같은 기숙사에 남녀가 함께 사는 광경은 미국이나 캐나다에서도 보지 못했는데 그곳에서 처음 보았다.

"이렇게 젊은 학생들이 함께 생활해도 문제가 생기지 않습니까?"

대학 당국자에게 물었더니 그는 웃으며 대답했다.

"규칙을 많이 만들어 놓으면 규칙을 범하는 사람도 많이 생기지만, 아예 규칙을 만들지 않거나 규칙을 아주 적게 만들면 규칙을 범하는 사람도 적어집니다."

까다로운 부모 밑에는 불효자밖에 없고 인자한 부모 밑에 효자가 난다고 했던가. 규칙보다는 인간의 자율성을 믿는 이러한 태도가 바로 스웨덴 사람들의 일반적인 생각인 듯했다. 그래서인지 범죄율이 아주 낮아서 형무소 직원이 제일 할 일 없는 사람이라는 말도 있었다.

내가 아는 우리나라 유학생 가운데에는 스웨덴 사람과 결혼하여 사는 사람들도 여럿 있었는데, 그들 말에 의하면 국제 결혼임에도 남의 사생활에 거의 무관심한 사회 분위기 덕택에 정신적인 구속감이나 압박감을 거의 못 느낀다고 했다. 국왕조차도 경호원 없이 다닐 수 있는 나라라고 하니까 타인에 대한 '쓸데없는' 관심이 거의 없는 모양이었다.

그 나라의 자유와 타인에 대한 무관심은 우리의 사고 방식에서 보자면 거의 방종이나 지나친 개인주의처럼 보인다. 그러나 좀 더 자세히 뜯어보면 질서와 정의를 확실히 세운 기반 위에 이루어진 자유임을 알 수 있다. 각 개인이 차별받지 않고 걱정 없이 교육받고 직업을 가질 수 있으며, 남녀 불문하고 사회 활동을 제약 없이 할 수 있는 육아 제도가 있고, 넉넉한 휴가가 보장되고, 실업자가 되거나 늙어도 사는 데는 지장이 없으니 타인에 대한 불만이나 불평, 부정적인 관심은 그만큼 적어지고 스스로 즐기며 사는 데 열중하는 것 같다.

그러나 한편 공원마다 교회마다 노인들로 넘쳐나는 것을 볼 때면 낙원 속의 그림자를 보는 것 같은 느낌이 드는 것은 어쩔 수 없었다. 현대적인 건물로 단장한 교회에 들어가 보면 참석한 사람의 90퍼센트 이상이 예순이 지난 노인들, 특히 할머니들이었다. 목사의 설교는 10분인데, 광고는 15분이었으며, 그 내용은 대부분 장례식 광고였다.

일흔이 넘은 노인이 권태로움을 이유로 이혼을 하거나 자살을 하는 현상도 있었다. 또 이미 낙태가 법적으로 인정되고 사생아라는 말은 법률 용어에서 일찍이 사라진 나라답게 청소년들이 개방적인 성생활을 누리는 것이나, 충실한 학교 제도에도 불구하고 청소년들이 방황하는 듯이 보이는 것도 그 나라가 안고 있는 새로운 문제라고 생각했다. 그러나 이것도 30여 년 전의 이야기이고, 지금 우리나라가 당면한 청소년 문제, 사회 문제는 그 당시의 스웨덴보다 더 심각하지 않나 싶다.

우리는 이제 사회 보장 제도를 하나둘 도입하며 복지 국가의 기틀을 세워나가는 시점에 와 있다. 아직 복지 제도도 제대로 갖추지 못했는데 급속한 산업화에 따른 청소년 문제, 노인 문제는 이미 안고 있다. 스웨덴이 앞서서 겪은 문제와 해결법을 우리도 한 번쯤 고려해보는 것이 도움이 되리라고 생각한다. 특히 우리나라의 복지 제도를 세워나가는 데, 이미 문제가 많은 것으로 판명된 미국이나 일본의 제도에만 준거를 두지 말고 북유럽의 제도까지 두루 살펴보는 것이 국민들의 앞날과 나라의 장래를 위해 꼭 필요하다고 본다.

내 눈에 비친 스웨덴은 복지 국가 특유의 부작용도 있었지만, 한마디로 자유와 평등, 정의와 질서가 모두 보장된 풍요로운 지상 낙원이었다. 소련 붕괴 이후 현실 사회주의가 실패로 돌아가자 자본주의도 공산주의도 아닌, 양측의 단점을 지양한 제3의 체제로서 스웨덴 모델이 새삼스레 주목을 받았던 것도 다 그같은 이유 때문이다.

나는 스웨덴을 보면서 이상적인 사회가 꿈이나 책 속에서만 가능한 것이 아니라 현실 속에서도 얼마든지 이루어질 수 있다는 사실을 놀라움과 희망 속에서 거듭 확인하며 그들의 역사를 우리나라에도 실현시킬 수 없을까 하는 생각에 가슴이 뛰곤 했다. 물론 그 나라와 우리나라는 역사와 전통, 문화와 자연 등에서 상이한 점이 너무 많아 그 모델을 그대로 따라갈 수는 없겠지만 우리도 노력만 하면 얼마든지 스웨덴의 경우를 창조적으로 적용하여 모든 사람들이 인간답게 살아갈 수 있는 이상적인 나라를 건설할수 있다는 것이 지금도 변함없는 내 생각이다.

삼선개헌과 혼미한 정국

"우리가 당에서 쫓겨난 건 아카데미 때문"

1967년 국회의원 선거에서 공화당이 온갖 부정·불법을 저지른 이유가 개헌 안정선을 확보하기 위한 것이었다는 얘기는 시간이 지날수록 점점 설득력을 얻어가고 있었다. 1968년의 정국은 박정희의 재집권을 위한 삼선 개헌 공작의 뜸들이기 과정이라고 할 수 있다. 정국의 흐름을 예리하게 읽어낼 줄 아는 사람들 사이에서는 개헌에 대한 예측이 심심찮게 오갔다.

우리 아카데미가 1968년 4월 '국회와 국민'이라는 주제 아래 여야 의원들을 초청한 대화 모임에서도 개헌 문제는 민감한 관심사로 대두되었다. '여야간 진지한 대화의 첫 장을 장식한 모임'으로 평가된 이 2박 3일 모임에는 박종태, 민병권, 예춘호, 양순직, 송원영, 정일형, 박한상 등 여야 중진 의원들과 학계 인사들이 참가해 비공개로 대화를 나눴다. 사회는 오병헌 교수가 맡아 토론을 진행했다. 여야간 대립이 심각한 때였던 만큼 격론 끝에 몸싸움이 벌어지기도 했으나 대화 내용은 상당히 솔직하고 허심탄회했다.

"현행 헌법으로는 박대통령이 이번 임기를 끝으로 자리에서 물러나야 한다. 그런데 그가 목숨을 걸고 차지한 정권을 그렇게 순순히 내놓겠는가."

야당 의원들은 강한 의구심을 갖고 이렇게 말했는데, 나 역시 같은 생각이었다.

만약에 권력을 내놓지 않을 생각이라면 그가 취할 행동은 개헌뿐이라는 건 명약관화했고 이미 여기저기서 그런 징후가 나타나고 있었다. 모임에 참가한 여당 의원들은 그러나 이같은 우려 섞인 예측에 대해 강하게 부정하는 태도를 보였다. 절대로 그런 일은 없을 것이라는 게 그들의 한결같은 장담이었다.

내 생각에 그들이 일부러 거짓말을 한 것 같지는 않고 아마 그때까지는 여당 의원들 사이에서도 박대통령이 그만 물러나고 내부 후계자가 권력을 계승하는 것이 대세라는 생각을 하고 있었던 것 같다. 그런데 이같은 대세가 바뀌어 개헌으로 선회하게 된 데는 하비브가 말한 대로 자국의 이익을 앞세운 미국의 입김이 상당히 작용했으리라는 것이 내 생각이다.

여야 의원들의 대화 모임에서 여당 의원들이 "절대로 개헌은 없을 것"이라고 계속 장담을 하자 야당 의원들이 여당 의원들에게 물었다.

"만약 개헌이 시도된다면 당신들은 어떤 태도를 취할 예정이오?"

이 질문에 참석한 공화당 의원들은 각자 자기 생각을 말하게 되었는데, "개인적으로는 반대지만 당명이라면 따르겠다"는 사람도 더러 있었지만 대체적으로는 "반대하겠다"는 입장을 분명히 밝혔다.

"내가 삼선 개헌에 찬성을 한다면 자식들에게 부끄러워 어떻게 하겠느냐, 그런 수치스런 역사를 만드는 일엔 절대 찬성하지 않겠다!"

민병권 의원 같은 이는 이런 말까지 하며 확약을 했다.

그러나 후일 개헌안이 국회에서 날치기 통과될 때, 모임에 참석했던 사람들 중 자신이 말한 대로 끝까지 반대했던 공화당 의원은 예춘호와 양순직뿐이었다. 그들은 공화당에서 제명되는 것을 무릅쓰면서도 삼선 개헌을 반대하는 의지를 굽히지 않았다.

예춘호 의원이 당에서 제명된 후 어느 결혼식장에서 만나게 되었는데, 그는 나를 보고 웃으며 말했다.

"아카데미 덕분에 우리가 쫓겨났습니다."

그러나 자식들 보기 부끄러워 어떻게 개헌에 찬성하겠느냐고 큰소리친 모의원은 그런 얘기를 언제 했느냐는 듯 안면을 바꿔 개헌을 지지하고 나서면서도 한마디 설명이 없었다.

물밑에서 예측과 소문으로만 떠돌던 개헌 얘기가 드디어 수면 밖으로 떠올라 온 국민들의 관심을 집중시킨 것은 1969년 들어서였다. 그해 1월 초 길재호 사무총장 등 공화당의 주요 인사들은 공식적으로 잇따라 개헌 논의를 제기하며 나섰고, 그에 따라 나라 안은 찬반양론으로 시끄러웠다.

공화당이 들고 나온 개헌론은 공화당 자체 내에서도 반발을 불러일으켰을 만큼 무리한 것이었다. 따라서 개헌 논의가 본격화되자 학생들의 반대 데모가 시작되고 삼선 개헌 반대 범국민 투쟁위원회가 결성되는 등 반대 운동이 거세게 일어났다. 이철승 등이 참가한 삼선개헌 반대투위의 위원장은 김재준 목사가 맡게 되었다. 정치적인 활동을 별로 해오지 않았던 김목사는 예순이 되어 교수직에서 물러나는 그해, 이 운동을 계기로 민주화 운동의 지도자로 나서게 되었다.

나는 개헌 반대 입장에 서 있었지만 특정 조직이나 정치 단체와는 거리를 두고 대한다는 원칙에 따라 어떤 집단에도 가담하지 않고 내 나름대로 반대 활동을 벌였다. 다른 사람도 아닌 은사인 김재준 목사가 이끄는 삼선개헌 반대투위 같은 조직에 내가 가담하지 않는 것을 이상하게 보는 사람들도 있었지만, 반대를 하더라도 특정 단체에 가담하지 않겠다는 것이 내 기본 원칙이었다. 기독교인으로서 나는 어느 특정 세력을 기독교라는 이름으로 갈음해버리거나 정치 세력화해서는 안 된다고 생각하고 있었으며 기독교가 나서야 한다면 독자적으로 발언해야 한다는 입장이었다.

또 개인적으로도 나는 조직이나 그 조직의 도그마에 얽매임이 없이 자유로운 입장에 서서 상황 변화에 따라 유연하게 내 의사를 밝히고 싶었다. 개인적 활동이 가지는 한계가 있기는 해도 단체의 일원이 됨으로써 조직의 논리에 밀려 개인적 탄력성을 상실하고 싶지는 않았기 때문이었다. 그같은 이유로 삼선개헌이 추진되는 과정에서 설교나 강연, 언론 매체 등을 통해 개헌에 반대하는 내 입장을 분명히 밝히며 독자적으로 반대 활동을 벌였다.

그 중의 하나가 당시 공화당 대변인이던 김재순 의원을 상대로 개헌 문제를 놓고 신문지상에서 벌였던 공방이다. 그때는 이미 박대통령의 삼선을 가능케 하는 개헌안이 모습을 드러낸 후였다. 『동아일보』에 '삼선개헌의 허와 실'(1962년 9월 2일자)이라는 제목으로 나간 대담 내용을 요약하면 다음과 같다.

김재순 헌법은 국가의 지상 목표를 달성하기 위해 고칠 수 있다. 왜 이번 개헌이 국가의 지상 목표 달성에 유익한가. 우선 박태통령이 지난번 전당대회 때 말한 대로 현행 헌법은 1차에 한해 중임할 수 있는데, 첫번째 임기는 계획 수립에 대부분을 보내고 두번째 임기는 일하다 말고 넘겨주어야 하므로 일을 소신껏 하기엔 너무 짧다. 우리에겐 경제 개발과 근대화가 국가의 지상 목표인데 이를 달성하려면 헌정 질서를 문란하게 하지 않는 범위 내에서 개헌이 필요하다. 지금까지 박대통령이 이룩한 경제 발전과 완벽한 국방 태세 등 그의 치적은 아무도 부인할 수 없다. 그 이상이라면 장기 집권으로 인한 부작용이 크겠지만 단 한 번 임기를 더할 수 있게 길을 터주는 것은 국가적으로 이익이 더 클 것이라고 생각한다.

강원용 국가 지상 목표를 위해 개헌을 한다고 하는데, 과연 국가 지상 목표가 경제 발전이나 국방 강화인가? 또 그 일이 꼭 박대통령이 아니면 안 되는 일인가? 우리의 국가 지상목표는 민주주의를 토대로 한 남북 통일이고 민주 발전이다. 이를 위한 개헌이라면 찬성이지만 이번 개헌은 그렇지 않은 것 같다. 왜 개헌을 해야 하는가 하는 물음에 대한 대답으로 박대통령이 계속 집권해야 더 잘살 수 있다고 하는 것은 정권 연장욕을 드러낼 뿐 설득력이 부족하다.

또 지금까지 경제가 발전했다면 그것은 20년 민주주의 경력을 가진 우리 국민의 자각과 노력, 그리고 국제 여건 등을 적당히 모빌라이즈(동원)해 온 결과다. 경제 발전은 공업화와 기술 혁명을 요체로 하는데, 이는 사회 각계 각층에 의해 이루어지는 것이지 한 개인의 역량으로 이루어지는 것은 아니다. 국가 경영을 지속할 필요가 있다면 공화당 안에서 다른 사람이 나서서 계승하면 된다. 만일 그만한 후계자가 없다면 공화당은 정당 자격이 없다. 헌법을 이대로 두고도 경제 성장을 계속해 나갈 수 있다.

김재순 20세기 후반기의 민주주의는 영웅적 지도자의 역할이 중요하다. 아데나워나 요시다는 패전국인 독일과 일본을 부흥시키는 데 큰 역할을 했다. 박대통령을 카리스마적 지도자라고 생각할 사람은 없다. 그는 가난한 농민의 아들로 국민과 호흡을 같이할 수 있는 지도자다. 공화당에서 다른 사람을 내세울 수 없느냐는 애기도 있으나 한 지도자의 리더십을 구축하는 일은 대단히 어려운 일로서 공백이 뒤따르게 된다.

강원용 지도자의 리더십을 과소 평가하는 것은 아니나, 리더십은 개인의 역량보다는 국가 여건과 정당의 바탕 위에서 이룩되는 것이다. 독일의 부흥은 아데나워 개인보다는 기민당의 정책 때문이었고, 일본의 자민당 정책은 요시다 이후에도 계속되었다. 현재까지 정부가 들여온 몇십억 달러의 차관은 박대통령 개인을 보고 준 것이 아니라 우리나라의 여건을 보고 준 것이다. 국방 문제에서도 우리 국군이 민족을 위해 국가를 지키는 것이지 박대통령 때문에 국가를 방위하는 것은 아니다.

참으로 탁월한 지도자는 자기가 모든 것을 다하는 사람이 아니라 물러날 때 마무리를 훌륭하게 잘 하는 사람이다. 5·16 이후 10년에 후계자가 없다고 한다면 14년 한다고 해서 후계자가 생긴다고 어떻게 장담할 수 있는가?

리더십의 차이는 국가 지상 목표 달성에 큰 영향을 주지 않으며 국민의 잠재 능력을 존중해야 한다.

김재순 지도자의 역할을 과대 평가해도 안 되지만 과소 평가해도 안 된다. 아데나워나 요시다의 지도력과 주요한 계기마다 발휘한 판단력이 독일과 일본에 끼친 영향력을 무시할 수는 없지 않은가? 박대통령 한 사람을 믿고 외국이 차관을 주었느냐고 말하는데, 박대통령에 의해 이룩된 정치와 안전한 국방을 보고 외국이 차관을 준 것이라고 본다. 공업화는 여러 가지 여건이 활성화되고 동원되어서 이룩되는 것이지만, 그 모빌라이즈를 가능케 하는 것은 지도자의 영도력이다. 지금까지 박대통령은 후진성과 빈곤, 공산도당과 싸워오느라 후계자를 양성할 여유가 없었다. 우리는 차라리 이를 동정해야 한다.

강원용 김대변인의 얘기가 잘 납득이 안 간다. 마치 과거 자유당 말기 이박사가 아니면 나라가 공산화되고 망해버릴 것이라고 강변하던 것과 흡사하게 들린다. 나는 박대통령이 개헌을 하기보다 "내가 만들어놓은 헌법이니 내가 지키겠다"고할 때, 오히려 국가의 민주 성장에 더 큰 기여를 할 수 있다고 본다.

지금까지 공화당이 취해온 자세에도 문제가 있다. 공화당이 야당 육성을 안한 것은 차치하고 자체 내에서 후계 체제마저 갖추지 못했다면 한심스러워서도 정국을 맡길 수가 없다.

그리고 개헌이 국제 관계에 미칠 영향도 고려해야 한다. 이번 개헌은 정치 안정과 민족 단결에 손상을 줘 우리의 대외 신뢰도를 떨어뜨릴 것이다.

다음으로 개헌을 왜 하느냐 못지않게 중요한 것은 어떻게 하느냐 하는 문제다. 과연 공정하게 심판을 받을 태세가 되어 있는가?

김재순 박대통령은 책임 있는 지도자로서 모든 악평과 혹평을 각오하고 자신을 희생한 것이다. 박대통령이 전당대회에서 부정한 방법으로 하면 나라가 망한다고 밝혔듯이 부정 선거에 참여할 공화당원은 한 명도 없을 것이다.

강원용 부정 투표를 하면 그 혼란은 수습할 길이 없어진다. 그러나 현재 징조로 봐서는 많은 사람들이 우려를 하고 있다. 공화당 의원이 아무 불만 없이 의사 표시를 하며 누구든 의사 표시를 자유롭게 할 수 있는 분위기가 보장되어 있다고 말할 수 있는가?

김재순 야당의 생리는 당내 개헌 찬성자를 극한으로 몰아치는 것이다. 공화당은 내부에서 의견 차이가 있어도 밖으로는 통일되는데 야당이 그렇지 않은 것은 동맥 경화증이 아닌가.

강원용: 야당 얘기를 하는 것이 아니다. 개헌 찬성 성명에 이름이 난 사람을 보고 내가 어떻게 된 거냐고 물으면 "그럼 어떻게 합니까?" 하고 대답한다. (중략) 공화당이 제안한 국민투표 법안은 국민의 의사 표시를 제한하는 데 주안을 두고 있는 것이어서 놀랐다. 중앙선거관리위원회에 등록된 단체에 한해 찬반 운동을 하게 한 조항이나 토론 규제 조항들은 민주 국가의 언론, 집회, 결사 등의 기본권을 제한하는 것이다.

김재순 국민투표 과정에서 운동이 가열되어 정국이 혼란해지고 (선동) 정치인이 편승할 기회를 주어서는 안 된다. 국민투표 법안 심의 과정에서 야당과 합의된 사항은 그대로 수정되었다. 부정 선거 문제로 말하자면 정도의 차는 있어도 선진국에도 없지 않다. 다만 투·개표 과정에서 부정이 없으면 합격인 것이다.

강원용 우리 국민들이 양식이 있다고 믿는다면, 공화당의 6·8선거는 부정이었으나 이번엔 공정히 하겠다고 솔직히 말하는 게 오히려 설득력이 있지 않겠는가. 농촌이나 대학, 교회, 다방, 길 등 어디서나 개헌안에 대해 자유롭게 토론할 수 있는 분위기가 되어야 공정한 투표의 소지가 마련될 것이라 보는데……

김재순 강박사의 말을 천근의 무게로 삼아 나 자신 반성하고 당에도 반영시키겠다. 끝으로 지금 농민 등 대다수는 어떻게 하면 잘살 수 있느냐에 관심을 갖고 있지 개헌에 대해 그렇게 심각하게 생각하지 않고 있는 것이 현실이다.

강원용 동감이다. 헌법 개정이 국민이 잘살고 못사는 데 관계가 없다면 공화당은 왜 그렇게 야단법석을 떨면서 개정하려 드는가.

이상 대담에서도 알 수 있듯이 공화당의 개헌 불가피론은 어디까지나 박정희의 집권 연장을 목표로 한, 설득력이 부족한 억지 논리에 불과했다. 그러나 공화당은 야당과 민주 세력의 거센 저항과 반대 여론에도 아랑곳없이 9월 14일 새벽, 개헌에 결사 반대하는 야당 의원들을 비롯한 49명의 의원들을 따돌린 채 국회 제3별관에서 불과 6분 만에 삼선개헌안을 변칙적으로 통과시켜 버렸다.

한 나라의 헌법을 개정하는 일이 불법적인 날치기로 결정되었다는 소식에 나는 실망스럽다 못해 이 나라 민주주의는 어디로 가버렸는지 참담한 심정이 되었다. 충분한 토론과 정당한 표결이라는 말은 아직 우리나라 국회와는 상관없는 말인 듯싶었다. 이렇게 시작된 박정권이 펼쳐갈 앞날에 대해서도 불안과 우려를 가지지 않을 수 없었다.

혁명기념일의 혁명재판

삼선개헌을 앞두고 국내 정세에 심상치 않은 기류가 떠돌던 1968년 늦여름 중앙정보부는 이른바 '통일혁명당 지하 간첩단 사건'이라는 것을 발표했다. 무려 50명의 구속자를 냄으로써 1960년대 최대 공안 사건이 된 여기에 우리 경동교회에 다니던 박성준이라는 서울대 경제학과 학생이 구속됨으로써 나 또한 그 사건에 간접적으로나마 관련을 맺게 되었다.

내가 웁살라 총회 참석차 해외에 나가 있던 8월 24일 중앙정보부가 발표한 바에 따르면, 통일혁명당은 마르크스-레닌주의로 무장하고 중앙당의 지도 아래 혁명을 수행하기 위해 조직된 지하 당으로서 북한 대남 전략의 일환이라는 것이었다. 박성준은 이 통혁당 하부 조직에 포섭되어 서클을 중심으로 대중 활동을 벌인 혐의로 구속되었다.

박성준이 나와 인연을 맺게 된 것은 1960년대 중반이었다. 당시 나는 김준곤 목사가 지도하는 CCC(기독학생선교회)의 요청으로 그들에게 강의를 한 적이 있었다. 기독학생선교회는 굉장히 보수적인 신앙을 가진 학생들이 모이는 단체였으나 내 강의에 대한 학생들의 반응은 매우 열렬했다. 그 중 몇몇 학생은 내 강의에 감동을 받았다면서 우리 교회로 옮겨오는 일까지 있었는데, 그 학생들이 주로 경제학과 학생들이었고 그 중 하나가 박성준이었다.

박성준은 경제학과 학생들을 중심으로 경제복지회라는 모임을 만들어 경제 문제를 다루는 데 앞장선 인물이었다. 이 학생들은 나를 보고 우리 교회로 옮겨온 사람들이므로 나하고는 가까웠지만 사고가 좀 보수적이어서 그랬는지 교회 청년들하고는 잘 어울리지 못하는 것 같았다. 그래도 박성준은 청년 모임 같은 데 꽤 열심히 다니는 눈치였는데, 그러던 어느 날 느닷없이 통혁당 사건 관련자로 발표가 난 것이었다.

그때 그는 역시 우리 교회 교인이던 한명숙과 결혼한 지 얼마 되지 않았을 때였다. 그런데 한명숙도 통혁당 사건에 연루되어 같이 구속되고 말았으니, 정말 난감하지 않을 수 없었다. 박성준은 결혼 직후인가 먹고 살 일이 마땅치 않다면서 나에게 아카데미에서 일할 수 없느냐고 부탁을 해온 일이 있었다. 마땅한 자리가 없어 그의 부탁을 들어주지 못했는데, 그 얼마 후인가 그는 내게 다른 사람 하나를 소개했다. 굉장히 머리가 좋고 유능한 사람이니 아카데미에서 한 번 써보라며 그가 소개한 사람은 신영복이었다.

지금 성공회대학 교수인 신영복은 통혁당 사건으로 20년 동안 수감 생활을 하고 지난 1988년 출감한 후 『감옥으로부터의 사색』이라는 책을 내 화제를 모으기도 했는데 당시 우리는 그를 아카데미 직원으로 고용하는 문제를 놓고 의논하다가 결국 쓰지 않기로 결정을 내렸다. 육사 교관을 지내고 권력 기관에서도 일했다는 전력이 그를 친정부 인사로 보이게 해 아카데미와는 맞지 않은 인물이 아니냐는 의견이 지배적이었기 때문이었다. 그런데 나중에 통혁당 사건이 일어난 후에 보니 신영복은 육군 중위로서 핵심 인물의 하나로 발표되어 있었다.

우리 교회 교인인 박성준과 한명숙이 통혁당 사건으로 잡혀 들어가자 담임 목사로서 그들을 도울 수 있는 길을 백방으로 찾아봤지만 워낙 큰 공안 사건이라 손을 쓸 수 있는 방도가 없었다. 혐의 사실이 경미했던 한명숙은 우리 교회 교인들이 전부 나서서 탄원서를 제출하는 등 노력을 한 끝에 겨우 풀려나올 수 있었으나, 박성준에게는 1심에서 15년이 선고되고 말았다.

나는 1969년 5월 16일에 있었던 통혁당 사건 관련자 공판에 박성준의 증인으로 나서기도 했다. 다른 증인들은 모두 법원 입구에서 제지를 받아 증인으로 나설 수가 없었으나 유독 나만은 그들도 막무가내로 막지 못하겠는지 재판정에 나가 증언을 할 수 있도록 했다.

나는 검사와 격렬한 논쟁을 주고받았는데, 그 중에서도 특히 혁명이라는 말을 놓고 설전을 벌인 일이 기억에 남아 있다. 그때 검사는 내게 "박성준이 혁명하는 사람이라는 사실을 알고 있었느냐?"고 물었고 그에 대해 나는 대충 다음과 같은 요지의 대답을 했다.

박성준이 혁명을 얘기했다면 그것은 나에게 배운 것이다. 1966년에 열린 WCC '교회와 사회위원회' 세계 대회에서는 오늘날 세계를 과학기술 혁명, 사회 혁명, 신학 혁명 등의 혁명적 사태에 있다고 규정하고 이에 대해 우리가 어떻게 현명하게 대처할 것이냐 하는 문제를 다룬 일이 있다. 우리는 혁명이라는 말을 긍정적으로 받아들여야 하고 세계적으로 일어나고 있는 혁명의 조류에 참가해야 한다. 나는 지금까지 교인들에게 이런 얘기를 계속해 왔기 때문에 박성준이 혁명을 얘기했다면 그것 역시 같은 내용일 것이라고 생각한다. 그리고 오늘이 무슨 날인가? 바로 5·16혁명이 일어난 날 아닌가? 혁명의 내용이 문제지 혁명 자체야 무슨 문제가 되겠는가?

그날 공판에서 변호사가 박성준에게 "당신이 말한 혁명이 무슨 혁명이냐?"고 물었을 때 그는 "사랑의 혁명"이라는 대답을 했던 것으로 기억한다.

나는 통혁당 사건의 진상에 대해서는 아직도 정확한 판단을 내리지 못하고 있지만 박성준에 관해서는 그를 보수적인 젊은이로 봤기 때문에 공산주의자는 아니라는 생각을 갖고 있었다. 하지만 박성준은 서슬 퍼런 군사 정권의 재판정에서 15년 확정 판결을 받고야 말았다.

박성준이 영어의 몸이 된 후 나는 한명숙을 아카데미에서 일하게 하는 한편 박성준을 면회하기 위해 광주, 대전 등지의 교도소를 몇 번 찾아갔는데, 그는 감옥 안에서 신학 공부를 매우 열심히 하고 있었다. 우리는 큰 절기 때마다 석방 운동을 벌였지만 그는 만기를 1년 앞둔 1982년에야 비로소 출옥할 수 있었다.

세상을 위한 교회와 평신도운동

1969년 4월 나는 WCC와 EACC가 공동으로 오스트레일리아

퍼스(Perth)에서 개최한 아시아 지역 평신도 지도자 회의에 참석하게 되었다. 나는 주제 강사로 초청되어 '평신도 훈련에 관한 비판적 고찰'이라는 강연을 하면서 평신도 교육과 훈련을 위한 아주 구체적인 계획을 밝혔다.

1960년대는 세계 도처에서 평신도 운동이 활발하게 전개된 시기였고 WCC가 사회 운동에 강한 관심을 드러내기 시작한 때이기도 했다. 퍼스 회의에 참석한 사람들은 주로 기독교 사회운동 기관의 책임자들이었고 그런 만큼 사회 참여에 대한 관심이 높았다.

당시는 평신도 교육이나 훈련이 유럽 중심의 프로그램으로 되어 있었는데 나는 아시아를 비롯한 다른 지역에서는 그 지역의 특성에 맞는 평신도 훈련을 해야 한다는 생각에 다음과 같은 내용으로 강연을 했다.

지난 25년 동안 아시아 전역에 걸쳐 혁명적인 변화가 일어났는데, 이같은 분위기는 몇몇 기독교계 집단에 개혁의 불을 붙여놓았다. 그 개혁의 구체적인 예가 바로 평신도 운동과 평신도 훈련이다. 1964년 제2차 EACC 총회에서는 평신도 훈련을 향후 몇 년 동안의 중점 목표로 채택한 바 있다.

크리스찬 아카데미 운동 역시 한국, 일본, 대만을 필두로 아시아 지역에서 평신도 훈련을 해오고 있다. 그리고 '세계 속의 교회, 세계를 위한 교회'라는 캐치프레이즈는 기독교계에 여러 가지 방법으로 퍼져나가고 있다. '세계를 위한 교회'라는 말이 뜻하는 평신도 훈련은 교회 중심적이 아니라 사회 지향적이어야 한다는 주장도 있다.

우리가 평신도라고 말할 때 평신도란 누구인가? 근래에는 이 말을 많은 사람들이 라오스(Laos, 하나님의 백성)라는 뜻으로 쓰고 있다. 그런데 하나님의 백성이란 과연 누구인가? 만약 우리 기도교도들만이 하나님의 백성이라고 말한다면 그것은 유대인의 편협한 종교적 태도와 다를 게 없다. 그리스도 안에서 이 세계에 화해의 복음을 증거하는 기독교인으로서 우리는 이 문제를 다시 한 번 생각해 보아야 할 것이다.

아시아의 많은 교회는 사회의 발전적인 구조와 비교해 상당히 뒤떨어져 있다. 급격히 발전하고 있는 사회를 교회가 이해하기 어려워하고 있을 뿐 아니라 오히려 사회 참여를 위험시하는 목사들 중심으로 되어 있다. 그러므로 시급한 것은 평신도 훈련의 새로운 방법이 아니라 교회 그 자체가 개혁되고 혁신되어야 한다.

또 다른 문제는 기독교의 서구적 영향에서 벗어나는 일이다. 우리가 쓰고 있는 어휘나 의식, 생활 양식이 거의 서구에서 도입하는 형태를 벗어나지 못하는 한 민중과의 대화가 잘 안 될 뿐 아니라 평신도 훈련도 교회 중심으로 이루어져 비효과적으로 전개될 것이다.

평신도 운동을 하려고 하는 우리들이 모색해야 할 새로운 방향을 얘기해 보자. 아마도 현대 교회에서 가장 흔히 쓰는 단어가 '참여'일 것이다. 우리는 사회에 참여해야 한다. 그러나 그것은 단순한 '구호품 전달자'를 뜻하는 것이 아니며, 우리 사회에서 소외되고 잊혀진 다수의 사람들과 만나 하나가 되는 것이어야 한다. 참여는 지금까지 우리의 특권적인 자세를 집어던지고 이들 가난하고 발언권 없는 대중과 함께 하여 그들의 정치적 사회적 상황을 개선하는 것이다.

교회 갱신이 평신도 훈련이다. 다른 사람들을 위해 정치·사회적 행동에 개입하는 것이 평신도 훈련이다. 이 일을 위해 평신도들에게 더 많은 정보와 지시를 줄 필요가 없다. 사회를 위해 행동하는 교회는 세상에 발을 딛고 있는 자연스러운 질서에 의해서 세상을 만드시고 구원하시는 그리스도를 따라 살 것이기 때문이다.

이 회의에서는 아시아 평신도 교육과 훈련이 교회 지향적인 것과 사회 지향적인 것으로 양분되어 있다는 점이 지적되었다. 나는 이 두 가지 흐름이 혼재해 있는 상태는 바람직하지 않다고 보고 그 둘을 나눌 것을 제안했다. 그리고 이같은 내 제안이 받아들여져 사회 지향적인 성격의 기독교 운동 단체들이 따로 모여 연합체를 결성하기로 합의했다.

이 합의를 바탕으로 다음해인 1970년 일본 오이소 아카데미하우스에서는 아시아 기독교 사회운동기관 협의회(ACISCA)가 설립되었으며 내가 의장으로 선출되었다. 이 단체의 이름인 'Christian Institute for Social Concern of Asia'는 우리가 맨 처음 크리스찬 아카데미에 붙였던 이름에서 딴 것이었다.

ACISCA는 사회 문제에 관심을 둔 아시아 기독교 단체 프로그램을 맡고 있는 사람들을 함께 연결하는 것을 목적으로 하고 사회 참여에 중점을 둔 회합·연구·훈련 등의 사업을 펼쳐 나가기로 했으며, 아시아 인류 공동체 속에 들어가 그 속에서 생기는 사회 문제를 건전하게 해결하기 위해 행동할 것을 과제로 삼고 있었다.

이렇게 생겨난 ACISCA는 창립 직후 일본에서 열린 EACC 중앙위원회 회의에서 공인 단체로 인정을 받았으며 이후 1972년 다른 지역의 비슷한 협의체들과도 관계를 맺기 위해 그리스 크레타에서 세계협의회를 개최하는 등 활발한 활동을 벌인다.

처음으로 마련한 주택

내가 태어난 후 처음으로 내 집을 가지게 된 것은 1969년 12월 18일이었다. 우리 가족은 아카데미 하우스가 세워진 후 경동교회 사택에서 아카데미 하우스 원장 사택으로 옮겨 와 살게 되었는데, 그게 가족들에게는 쉬운 일이 아니었다. 나야 차가 있으니까 별 문제 없었지만 가족들은 무엇보다도 불편한 교통 때문에 고생이 이만저만이 아니었다. 특히 학교에 다니는 아이들이 큰 고생이었다.

또 전기 요금, 난방비, 전화 요금 등이 다 아카데미 경비와 함께 계산되므로 공과 사를 구분하기가 어려워 마음도 편치 않았고, 출퇴근 없이 그곳에 사는 셈이니 24시간이 근무 시간이어서 개인적인 시간을 갖기도 어려웠다.

이런저런 문제로 우리 가족은 다시 경동교회 사택으로 들어가기로 결정을 내렸다. 그런데 우리가 없는 동안 비워둔 사택을 수리를 하려고 손을 대니까 집이 그만 와르르 무너지고 말았다. 만약 우리가 수리를 안하고 그냥 들어갔더라면 아마 무너지는 집에다 깔려 죽었을지도 모를 일이었다.

사택이 그렇게 되니 교회에서는 세운상가에 있는 아파트를 하나 얻어주었다. 7층에 있는 방 두 개짜리 작은 아파트였는데 우리 가족이 쓰기에는 너무 비좁았다. 큰딸은 시집을 갔고 둘째딸은 미국에 가 있어 가족이라야 나와 아내, 그리고 아들 하나였으나 방 하나는 우리 내외가 쓰고 나머지 작은 방은 집에서 심부름하는 여자아이가 쓰니까 아들이 쓸 방이 없었다. 그 여자아이를 내보내면 되겠지만 아내도 교회 일이다, 여성단체 활동이다 해서 늘 바쁜데다 갑자기 나가라고 할 수도 없는 노릇이어서 아들 대인이는 집에서 잠을 자지 못하고 친구 집에서 신세를 지거나 아카데미 하우스에서 잠을 자거나 하며 동가숙 서가식의 나날을 보내야 했다.

그러던 1968년 어느 날이었다. 아카데미에서 모임을 마치고 귀가하는 길이었는데, 차에서 뉴스를 들으니 세운상가에 화재가 발생해 헬리콥터가 뜨고 소방차가 몰려와 진화 작업을 벌이고 있다는 보도가 들리는 것이었다. 깜짝 놀란 나는 한걸음에 정신없이 집으로 달려갔다. 가보니 다행히 불길이 잡히고 있는 중이어서 나는 아파트 안으로 들어갈 수 있었다.

불길이 우리집까지 미치기 전에 잡혀 화마로 인한 손실은 없었으나 소방 호스로 마구 뿌려댄 물로 좁은 아파트는 마치 홍수가 지나간 자리처럼 온통 물바다였다. 물벼락을 맞아 아수라장이 된 집안 풍경과 함께 내 눈에 들어온 것은 그 가운데 실성한 사람처럼 앉아 있는 아내였다. 아내는 나를 보더니 온몸에서 힘이 다 빠져나간 듯한 목소리로 말했다.

"차라리 불에 타 죽어버렸다면 좋았을걸, 이렇게 살아서 뭐 하겠어요?"

나는 그런 아내 앞에서 정말 뭐라고 할 말이 없었다. '수신 제가 치국 평천하'라는 말도 있지만 바깥일 한답시고 가장으로서의 책임은 뒷전으로만 돌려온 그간의 내 태도가 그런 아내 앞에서 무거운 가책으로만 다가왔다. 나는 그저 무거운 침묵으로 집안을 훑어보며 어째서 내가 사는 집이 두 번이나 화재를 만나야 하는지 자문할 수밖에 없었다.

화재 소식을 듣고 경동교회 교인들이 우리 아파트로 달려온 것은 내가 도착하고 얼마 지나서였다. 그들은 집안 꼴을 보고 나 못지않게 심란한 표정이었는데, 한 집사는 기도를 하면서 큰 소리로 울기까지 했다.

이 일이 있고 나서 교인들 사이에서 "우리가 목사님 가족을 더 이상 그런 곳에 살게 할 수는 없다"는 얘기가 나오기 시작했다. 그 결과 경동교회 제직회에서는 1970년이 교회 창립 25주년이 되는 해이니 그 기념 사업의 하나로 목사 사택을 지어 아예 내게 기증키로 결정을 내렸다. 마침 그때 초동교회에서 조향록 목사에게 집을 지어 주기로 한 것을 보고 여자 집사들이 나서서 주장을 한 끝에 내려진 결정이었다.

처음 교회 제직회에서 주택 건축비로 계상한 돈은 250만 원이었다. 그러나 그 돈으로는 집 짓기는 물론 셋집도 얻기 어려운 형편이었기 때문에 또 한번 여성들이 목소리를 높여 400만 원이 건축비로 나오게 되었다. 어찌됐든 나로서는 정말 가슴이 뭉클해지도록 고마운 일이 아닐 수 없었다. 그런 결정이 내려진 후 나는 우선 대지를 물색하는 일에 착수했는데, 돈이 충분치 않은 만큼 무엇보다 값이 싼 땅을 찾아야 했다.

그래서 구하게 된 땅이 세검정에 있는 백 평짜리 택지였다. 당시만 해도 세검정의 땅값이 비교적 싼데다, 그 땅이 바위로 된 경사면에 위치해 있었기 때문에 값이 더욱 낮았다. 게다가 그 땅은 1968년 1·21사태 때 무장 간첩 김신조가 생포된 장소 바로 옆자리여서 아무도 사려고 나서는 이가 없는 상황이었다.

집 짓는 얘기와는 관계없는 말이긴 하지만, 내가 박정희에 대한 사상적 의구심을 완전히 풀게 된 계기가 바로 김신조 사건이다. 나는 그를 북한과 연계된 조직과 관련이 있는 인물로 보고 있었는데, 바로 그 북한 정권이 그를 죽이려고 했으니 이제 그 점은 더 이상 염려할 필요가 없어졌다.

물론 그렇다고 해서 그 이후 박정희와 나 사이가 좋아진 것은 아니다. 하비브가 내게 얘기했듯 미국과 이해 관계가 맞아떨어진 박정희는 노골적인 친미 성향을 보이면서 자신의 정권을 유지하기 위해 모든 비판 세력을 공산 세력으로 몰아붙이는 매카시즘

성향을 보였기 때문에 이번에는 완전히 반대되는 이유에서 도저히 그를 좋아할 수 없게 된 것이다.

어찌 됐든 그 땅을 발견한 나는 더 이상 망설이지 않고 평당 18,000원에 사기로 계약을 맺었다. 평평한 땅도 아니고 수도 사정도 좋지 않은데다 길도 좁아 차가 겨우 들어와도 돌려나갈 수 없을 정도로 불편한 곳이었지만, 나는 원래 고생에 익숙해 있던 터라 그런 것은 별로 문제삼지 않고 그곳에 집을 짓기로 했다. 그런데 집을 짓는 데 들어갈 비용을 대강 계산해 보니 총 620만 원이 나왔다. 220만 원이 부족한 셈이었다.

부족한 금액은 은행 융자로 채우기로 하고 알아보니 이미 그때 정부의 미움을 받아서인지 나는 각 은행의 융자 금지 대상자 명단에 들어 있었다. 융자를 받을 수 없게 되자 동생 형용이가 자기 집을 은행에 저당잡히고 220만 원을 융자받아 내게 빌려주어 겨우 건축에 들어갈 수 있었다.

바위 위에 집을 짓는 힘든 공사가 끝난 것은 1969년 11월이었다. 그리고 우리 가족이 그 집에 입주한 날은 12월 18일이었다. 난생 처음 내 이름으로 갖게 된 그 집은 응접실과 서재 외에 방을 세 개나 갖춘 아담한 양옥이었다. 단층 건물이었는데도 경사면에 지었기 때문에 겉에서 보면 마치 3층 짜리 집처럼 보였다. 그 때문에 호화 주택이니 뭐니 하는 오해도 있었지만 여하튼 나로서는 쉰이 넘은 나이에 처음으로 집을 마련하게 되었으니, 물바다 속에서 실성한 사람처럼 앉아 있던 아내나 동사숙 서가식하던 아들에게 그래도 최소한의 면목은 세운 셈이었다. 나는 지금도 우리가 입주한 그 날짜와 그날 기쁨에 상기되었던 아내의 얼굴을 기억하고 있다.

1970년 12월 6일에 있었던 창립 25주년 기념 예배에서는 사택 열쇠 증정식이 있었다. 교인들이 모인 가운데 김능근 장로로부터 집 열쇠를 증정받은 후 나는 고마운 마음을 이렇게 표현했다.

사실 나는 평생 동안 내 소유의 집을 가지지 않으려고 했습니다. 소유욕이라는 것이 사람을 얼마나 부패시키는 것인지 알고 있기 때문입니다. 무엇을 소유한다는 것은 곧 그만큼 나를 속에 가둔다는 말과 같기 때문에 여러분이 고마운 마음으로 내게 집을 지어주시긴 했지만 결과적으로는 그것이 내 삶의 무덤을 만드는 데 흙을 던져주는 셈이 되지 않겠는가 하는 게 처음 내 생각이었습니다. 그러나 이렇게 집을 짓고 나서 보니까 그럼에도 나는 여러분에게 고맙다는 말을 드리지 않을 수 없습니다. "

집을 짓고 난 후 아내가 여기저기서 웬 보따리들을 들여오기에 그게 뭔가 했더니 바로 우리가 20년도 전에 가지고 있던 살림 보따리들이었습니다. 그 동안 집이 좁으니까 차마 버릴 수는 없고 여기저기 아는 집에 맡겨놓았던 것을 비로소 찾아온 것이지요. 그 동안 내 멋대로 사느라고 아내가 얼마나 고생하는지 제대로 알지도 못했던 자신을 비로소 깨닫고 나를 대신해 아내에게 집을 마련해 주신 여러분에게 정말 감사함을 느낍니다.

교회의 주택 증정이 경동교회 창립 25주년 기념 사업의 하나로 이루어진 점 또한 깊은 감회를 자아냈다. 해방 직후 홀홀 단신으로 서울에 내려와서 천리교 적산을 인수받아, 가진 것 하나도 없이 믿음과 열정으로 일구기 시작한 교회가 이제 창립 25주년을 맞았으니 내 가슴은 마치 고생 끝에 어엿하게 키워낸 장성한 아들을 바라보는 것처럼 뿌듯하고 감사하는 느낌으로 가득 찼다.

스물다섯 살이 된 경동교회는 초창기에 비해 양적으로나 질적으로나 괄목할 만한 발전을 이루었고 무엇보다 '지성인과 청년의 교회', '사회 현실에 참여하는 교회'로서 정체성을 인정받고 있었다.

경동교회는 이미 1960년대부터 우리 사회의 대표적인 교회의 하나로 자리잡아 1964년부터는 해마다 12월 24일 밤 명동성당의 자정 미사에 이어 25일 아침엔 우리 교회 성탄 예배가 텔레비전으로 생중계되고 있었다. 당시 경동교회는 내가 이끌던 크리스챤 아카데미와도 자연스럽게 연계되어 교회의 각종 활동이 전에 비해 크게 활기를 띠어가고 있던 중이었다.

창립 25주년을 맞아 경동교회는 교회 운영에 민주화와 젊은이들의 참여를 적극 권장하는 데 힘쓰는 한편 여러 가지 기념 사업을 계획했다. 3부 예배를 드려야 할 정도로 협소한 교회당의 증축, 신도 교육 훈련 강화, 장공 김재준 목사의 70세 생일을 기념해 매년 열기로 한 '장공 신학 강좌', 텔레비전 유선 중계 시설 설치, 하몬드 오르간 구입, 교회 25년사 간행 등이었다. 그 외에 내가 동아방송에 나가 매주일 아침 6시 5분부터 20분간 '역사의 한가운데서' 라는 제목으로 강연하게 된 것도 기념 사업의 하나였다.

수원에 세운 '내일을 위한 집'

크리스챤 아카데미가 펼치는 사업은 크게 대화 모임과 연구 조사 활동, 그리고 교육 훈련, 이 세 가지로 나뉘어 있었다. 아카데미 하우스가 세워진 후 대화 모임과 연구 조사 활동은 큰 문제없이 진행되었으나 교육 훈련 사업은 여전히 해결되지 않은 문제로 남아 있었다.

아카데미 하우스를 지을 때부터 우리는 교육장을 염두에 두고 있었다. 그래서 처음에 3층으로 생각했던 건물을 캐나다 등지의 원조를 받아 4층까지 올렸다. 4층을 교육장으로 쓰려는 계획에서였다. 그러나 막상 그곳을 교육장으로 써보니 사회 지도층 인사가 대부분인 대화 모임 참석자들과 저변층에 속하는 교육 훈련 참가자들을 한 건물에 수용해 완전히 다른 성격의 프로그램을 진행시키자니 예상치 못한 여러 가지 어려움이 있었다.

그렇게 되자 아카데미 안에서는 1967년부터 훈련원을 따로 세워야 한다는 의견이 강하게 대두되었고, 이에 따라 나는 그해 7월과 11월 두 차례에 걸쳐 독일을 방문한 길에 관계자들을 만나 훈련원 건립 문제를 협의한 끝에 약 5,300만 원의 예산으로 새 건물을 짓기로 합의를 봤다. 예산 중 대지를 포함해 총공사비의 4분의 1에 해당하는 금액은 한국에서 마련하기로 한 조건이었다.

새 건물을 지으려면 우선 대지부터 확보를 해야 하는데, 마침 나와 가까운 전흥규라는 독실한 기독교인이 도봉산에 집안 묘지로 사놓은 땅을 우리에게 기증해왔다. 그러나 그곳에 건물을 짓기에는 아무래도 문제가 있어서 그 땅을 팔아 금곡에 2만여 평의 넓은 임야를 마련하고 거기에 훈련원을 세우기로 했다.

그것이 1968년의 일이었는데 막상 건물을 세우려고 알아보니 뜻하지 않은 난관이 나타났다. 그때가 김신조 사건이 난 직후였기 때문에 정부에서 한강 이북에는 큰 건물을 짓지 못하도록 하고 있었다. 할 수 없이 나는 다시 한강 이남 지역에서 마땅한 땅을 찾아야 했다.

그 무렵의 어느 날 나는 광주에서 강연을 마친 후 예정보다 훨씬 빠른 시간인 오후 한 시에 서울역에 도착했다. 마침 수원에 좋은 땅이 있다는 얘기를 들었기에 모처럼 남은 시간을 이용해 그 땅이나 한 번 보자는 생각으로 서울역에서 막바로 수원으로 향했다.

내가 찾아간 곳은 수원시 하광교동(下光敎洞)이라는 곳으로 광교산 아래 위치한 지역이었다. 사람들에게 들으니 그 산과 동네 이름은 옛날부터 전해 내려오는 얘기에서 유래한 것이라고 했다. 고려 태조 왕건이 백제를 정벌하고 오는 길에 이 산에 머물렀는데 광채가 하늘로 솟아오르는 모습을 보게 되어 부처님의 가르침을 주는 산이라고 하였다고 한다. 또한 고려 말에는 8학사가 머물기도 했다고 한다. '빛을 가르친다'는 뜻의 그 지명은 옛날 그곳 산꼭대기에 큰 등을 켜놓고 불제자들을 가르쳤던 일에서 비롯된 이름이었다.

내가 본 땅은 앞으로 저수지가 한눈에 보이는 광교산 기슭에 위치해 있어서 우선 경치가 좋았다. 게다가 빛을 가르친다는 지명 또한 마음에 들어 나는 그 땅을 사기로 작정했다. 땅임자는 당시 수원 시청에서 과장으로 있던 사람으로 전부 15,000평을 소유하고 있었다.

그런데 문제는 금곡 땅이 팔리지 않아 당장 땅을 매입할 자금이 없다는 것이었다. 궁리 끝에 우리가 살 땅 중 절반 정도를 400평씩 나눠 주말 농장용으로 아는 사람들에게 팔기로 했다. 그곳에 훈련원이 들어서면 길도 닦이고 수도나 전기 사정도 좋아질테니 주말 농장으로는 그만일 것이라면서 재력 있는 사람들을 찾아다니며 매입가의 두 배로 땅을 팔아버린 것이다. 그러니 그 값만으로 땅값을 전부 치를 수가 있었다. 그런데 유감스럽게도 그곳은 우리 건물이 들어선 이후 그린벨트로 묶여 나는 사람들에게본의 아니게 거짓말을 한 셈이 되고 말았다.

그런 곡절을 거친 후 그곳에서 기공식이 거행된 것은 1970년 4월 8일이었다. 건축비는 독일 교회 내의 '발전을 위한 기금 조달 위원회'에서 제공한 60만 마르크로 충당하기로 했다.

그해 11월 공사가 끝난 훈련원은 대지 7,600평에 연건평 460평의 아담한 2층 건물로 그 모습을 드러냈고 크리스챤 아카데미 사회교육원이라는 정식 명칭을 갖게 되었다. '내일을 위한 집'으로서 기대를 모은 사회교육원의 준공식은 아카데미 하우스의 준공식과 같은 날짜인 11월 16일에 있었다.

아카데미 하우스가 소수 엘리트 계층에게만 열려 있는 게 아니냐는 비판의 목소리가 없지 않았던 만큼 사회 저변층에 대한 교육과 훈련을 목적으로 한 사회교육원의 준공은 큰 의미가 있었다. 그리고 이 사회교육원이 준공됨으로써 비로소 크리스챤 아카데미는 세 가지 사업을 마음껏 펼칠 수 있는 외형적 기반을 갖춘 셈이었다.

이제 아카데미는 문제 발굴 차원의 대화와 연구 조사 활동 위주에서 문제 해결 차원의 교육 훈련 활동에 이르기까지 자체 역량을 키울 수 있게 되었다. 즉 대화 모임을 통해 제기된 문제들은 지속적인 연구로 해결 방법을 찾아냈고, 이를 바탕으로 사회 대중을 향한 교육과 훈련이 이루어지면서 동시에 그 과정이 대화와 연구에도 영향을 미치는 유기적인 일련의 활동이 물 흐르듯 자연스럽게 이루어졌다. 이렇게 세 분야의 활동이 유기적으로 연결되어 아카데미는 비로소 완결된 체제를 구비하게 된 것이다.

수원 사회교육원에서 실시하는 교육 훈련의 목적은 시민 의식을 계발하고 함양하는 일, 기독교 정신을 생활 속에 전달하고 건설적인 사회 참여를 유도하는 일, 그리고 효율적인 직무 수행 및 정신 수양 등이었다. 특히 나는 교육 훈련 참가자들의 의식 구조, 즉 사고 방식과 가치 판단의 기준을 개혁하고 성취 동기를 높여 주는 것과 그들이 현재와 미래에서 맡고 있는 일을 가장 효과적으로 성취해 갈 방법을 과학적으로 교육해 보려는 생각을 갖고 있었다.

나는 참가자들이 자신이 처해 있는 현실을 올바로 인식하고 문제점을 발견한 후 스스로 인간화와 자유를 성취하기 위해 함께 일하려는 의식을 갖게 하는 데 중점을 두었다. 그런 과정에서 나는 어떤 특정한 정치적 입장을 가지거나 정치 세력을 구축하려고 했던 것은 아니다. 오히려 그런 오해를 피하려고 애썼던 것이 사실이다.

참고로 1970년에서 1971년에 걸쳐 행한 훈련 프로그램을 소개하면 평신도 훈련, 여성 전도사 훈련, 젊은 목사 훈련, 청년과 성인 교육, 학생들을 위한 사회교육, 산업전도인 훈련, 버스 차장 훈련, 노조 안에 있는 기독교인 훈련, 성취 동기 발전을 위한 훈련 등이 있었다.

근대화에서 인간화로

1970년도에 접어들어 아카데미가 제시한 목표는 바로 '인간화'였다. 아카데미 프로그램 연구위원회는 1970년 프로그램의 초점을 '인간화'(On Humanization)에 두기로 결정했고, 이후 이 주제는 1970년대 아카데미 활동을 일관되게 이끈 지향점이 되었다. 지금은 인간화라는 말이 사람들에게 상당히 익숙하지만 당시만 해도 새롭고 생소했다.

아카데미가 1960년대에 내걸었던 '근대화'에서 '인간화'로 그 방향을 바꾸게 된 것은 한국 사회의 변화와 밀접한 관련이 있다. 1970년대에 접어들면서 나는 '이제 우리가 주목해야 할 것은 공업화나 도시화나 성숙도가 아니라 현재 우리 사회에서 인간이 과연 어떻게 되어 가고 있느냐는 것'이라는 생각을 굳히고 있었다.

그 무렵 우리 사회는 물량적, 가시적 성장 일변도여서 가장 근본적인 문제인 인간의 문제는 도외시되거나 뒷전에 처져 유예된 상태였다. 따라서 산업 현장을 비롯한 곳곳에서 비인간화 현상이 비명처럼 터져나오고, 인간 사이의 연대와 인간성 회복이 절실하게 요구되기 시작한 때였다.

인간화 문제를 기본 인식으로 하여 아카데미 활동을 이끌게 된 데는 내 신학적 사고가 작용한 부분도 컸다. 나는 기독교의 기본 신념은, 하나님이 인간의 몸으로 구체적인 공간과 시간 속에 태어나(肉化), 인간과 연대성을 갖고 인간화를 위해 모든 것을 희생했을 뿐 아니라 인간화를 기본적인 과제로 우리에게 위탁했다는 데 있다고 믿었다.

따라서 나는 "엄밀한 의미에서 기독교의 사명은 세상을 기독교화하는 것이 아니라 인간화하는 데 있다. 하나님은 크리스챤이 된 것이 아니라 인간이 된 것이다. 모든 것은 오직 인간을 위한 수단일 뿐 그 자체가 목적일 수는 없다"고 주장했다.

1970년 10월 8일에서 11일까지 아카데미 하우스에서는 각 분야에서 초청된 61명의 학자와 전문가들이 참석한 대규모 대화 모임을 '인간화'라는 주제 아래 열었다. 참가자들은 소속 분야별로 우리 사회에 만연한 비인간화 현상의 원인을 열띤 토론 속에서 분석 진단하고 인간화를 위한 처방을 제시한 후 마지막 날에는 토론 내용을 정리한 종합 보고서를 내놓았다.

이 보고서는 인간화를 당위 개념으로 보고 그 의미를 '자율적이고 주체적인 인간이 되는 과정'이라고 규정했다. 그리고 우리 사회 비인간화의 가장 근원적인 원인이 '양극화'에 있다고 결론을 내렸다. 양극화란 빈(貧)과 부(富), 치자(治者)와 피통치자, 노동자와 자본가, 도시와 농촌 등으로 확연히 벌어진 단절을 의미했다.

양극화 현상은 종교 부문에서도 심각한 비인간화를 낳는 요인으로 지적되었는데, 이는 신앙인의 이분법적 사고 양식과 맥락을 같이하는 것이었다. 인간화를 위해 종교가 해야 할 일은 새로운 가치관을 정립하고 양극단 사이에서 중재자 노릇을 하며 급변하는 사회의 조정자가 되어야 한다는 주장이 나왔다.

비인간화의 또 다른 요인으로 지적된 것은 주체성의 상실과 낮은 저항 의식이었다. 조직을 개선하기 위해 개인적으로, 그리고 집합적으로 힘을 모아 행동하는 실천력이 부족하므로 비인간화를 조장한다는 것이다. 따라서 이같은 현상을 타파하기 위해서는 지식인, 중산층 및 중간 집단이 시급히 형성되어야 한다는 견해가 제시되기도 했다.

분야별로 비인간화 현상의 원인을 분석한 이 보고서는 결론적으로 다음과 같은 기본 대책을 내놓았다. 즉 비인간화 현상을 극복하기 위해서는 인간을 위한 새로운 가치관을 찾아내야 하는데, 인간을 존중하는 새로운 가치관을 찾는 일은 우리 문화의 주체성을 살리면서 외래 문화의 좋은 점은 수용하는 태도를 통해 찾을 수 있다는 것이다.

그리고 인간화를 위해서는 무엇보다 건설적인 저항 의식이 필요할 뿐 아니라 이같은 의식을 가진 일반 대중이 정책 결정에 민주적으로 참여할 수 있어야 하며 동시에 지식인과 대중 사이의 격차를 줄이기 위해서는 무엇보다 '아래에서 자발적으로 형성되는 중간 집단' 형성이 시급하다는 점이 강력하게 대두되었다.

모든 세상의 변화는 인간에 의해 이루어진다. 좋은 제도와 장치는 변화를 유도하는 데 일조할 수 있지만 그 제도와 장치조차도 인간이 마련하는 것이다. 그러므로 인간의 의식, 그 가운데서도 실천력을 담보한 의식만큼 귀중한 것은 없다. 그래서 교육이 필요하고, 교육은 나라의 백년을 내다보는 큰 계획인 것이다. 오늘날 인터넷으로 이루어진 네트워크로 시민들의 자발적인 토론과 정치 참여 활동이 나타나는 것을 볼 때, 나는 우리가 30여 년 전에 시작했던 발걸음이 이제는 외로운 행진만은 아니라는 것을 깨닫는다.

죽음으로 고발한 인간선언

전태일의 분신이 던진 충격

아카데미가 우리 사회에 만연한 비인간화 현상에 대해 진지한 고민을 하며 인간화를 기치로 들고 나온 직후인 그해 11월 13일 서울 평화시장에서는 참으로 충격적인 사건이 일어났다.

평화시장 재단사로 일하던 전태일이라는 젊은 노동자가 "근로 기준법을 준수하라", "우리는 기계가 아니다"라고 외치며 허울뿐 인 근로기준법 책자를 손에 쥔 채 분신 자살을 한 것이다.

그는 햇볕 하나 들지 않는 먼지투성이의 비좁은 작업장에서 화 장실에도 마음대로 다니지 못하며 아침부터 밤늦게까지 중노동 에 시달리는 어린 노동자들의 비인간적 현실을 개선시키기 위해 분투하다가 근로기준법에 규정된 조항들마저 실제로 보장받기가 불가능하다는 것을 발견하고 그 절망적인 상황에 항거하여 스스 로 몸에 불을 질렀다.

그의 분신은 "우리는 기계가 아니다"라는 외침에서도 나타나듯이 인간을 비인간화시키는 사회를 거부하고, 인간의 존엄성이 보장되고 인간 사이의 연대와 사랑이 유지되는 사회를 갈구하는 인간 선언이기도 했다. 따라서 그의 죽음은 당시 청년, 학생 및 지식인들에게 엄청난 충격과 함께 노동 문제에 대한 관심을 일깨웠을 뿐 아니라, 그후 줄기차게 전개된 1970년대 노동 운동에 불을 지른 기폭제가 되었다.

전태일이 죽은 직후 서울대, 연세대, 고려대 등 대학가에서는 전태일 추도식과 함께 항의 집회와 단식 농성이 잇따랐고, '모순된 경제 질서 박정권의 개발 독재'와 함께 '극단화된 계층화'가 고발되었다. 그 결과 11월 20일에는 서울대에 휴교령이 떨어지는 사태까지 벌어졌다. 전태일의 죽음이 사회에 던진 파문은 시간이 지날수록 걷잡을 수 없이 번져갔다.

전태일은 독실한 기독교인이었고 그가 분신 자살한 평화시장은 우리 경동교회에서 멀지 않은 곳에 있었다. 게다가 나는 그때 인간화 문제에 주력하고 있었으므로 비인간화에 대한 극명한 고발인 그의 죽음은 내게 그만큼 더 충격적이고 의미심장하게 다가올 수밖에 없었다. 사건이 일어난 다음 주의 주일인 22일 나는 전태일의 죽음을 소재로 하여 '밀알 하나'라는 제목의 설교를 했다.

얼마 전에 있었던 전태일군의 죽음은 우리에게 큰 충격이었다. "내 죽음을 헛되이 말라"던 그의 마지막 부르짖음은 정의가 아직 살아 있는 대학가에 메아리쳤고 단식 투쟁, 추모회 등으로 번져 끝내는 대학의 문이 닫히는 사태로 비화되었다. 전군의 죽음은 내게도 큰 죄책감을 불러일으키지 않을 수 없다.

독실한 기독교 신자인 그의 어머니는 감리교회의 권사였는데, 교회에서 장례식을 올리려 했으나 거부당하고 말았다. 많은 사람들이 참석할 수 있는 그 교회가 장례식을 거부한 이유는 "자살은 죄다, 그는 우리 교회의 신도가 아니다"라는 것이었다. 나는 이 이야기를 듣고 아찔했다. 자살이 죄라는 생각은 당연한 것이지만 그러나 그런 식으로 모든 자살을 일반화, 개념화시켜 버리는 것은 전형적인 바리새주의적 태도와 조금도 다를 것이 없다.

예수님 말씀을 들어보자. 생명은 천하를 주고도 바꿀 수 없는 고귀한 것이지만 예수님은 이 귀한 생명을 스스로 버리는 자가 얻는다고 하셨다. 스스로 버린다는 것은 자살이 아닌가? 예수님은 십자가의 죽음을 피할 수 없었는가? 그는 자발적으로 그 죽음을 성취했다.「요한복음」10장에 보면, "나는 양들을 위해 내 목숨을 기쁘게 내어주리라" 하였다. 그것은 자살이 아닌가?

오늘 읽은 성경의 본문에는 "밀알 하나가 땅에 떨어져 죽으면 많은 열매를 맺으나 죽지 않으면 한 알 그대로 있다"고 적혀 있다. 전군의 죽음은 허무주의자의 감상적인 자살도, 생활고에서 온 비관적인 자살도, 정신 이상자의 자살도 아니다.

전태일군의 시체가 신성한 교회에서 장례조차 치를 수 없는 죄인의 것인가? 그런 사고 방식이라면 그리스도가 오늘 한국에 와서 근로자들을 위해 희생한다고 해도 교회는 그 시체를 틀림없이 밖으로 내던지고 말 것이다. "내 죽음을 헛되이 말라"던 이 청년의 외침은, 우리 마음속에 아직 마비되지 않은 휴머니티가 있다면, 우리 주위가 얼마나 파렴치하고 더러운 것으로 가득 차 있는가를 볼 수 있게 해준다.

고도의 경제 성장을 자랑하는 정부가 그 수도 한가운데에 그같이 열악한 작업장을 방치한 것을 어떻게 정당화할 수 있는가. 법치국가에서 법을 제대로 집행하지 않은 관리들의 태만을 무엇으로 변명할 수 있는가. 우리나라에는 노총이 있다. 그러나 전군이 시청, 노동청에는 찾아갔어도 노총을 찾았다는 기록은 없다. 돈에 눈이 어두워 미성년자들을 그처럼 혹사한 기업주도 변명할 여지가 없지만 노총은 대체 뭘 하고 있었단 말인가.

그러나 기독교인은 전군의 타버린 시체 앞에서 정부나 노총, 기업주들에게 화살을 던지기 전에 스스로의 가슴을 향해, 즉 우리 교회 자체를 향해 화살을 던져야 할 것이다. 전군의 장례식을 거부한 교회에만 화살을 던질 마음은 없다. 이웃 사랑을 이야기하고 가난한 자와 억눌린 자의 벗인 예수의 제자가 되어야 한다고 강조해온 우리 교회가 먼저 이 화살을 받아야 한다.

관념적으로 사는 것은 그리 중요하지 않다. 우리가 구체적으로 무엇을 향하고 있는가가 중요한 것이다. 평화 없는 평화시장은 우리 교회에서 멀지 않은 곳에 있다. 과연 우리는 예수님이 비유한 사마리아인일 수 있는가. 보고 측은히 여길 줄만 알았지 곤경에 처한 사람을 위해 아무런 행동도 하지 않고 지나간 대제사장이나 레위 사람은 아니었던가. 이제 우리는 지금까지의 무책임을 한탄만 하고 있어서는 안 된다. 배고프다며 죽어간 한 젊은이의 슬픈 호소가 우리의 잠든 양심을 깨우쳐 주는 기회가 되어야 한다.

밀알은 흙 속에 들어가야 한다. 흙 속은 어두운 곳, 숨막히는 곳이고 썩는 것, 썩을 것으로 꽉 차 있는 곳이다. 그 속으로 들어가라는 것은 결국 우리들이 오늘까지 뒤집어쓰고 있던 모든 껍질을 벗어버리고 스스로 해체되라는 것이다. 그 껍질은 체면, 관습, 도그마 등이다. 이 모든 것이 흙 속인 이 사회의 심장부에 들어가 해체될 때 우리는 비로소 땅에 떨어진 밀알 하나가 되어 수백 배의 생명을 품고 살아날 것이다. 이것이 우리에게 주어진 생명을 올바르게 쓰는 길이요, 영생에 이르는 길이다. 그것이 그리스도의 죽음과 통하는 길이기 때문이다.

우리는 밀알이 땅에 떨어져 썩어가는 데서 진리를 배워야 한다. "내 죽음을 헛되이 하지 말라"는 전군의 호소에 응답하자. 제2의 전태일이 생기지 않도록 사회의 부조리를 제거하고 모든 인간이 정당한 대접을 받는 사회를 건설하는 데 힘을 합치자. 이것이 그의 죽음에 보답하는 것이며 그리스도의 죽음에 보답하는 것이고 깨어난 양심의 소리에 응답하는 삶이다.

그런데 이 설교를 하고 난 직후의 어느 날이었다. 나를 찾는 전화가 왔다고 하여 받았더니 바로 정보부에서 온 것이었다.

"저희 부장님이 목사님을 좀 뵈었으면 하는데요."

"무슨 일로 그러십니까?"

"만나 보시면 압니다."

"그래, 장소는 어딥니까?"

"아무래도 부장 사무실에서 뵙는 게 좋을 것 같습니다만."

"내가 무슨 이유로 그곳까지 가야 합니까? 그건 싫습니다."

그 얼마 후 내 사무실로 정보부 사람 하나가 찾아왔다.

"아무래도 한 번 모셔야겠습니다."

나에게 같이 정보부로 가자는 말이었다. 나는 더 이상 거절할 수가 없어 그를 따라나섰다. 당시 정보부장 김계원이 독실한 기독교인으로 군인 시절부터 나와 가깝게 지내고 있다는 점, 내 동생 형용이가 그 집 가정의 역할을 하고 있다는 사실이 내게 믿을 구석을 제공해 준 것도 사실이었다.

내가 남산 정보부에 도착한 것은 늦은 오후였다. 안내를 받고 부장실로 들어가니 김계원 부장이 부하들과 함께 있다가 그들을 다 내보내고 나와 마주앉았다.

그는 커다란 서류 뭉치를 내게 내밀어 보이며 한숨을 쉰 뒤 입을 뗐다.

"이것이 다 목사님에 관한 자료들입니다."

당시는 김수환 추기경과 내가 하는 강론이나 설교, 주요 활동이 박정희 대통령에게까지 다 보고될 때였다. 그들이 문제삼은 것은 바로 내가 전태일의 죽음을 소재로 했던 설교였다.

"목사님, 자꾸 이렇게 나가면 곤란합니다. 목사님에게 정부와 타협하라고 하는 것은 아니지만, 이렇게 정부를 너무 몰아세우면 저희로서도 어쩔 수가 없습니다."

"나는 단지 목사의 입장에서 내 양심에 따라 설교를 한 것뿐입니다. 내가 어떤 정치 세력이나 조직에 가담해 반정부 활동을 벌이는 것도 아닌데 왜 이런 설교마저 용납이 안 되는지 이해가 가지 않습니다."

"지금 노동 문제는 굉장히 예민한 부분인데 자꾸 이렇게 정부를 공격하고 나오면 정부가 문제를 감당하기가 점점 더 어려워집니다. 그러니 당분간만이라도 좀 목소리를 낮춰주십시오. 정부라고 노동 문제를 이대로 그냥 두겠습니까? 곧 개선책이 나올 테니 제발 협조 좀 해주십시오."

그는 이렇게 유화적인 태도로 나를 설득했다. 그러나 그의 설득에도 내가 그에게 해줄 수 있는 약속은 없었다.

"나는 언제나 목사로서 내 양심에 따라 행동할 뿐입니다. 내 목적은 정부를 공격하는 데 있는 것도 아니고요. 어떻게든 이 사회를 인간답게 만드는 것이 저와 같은 사람들이 할 일 아닙니까? 정부가 지금부터라도 제대로 된 정책을 편다면 나는 언제라도 정부를 지지할 것입니다."

나는 이 말만 남긴 채 그의 방을 나왔다.

"목사님 인기가 대단하시구만"

그 일이 있고 나서 며칠 뒤였다. 아카데미 하우스에는 한국

NCC와 미국 NCC 합동으로 한미 교회협의회가 열려 정신없이 바쁜 중이었는데, 갑자기 문공부의 종무실장인가 하는 사람이 나를 찾아왔다. 그리고는 엉뚱한 소식을 알려주었다.

"정부는 이번 국민교육헌장 선포 기념일인 12월 5일에 목사님께 훈장을 하나 드리기로 결정했습니다."

나는 그 말을 듣고 너무 어이가 없었다. 그들이 무슨 저의로 그런 일을 하는지는 물어보지 않아도 뻔했다. 그래서 나는 "그런 것은 절대로 받지 않겠다"고 단호하게 거절하고 그를 돌려보냈다.

그러고 나서 사나흘 정도 흐른 후였다. 비가 억수같이 쏟아지는 날이었는데, 그가 다시 나를 찾아왔다. 그는 독감에 걸려 얼굴이 새빨개질 정도로 온몸이 열에 들떠 있었는데, 그런 몸으로 나를 찾아와서는 훈장을 받아달라고 애걸복걸하는 것이었다.

"목사님이 이 훈장을 안 받으시면 저는 목이 달아납니다. 제발 살려주시는 셈치고 훈장을 받아주십시오."

나는 그 사람의 몰골이 너무 딱해서 차마 지난번처럼 강하게 거절하지 못했다. 나는 마음이 모질지 못해 순간적으로 마음이 약해지는 것이 문제인데 이때도 결국 그의 하소연에 이끌려 마지못해 응낙을 해버리고 말았다.

그런데 문제는 내가 국민교육헌장 기념식에 참석해서 공개적으로 그 훈장을 받아야 한다는 것이었다. 그냥 간단하게 훈장만 전해 받으면 되는 줄 알았던 나는 그 소리에 어처구니가 없었지만 도저히 거절할 수 없는 그 사람의 간청에 울며 겨자 먹기로 따를 수밖에 없었다.

후일 내가 들은 얘기로는, 정부의 훈장 수여는 역시 짐작했던 대로 회유책의 하나였다. 그때 정부에서는 나를 어떻게 다루는 게 좋을까 하는 문제를 놓고 여러 번 논의가 있었는데, 김계원 부장이 "강목사를 자꾸 억압하고 괴롭히면 오히려 반발하고 부작용이 더 크니까 정부가 좀 잘 대해주면서 회유책을 쓰는 게 낫다"고 주장했다고 한다. 그래서 느닷없이 훈장이 하나 굴러떨어진 것이다.

국민교육헌장 선포 기념식은 시민회관에서 성대하게 치러졌다. 내게 수여되는 훈장은 모란훈장이었고, 그 수여 이유는 '사회 교육에 공이 현저하다'는 것이었다. 그런데 모란훈장 수여자들도 단 위에 올라가서 박대통령이 직접 달아주는 훈장을 받아야 했으므로 나도 그 틈에 끼여 올라가야 했다. 나는 단상을 비추는 텔레비전 카메라가 영 부담스러웠지만 다른 사람들과 함께 서서 훈장을 달아주기를 기다렸다.

드디어 박대통령이 내 앞에 다가와 가슴에 훈장을 달아주었다. 그런데 그 순간 장내에서 지금까지와는 달리 큰 소리로 박수가 터져나왔다. 그러자 박대통령은 나를 보고 뼈 있는 말을 한마디 던졌다.

"역시 목사님 인기가 대단하시구만."

나는 훈장 수여식이 끝나 단상에서 내려오자마자 서둘러 기념식장을 빠져나오고 말았다.

40대 기수의 바람이 불다

1971년은 삼선 개헌으로 박정희가 또 한 번 출마할 수 있게 된 대통령 선거와 제8대 국회의원 선거가 연이어 있었다. 대통령 선거에서 공화당의 박정희 후보에 대항해 신민당 후보로 나선 사람은 김대중이었다. 그가 1967년 총선을 끝내고 했던 말이 결국 실현된 것이다.

일개 소장 의원이었던 그가 제1야당의 대통령 후보가 되기까지는 널리 알려진 것처럼 삼선 개헌 이후 빈사 상태에 놓여 새로운 피의 수혈이 필요했던 신민당에서 후보 자리를 놓고 김영삼과 벌인 대역전의 드라마가 있었다.

삼선 개헌 통과 후 유진오 당수의 와병으로 내우외환에 처한 신민당은 1971년 선거에서 박정희에게 대적할 마땅한 인물을 내놓지 못하고 있었다. 그런데 그런 상황을 자신에게 유리한 기회로 재빨리 포착한 사람이 바로 원내총무이던 김영삼이었다.

김영삼은 1969년 11월 8일 돌연 총무직을 사퇴하면서 1971년의 대통령 후보 지명전에 나서겠다고 선언했다. 야당의 쟁쟁한 선배들을 제치고 대통령 후보로 나서겠다는 그의 선언은 엄청난 충격과 파문을 몰고 왔다.

김영삼이 빈사 상태에 놓인 민주주의를 회생시키기 위해 대통령 후보로 나서겠다며 들고 나온 것이 40대 기수론이었다.

김영삼이 대통령 후보 지명전 출마 선언을 한 그날 나는 『동아일보』의 청탁으로 '개혁으로 비전 제시'라는 제목의 칼럼을 쓰게 되었다.

신민당 김영삼 의원의 대통령 후보 지명 출마 선언이 신민당의 체질을 과감히 개선해낼 수 있는 계기가 되기를 진심으로 바란다. 이러한 기대는 김영삼 의원이 대통령으로 적임자인가의 여부나 이른바 세대 교체론과는 아무 관계도 없다. 다만 한국 민주주의를 위해서는 양당 제도가 확립되어야 할 뿐 아니라 그 양당이 명실공히 건전한 여당과 야당이 되어야 하기 때문이다.

오늘과 같은 정치 풍토에서 야당을 움직여 가는 분들의 고충을 깊이 동정하는 까닭에 우리는 그들을 관대하게 보려고 노력해 왔다. 그러나 오늘의 신민당은 국민이 응할 수 있는 야당이 될 체질을 가지고 있지 못하다고 단언할 수밖에 없다. 야당은 때로는 실속 없는 극한 투쟁을 하다가 때로는 아무 명분도 없이 슬쩍 타협해버리거나 들러리나 서는 식의 대결을 한다.

신민당은 먼저 집권당 권력에 의해 소외당하고 짓밟히면서도 건전한 불만과 비판을 가진 대중 속에 뿌리를 내리고 그 조직 위에 서서 그들의 욕망을 건설적으로 실현시켜 갈 대책을 수립해야 한다. 집권당이 국가를 이끌고 가는 방향과 그 정책, 그리고 정책 시행을 보고 옳은 것은 협조하고 잘못된 것은 수정할 수 있는 명백한 대안을 제시해야 할 뿐 아니라, 전국민에게 비전을 줄 수 있는 과학적이고 실현 가능한 청사진을 제시해야 한다.

또 그것을 실현해 갈 수 있는 지도 체제를 확립하는 것이 필요하다. 합리적이고 기능적인 지도 체제를 확립하기 위해서는 낙하산식으로 구성을 하거나 상호 견제 때문에 과감한 실천을 할 수 없는 야합식 집단 체제가 아닌, 민주적인 협력 관계 위에 세워진 지도 체제가 되어야 한다고 생각한다.

다가오는 전당 대회에서 신민당이 이런 체질 개선을 이루어 내기를 바라지만 만일 이것을 해낼 용기가 아직도 없다면 차선책으로 완전히 자폭하고 해산해버리기를 부탁한다. 새 야당이 탄생할 길을 터줄 수 있는 용기만이라도 있어야 하기 때문이다. 이렇게 되는 경우 현재의 주역들은 새로운 야당이 자유롭게 형성될 수 있는 기회를 주기 위해 당분간 정계에서 은퇴할 용기와 인내력을 가져주기 바란다.

40대 기수론의 파문 속에서 당권과 대통령 후보 자리를 놓고 내부의 각축전이 열띠게 진행되는 가운데 1970년 1월 신민당의 전당 대회가 열렸다. 이 대회는 유진오의 뒤를 이을 새 당수를 선출해야 했기 때문에 큰 관심을 모았는데 후보로 나선 사람은 당내 최대 파벌을 거느리고 있던 유진산과 이재형, 그리고 정일형이었다. 이때 유진산에게 도전하는 세력들은 '선명 야당'의 기치를 내걸고 유진산을 사쿠라로 몰아세우며 공격을 가했으나 선거 결과 유진산에게 승리가 돌아감으로써 신민당은 이른바 '진산 시대'를 맞게 되었다.

야당의 과감한 체질 개선을 바랐던 나로서는 구각을 탈피하지 못한 전당 대회 결과가 실망스럽기만 했다. 그래도 나는 야당의 건전한 발전을 위해 말할 기회가 있으면 내 의견을 서슴지 않고 표명하곤 했다. '선명 야당의 좌표'라는 주제로 『전남매일신문』과 인터뷰(2월 15일자)를 한 것도 야당에 대한 기대를 완전히 버리지 않았기 때문이었다.

야당이 건전한 발전을 하지 못하고 위축되어 가는 것은 야당 자체에도 상당한 책임이 있지만 이에 못지않게 정부와 여당에도 책임이 있다. 따라서 야당의 건전한 발전과 야당이 가져야 할 태도에 대해 말하기 전에 먼저 여당에 대해 몇 가지 지적하고 싶다.

현 정부와 여당은 야당의 육성을 법적으로는 보장하고 있으나, 실제로는 마치 의회 민주주의를 하고 있다는 점만 알리기 위해 야당의 존재를 인정하는 것 같다. 이 점은 다음과 같은 몇 가지를 살펴보면 알 수 있다.

첫째로 비판적인 입장에 있는 각 계층의 유능한 인사들(대학교수, 언론인, 종교인, 경제인, 학생 등)의 정치 참여를 현실적으로 어렵게 만들고 있어 직업 정치인이 아니면 정치 활동을 하지 못한다. 이 때문에 정치인들의 수준이 낮아지며, 야당은 지식층을 광범하게 포섭하지 못해 약화되었다. 한마디로 말해서 민주주의 국가에서는 직업에 구애됨이 없이 자유로이 정당을 선택할 수 있고 정치 활동을 할 수 있는 풍토를 정부 여당이 만들어야 한다.

둘째로는 정치 자금 문제다. 지금 상태는 정치 자금이 일방적으로 여당으로만 들어가고 있다. 정치 자금 양성화에 따라 경제인 협회를 통해 자금을 여야에 배당하고는 있지만, 이는 극히 형식적이고 미봉적인 조치에 불과하다. 이러한 여건에서는 도저히 기존 야당이 성장을 할 수 없을 뿐만 아니라 기존 야당에 실망한 국민들이 새로운 야당을 창당하는 일 또한 어렵다.

나는 민주주의를 지지하기 때문에 좋든 싫든 야당을 지지하고 성원하고 있다. 이런 입장에서 야당에 몇 가지 제언을 하고 싶다.

첫째, 야당의 투쟁에 원칙이 없다. 예를 들어 국회에서 (삼선) 개헌안이 통과되자 변칙 처리의 무효화를 주장, 현정권의 타도를 선언하고 국민과 더불어 투쟁할 것을 언명했다. 그렇게 선언했으면 그렇게 해야 하는데, 국민 투표에 참여하고 그 결과 참패하자 극한 투쟁을 벌이는 것은 이해가 가지 않는다.

둘째, 야당에 동조하려는 사회 각 계층의 뚜렷한 지지를 얻어내지 못하고 있다.

셋째, 국민 대중에게 도덕적인 신뢰를 받을 수 있는 뚜렷한 원칙이 없다.

넷째, 당의 운명을 걸고 한 삼선 개헌 저지가 실패한 데 대한 응분의 책임과 자기 비판이 없다.

다섯째, 국민들이 피부로 느끼고 공감할 수 있는 객관성과 과학적인 정책 대안이 없다.

야당이 더욱 폭넓은 국민의 지지를 얻으려면 사회 변천에 맞추어 조직과 서열도 바꾸어야 하고 사회 지도층의 유능한 인사들이 참여하고 조언할 수 있는 정당 구조와 지도 체제를 정비해야 한다. 그리고 무엇보다도 국민이 무엇을 원하고 있으며 아픈 곳이 어디인가를 알아야 한다.

대통령후보 교섭을 사절하다

전당 대회가 끝난 후 신민당은 대통령 후보 지명 대회를 놓고 또 한 번 뜨겁게 달아오르기 시작했다. 처음에는 엉뚱하게만 들렸던 김영삼의 40대 기수론은 시간이 흐르면서 차츰 새로운 바람으로 당 내외의 지지를 얻어가고 있었으며, 같은 40대였던 김대중과 이철승도 이에 편승하여 전당 대회를 전후로 대권 후보 경쟁에 뛰어들었다. 신민당의 대통령 후보 자리를 놓고 40대가 대세를 잡은 가운데 3파전이 벌어지게 된 것이다.

그러나 대통령 후보 지명을 놓고 일어난 신민당의 40대 바람은 충격적이었던 만큼 당내의 반발도 만만치 않았다. 특히 노장층에서는 "40대 기수들은 정치 경륜이나 조직, 자금면에서 아직 대통령 후보로는 미숙하다. 여러 명이 난립해 당의 분열을 가져오니 무게 있는 단일 후보를 옹립하자"는 생각을 가지고 "당내에 마땅한 인물이 없다면 바깥에서라도 영입하자"며 외부 인사를 영입하는 작업을 은밀히 벌이기도 했다.

그러던 무렵의 어느 날 저녁이었다.

신민당 정무회의 부의장으로 당내에서 발언권이 강한 양일동과 전당대회에 앞서 신민당에 입당한 윤길중이 돌연 나를 찾아왔다.

그들이 나를 찾은 목적은 참으로 뜻밖이었다.

"강목사, 우리 당의 대통령 후보로 한 번 나서볼 의향은 없소? 현재 40대 기수니 뭐니 하며 나서겠다는 사람은 많은데, 아무리 봐도 당내에는 마땅한 인물이 없다는 게 우리 생각이오. 강목사가 허락만 한다면 우리가 적극적으로 한 번 밀어보겠소."

나는 그들의 제의에 놀라지 않을 수 없었다.

"아니 지금 무슨 말씀을 하자는 겁니까? 나는 절대로 그런 일은 하지 않습니다."

"강목사는 지식층의 지지도 얻고 있고 대중적 인기도 높습니다. 야당 후보로 출마하면 승산이 있어요. 왜 그렇게 생각할 여유도 갖지 않고 즉각적인 거부 반응부터 보이는 거예요?"

"이유야 많지만 우선 한 가지로 말씀드리겠습니다. 내년 대선에서 후보로 나오겠다는 사람들을 한 번 봅시다. 박대통령은 경상도 사람이고 김대중 씨와 이철승 씨는 전라도 출신, 그리고 김영삼 씨도 경상도 출신 아닙니까? 한마디로 신라와 백제가 싸우는 형국인데, 나는 그렇게 보면 고구려에서 이민온 사람입니다. 남북이 통일된 정부의 대통령 후보라면 몰라도 나는 고향을 잃고 내려온 반쪽 땅에서 그들과 경합하는 후보로 나설 생각은 없습니다."

이런 논리를 펼쳐가며 내가 거부를 하자 그들도 더 이상 나를 종용하지 못하고 돌아갔다. 그것으로 대통령 후보 얘기는 없던 일이 되었으나, 처음으로 야당의 대통령 후보로 나서 달라는 구체적인 제의를 받았던 만큼 내 심회는 간단하지가 않았다.

가만히 따져보면 박정희와 경쟁하여 내가 청와대에 입성할 확률보다는 교도소에 들어갈 가능성이 훨씬 컸다. 나는 내 생이 그런 식으로 끝나는 것은 바라지 않았다. 늘 그렇듯 나의 결론은 '하나님이 나를 이 세상에 보내신 뜻에 따라 살겠다'는 것이었고 '그 뜻은 정치를 하라는 것은 아닐 것'이라는 믿음을 다시 한 번 확인하는 걸로 끝났다.

9월로 예정된 신민당의 대통령 후보 지명 대회를 앞두고 40대 기수 세 사람은 각자 당 내외에서 지지 세력을 넓히기 위해 동분서주하고 있었다. 그 무렵을 전후하여 나는 이 세 사람 모두로부터 한 번 만나자는 연락을 받고 몇 차례 대면하여 얘기를 나눈 일이 있다.

제일 처음 나를 만나자고 한 사람은 선두주자였던 김영삼이었다. 내 친구인 이명하를 통해 그같은 제의를 받고 외교구락부에서 만나게 되었다.

당시 김영삼은 미국에 다녀온 지 얼마 되지 않은 때였고, 미국 대사가 그의 집을 방문하는 등 미국과의 관계가 매끄러워 보였다. 그는 미국이 자신을 지지하리라고 믿고 있는 것 같았고, 당 내 조직면에서도 김대중이나 이철승을 훨씬 앞지르고 있었으므로 자신이 후보가 되리라는 것을 거의 의심하지 않고 있는 태도였다.

그때 나는 그에게 미국과 한국 정부의 관계, 미국의 대한 정책 등에 관해 김규식 박사 얘기, 하비브가 한 얘기 등을 예로 들며 설명을 해주고는 미국을 너무 순진하게 믿지 말라고 충고했다.

이철승은 아카데미 하우스로 직접 나를 찾아왔다. 경동교회 교인으로 4·19 주역의 하나였던 이영일을 대동하고 왔다.

그는 자신을 지지해 달라면서 이런 말을 했다.

"해방 후 우리가 공산주의와 싸울 때 김영삼이나 김대중 같은 사람들은 이름이나 있었습니까? 그들보다는 선배인 내가 나서야 박정희와 싸울 수 있습니다."

그러나 나는 "선후배 같은 건 따지지 말고 서로 타협해서 누가 되든 박정희를 이길 수 있는 사람으로 단일화돼야 한다"는 원칙론만 강조하고 말았다.

김대중을 만나게 된 것은 내가 잘 아는 차국찬이라는 사람을 통해서였다. 그를 만난 장소는 회현동의 어느 한식집이었다. 처음에는 셋이 함께 잡담을 하다가 저녁 식사를 마친 후 차국찬이 먼저 자리를 비워줘 둘이 본론으로 들어가게 되었다.

그런데 김대중의 대화법은 좀 독특해서 불쑥 꺼낸 첫마디가 엉뚱했다.

"강원용 박사님, 당내에서 박사님을 대통령 후보로 내세우자는 얘기가 많던데, 저도 적극적으로 밀어드릴 테니까 한 번 후보로 나와보시지요."

나는 그가 자신을 밀어달라는 얘기를 불쑥 꺼내기가 뭣하니까 그런 식으로 돌려 말한다는 것을 직감적으로 느꼈다.

"솔직히 말해 당신이 대통령 후보로 나서는데 나한테 좀 도와달라는 것 아니오? 그러면 얘기를 그렇게 해야지 왜 쓸데없는 얘기를 하시오?"

내 말에 김대중은 겸연쩍은 웃음을 보이며 그제야 속마음을 털어놓았다.

"박사님 말씀이 맞습니다. 사실은 저를 좀 밀어달라는 부탁을 드리려고 이렇게 뵙자고 한 것입니다. 도와주십시오."

"솔직히 말하자면 나는 누가 후보가 되느냐 하는 문제를 떠나서, 이번 선거를 통해 정권을 바꿀 수 있느냐 하는 문제 자체에 매우 비관적입니다. 박정희가 목숨을 걸고 총칼로 빼앗은 정권인데, 그리 호락호락 내놓을 것 같습니까? 총칼로 뺏은 정권을 민주적 절차에 의해 내놓는다는 건 정치적으로 상식에 맞지 않는 얘기예요. 당신이 신민당 후보로 박정희와 싸우게 된다 해도 어떤 방법으로 득표를 얼마나 하느냐 하는 건 사실 중요한 게 아닙니다. 왜냐하면 당신이 천만 표 중에 9백만 표를 얻는다 해도 현실적으로 대통령이 될 수는 없을 테니까요. 그들은 무슨 방법을 써서라도 그렇게 간단하게 물러나지는 않을 겁니다. 이대통령과 조봉암이 선거에서 싸웠을 때를 보세요. 내가 듣기로는, 실질적으로는 조봉암이 더 많이 득표했는데도 부정 투표 때문에 지고 말았다고 하던데, 하물며 쿠데타로 세워진 박정희 정권이 정직하게 투표 결과에 승복할 것 같아요?"

김대중은 길어진 내 얘기를 묵묵히 듣고 있더니 이렇게 말했다.

"박사님 말씀대로 정당한 투표를 기대하기는 어렵겠지요. 하지만 저는 총칼을 가지고 뺏은 정권을 민중의 힘으로 되찾겠습니다."

"당신이 말하는 민중의 힘이라는 게 도대체 뭡니까?"

"1967년의 목포 선거 얘기 아시지요? 그때 제가 김병삼하고 붙지 않았습니까? 아시다시피 그때 박대통령이 저를 견제하느라고 직접 내려와서 김병삼의 지원 유세까지 하고. 참, 처음에는 너무 난관이 많아 당선되기 힘들 것 같았어요. 그래서 제가 그때 유권자들을 모아놓고 이렇게 호소했습니다. '여러분, 이 김대중이가 선거 도중에 총에 맞아 죽을지도 모릅니다. 만약 내가 죽으면 여러분은 내 시체를 묻지 말고 그 위를 지나가서 파출소에 불을 지르고 서울까지 그냥 밀고 올라가십시오.' 그런 식으로 맞섰더니 그 사람들도 그렇게 탄압을 하더니 주춤 한 걸음 물러서기 시작하더군요. 그것이 제게는 소중한 산 경험입니다. 대통령 선거도 그런 식으로 대응할 작정입니다."

나는 김대중이라는 사람을, 이희호 남편이기도 하여 그전부터 알고는 있었으나, 이 말을 하는 김대중을 보고 비로소 정치인 김대중이 어떤 사람인가 하는 걸 깨달은 듯한 느낌이었다.

나는 그의 얘기를 들으며 '이런 각오라면 한 번 박정희와 싸울 만하겠구나' 하는 생각을 했다. 그러나 어느 후보를 지지하는 발언이나 행동은 하지 않고 전당 대회 결과만 주시하고 있었다.

그때만 해도 신민당 전당 대회에서 김대중이 대통령 후보로 선출될 확률은 극히 낮았다. 대세는 김영삼 쪽으로 기울어 있었기 때문이었다. 그러나 9월 29일의 전당 대회 투표 결과는 모든 이의 예상을 완전히 뒤엎고 김대중에게 최종적인 승리를 안겨주었다. 그것은 세상을 깜짝 놀라게 한 대역전 드라마였으며, 김대중이 야당의 새로운 지도자로 급부상하는 도약대였다.

전당 대회가 끝난 후 김대중이 내게 전화를 걸어왔다.

"내일 아침 식사나 같이하시죠."

다음날 아침 약속 장소인 뉴코리아 호텔로 나갔더니 그 자리에는 정치학을 하는 경희대 김점곤 교수와 동아일보 편집국장이던 박권상도 나와 있었다. 이제 공식적으로 신민당의 대통령 후보가 된 김대중은 우리 셋을 불러 함께 조반을 들면서 자신만만한 태도로 앞으로의 구상을 펼쳐 보이며 자신을 도와달라고 했다.

그런 그를 바라보는 내 가슴 속에는 '이 친구가 기백이 보통이 아니구나' 하는 기대와 함께 '박정희가 정말 위협을 느끼게 된다면 이 사람을 그대로 곱게 놔두겠는가' 하는 우려가 교차하고 있었다.

제1야당의 대통령 후보 김대중은 1970년 10월부터 실질적인 전국 유세에 들어가 공화당에 대해 선제 공격을 펴며 기세를 올렸고, 이에 따라 정국은 점차 선거 정국으로 돌입하게 되었다.

1971년 대통령 선거의 대표 주자는 공화당의 박정희와 신민당의 김대중이었지만 그외 군소 야당들도 선거를 앞두고 후보를 여럿 냈다. 그 중 하나가 유진산이 당수로 선출되자 신민당을 탈당한 윤보선, 장준하 등이 모여 만든 국민당이었다.

『사상계』를 발간한 언론인이자 박정희 독재에 반대한 민주투사로 유명한 장준하와 나는 해방 후 기독청년 운동을 할 때부터 알았던 사이인데, 사실 나는 그를 일반의 평가와는 좀 다르게 정치적 야심을 가진 인물로 보고 있다. 그가 국민당 창당에 참여한 것도 대통령 후보로 나서보려는 의도 때문이라고 알고 있었다.

그러나 국민당의 윤보선 총재는 장준하를 별로 좋아하지 않아 한때 진보당에 참여했던 박기출이라는 사람을 대통령 후보로 지명해 놓고 있었다.

그런데 후보가 누가 되었든 또 다른 야당 후보가 나온다는 것은 야당 후보 단일화를 바라는 나 같은 사람들에겐 좋은 소식이 되지 못했다. 나는 1967년 대선에서 야당이 범한 우를 반복하지 않을까 두려워 윤보선 총재를 찾아갔다. 후보 단일화의 당위성을 설득하기 위해서였다.

"박기출 후보를 사퇴시키십시오. 어차피 승산이 없는 일인데, 후에 큰 책임을 져야 할지도 모를 일을 왜 하십니까?"

"그건 강박사가 김대중이라는 사람이 어떤 사람인 줄 몰라서 그래. 내가 알기론 이 사람이 막판에 가서 돈을 엄청나게 받아먹고 자기 표를 팔아넘길 사람이야. 그런 사람을 야당 단일 후보로 내세울 수는 없는 노릇 아닌가?"

나는 그의 말에 내가 회현동에서 김대중을 만나 들었던 얘기를 들려주며 설득의 고삐를 늦추지 않았다.

"그 사람은 지금 목숨을 내걸고 하고 있습니다. 다른 사람들을 봐야 그런 각오가 있습니까? 어차피 야당 후보로는 그 사람을 내세워야지 박후보는 안 됩니다. 총재께서는 1963년도 선거를 한번 생각해 보세요. 그때 저를 포함한 많은 국민들은 총재께서 당선되기를 바랐는데, 불과 15만여 표 차이로 지고 마셨지요? 그때 결과를 놓고 사람들이 '변영태 후보만 안 나왔으면 이기는 건데' 하고 안타까워하며 얼마나 그를 원망했습니까? 총재께서는 그 안타까움이 더했겠지요. 그런데 만일 야당 후보 단일화가 안 돼서 이번 선거에서도 그때와 똑같은 결과가 나온다면 이젠 그 모든 원망이 총재께 집중되지 않겠습니까? 안 그래도 국민들은 5·16 당시 총재께서 취한 태도를 두고 적지않은 오해를 하고 있는데, 만일 이번에도 결과적으로 박정희를 돕게 된다면 한국 역사에 죄인으로 남게 될지도 모릅니다."

나는 좀 지나치다 싶을 정도로 과감하게 하고 싶은 말을 털어놓고 나왔다. 그래서 그랬는지는 몰라도 그후 윤보선은 박기출 후보가 유세를 하고 다니던 어느 날 기자 회견을 통해 "국민당은 후보를 사퇴하고 대신 김대중 후보를 지지하겠다"는 발표를 하였다. 이로써 선거는 삼선을 노리는 박정희 대통령과 야당 단일 후보가 된 김대중 두 사람의 대결로 확정된 셈이었다.

"국회의원이 되신다구요?"

신민당의 선거 대책 본부장을 맡게 된 사람은 나와 가까운 정일형이었다. 그런데 선거 열기가 한창 달아오르던 어느 날, 그의 아내로 이화여대 법정대학장으로 있던 이태영 박사가 나를 찾아왔다. 이박사는 내게 김대중 후보의 선거 운동에 공식적으로 참여해 줄 것을 요청하며 다음과 같은 제의를 해왔다.

"지금 우리는 각계 각층의 영향력 있는 분들의 도움이 절대적으로 필요합니다. 당에서 유진산 당수, 김대중 후보 그리고 남편이 함께 모여 그 방법을 논의했어요. 그 결과 무슨 얘기가 나왔느냐 하면 목사님과 언론인 천관우 씨, 양호민 씨, 변호사 이병린 씨 그리고 저 이렇게 다섯 명을 지정해서 선거 운동에 협조하면 전국구 1번에서 5번까지 주기로 했답니다. 그러니 좀 도와주세요. 전국구가 싫으시면 목사님께 종로구를 줄 수도 있다고 하더 군요. 종로구에 공천을 받으시면 당선은 문제없어요."

"고맙기는 하지만 그럴 수는 없을 것 같군요. 야당의 자금 사 정상 전국구 5번까지라면 엄청난 돈을 내야 하는 자리인데, 나는 그럴 돈도 없고, 또 그냥 준다고 해도 싫습니다. 더구나 공식적으 로 선거 운동에 뛰어들려면 목사직을 그만두어야 하니 저로서는 일고의 가치도 없는 제안입니다."

그후 서울법대 학장을 지내다가 박정권의 미움을 사 미국에 가 서 박정권 반대 운동을 벌이다가 돌아온 유기천이라는 사람이 다 시 나를 찾아와 같은 얘기를 했다. 그때도 나는 같은 대답을 해줄 수밖에 없었다. 그런데 시간이 지나면서 보니 그때 거명한 다섯 명 중 그 제의에 응한 사람은 이태영 박사 하나뿐이었다.

이태영은 선거일을 보름 정도 앞두고 이화여대에 사표를 던지 고는 신민당에 입당, 남편과 함께 선거 운동에 뛰어들어 맹렬한 활약을 보였다. 그런데 어떻게 된 일인지 대통령 선거가 끝나고 한달 후에 실시된 국회의원 총선에서 그녀는 전국구 의원으로 기 용되지 못했다. 조금 의아하기는 했지만 나는 정치하는 사람들의 약속이라는 것이 늘 그런 식이라는 것을 알고 있었기에 별로 놀 라지도 않았다.

그런데 문제는 신민당의 그런 제의가 있고 나서 내게 골치 아픈 일이 생긴 것이다. 내가 분명히 거부 의사를 밝혔음에도 어찌된 셈인지 사람들 사이에는 내가 신민당 전국구 1번으로 확정되었다느니 종로구에서 출마할 것이라느니 하는 소문이 퍼진 것이다. 그 소문은 우리 교회 교인들에게까지 퍼져 교회에 가면 만나는 사람마다 "목사님, 국회의원으로 출마하신다면서요?"라고 인사를 해올 정도였다. 나는 그럴 때마다 펄쩍 뛰며 아니라고 부인했지만 소문은 좀체 수그러들지 않았다.

게다가 나를 더욱 괴롭힌 것은 그런 소문이 돌면서 부쩍 심해진 정보부 사람들의 감시였다. 아카데미 하우스에는 정보부 요원이 아예 상주하기 시작했고, 내가 가는 곳마다 많을 때는 10여 명이나 되는 사람들이 따라다녔다. 갑자기 왜 이러나 싶어 알아보니 들리는 얘기가 "김대중이 자기 참모들하고 집권 구상을 의논하다가 자기가 대통령이 되면 총리감으로 강목사를 꼽고 있다는 말을 했기 때문"이라는 것이었다. 사실 여부를 떠나 그같은 상황자체가 어이가 없었지만 내 뜻과는 관계없이 일어난 일이니 어떻게 대처해야 할지 난감하기만 했다.

정치에 나설 것이라는 소문과 정보부의 감시에 시달리다 못한 나는 어느 날 더 이상은 견딜 수 없어 되든 안 되든 일단 해명과 설득을 해보기로 결심했다. 우선 주일 예배 시간에 교인들을 상대로 소문에 대한 해명을 했다.

"여러분, 요즘 밖에서는 내가 정치에 나설 것이라는 소문이 떠돌고 있으나 지금 이 시간에 하나님 앞에서 여러분에게 확실히 말씀드리겠습니다. 나는 절대로 정계에 나가지 않습니다. 그러니 여러분들은 앞으로 더 이상 그런 소문을 믿지 마십시오."

다행히 내 해명에 우리 교회 안에서 그런 소문은 힘을 잃게 되었다. 그러나 내가 그렇게 공개적으로 천명을 해도 정보부원들은 내가 연막 작전을 쓰는 줄 알고 좀체 믿으려 들지 않았다. 할 수 없이 나는 직접 정보부의 국장급 책임자를 만나 단도직입적으로 설득 작전을 펼쳤다.

"내가 들은 바로는 당신들이 나를 그렇게 감시하는 이유가 김대중 씨가 대통령이 되면 나를 총리로 기용한다는 얘기 때문이라면서요? 왜 그런 근거 없는 소문 때문에 귀한 인력과 시간을 낭비하는 겁니까? 당신들이 정보 일을 하려면 사람 관상도 좀 볼 줄 알아야 될 거요. 한 번 내 관상을 자세히 보시오. 내가 김대중 대통령 집무실에 들어가 차렷자세로 서류에 결재를 받고서는 '예, 각하!' 그렇게 할 사람으로 보이오? 내가 그렇게 생겨 먹었소?"

내 말에 그는 시인도 부인도 않고 시종 애매한 웃음만 흘렸다. 그러나 내 말이 효과가 있었는지 다음날부터 쫓아다니던 사람들이 눈에 띄게 줄어들었다.

김대중의 장충단공원 유세

1971년 대선에서 김대중이 일으킨 바람은 예상과 달리 굉장했다. 특히 선거일을 코앞에 둔 4월 18일 서울 장충단 공원에서 있었던 그의 유세는 정말 대단했다. 그날 유세장에는 사상 최대의 인파가 몰려들었고 그 열기는 서울 시내 전체를 뜨겁게 달구었다.

정부 여당에서는 김대중의 유세에 사람들이 몰리는 것을 막기 위해 갖가지 방해 공작을 펼쳤다. 장충단 공원으로 가는 시내 버스의 운행을 막았고 공무원이나 정부 기관, 단체에 근무하는 사람과 그 가족들은 야유회에 내보내는 등 별별 수단을 동원했으나 유세장으로 향하는 민심은 아무리 그래도 막을 수 없었다.

그날 나는 경동교회에서 근처에 있는 장충단 공원으로 사람들이 몰려가는 것을 지켜보고 있었다. 유세장을 향해서 사람들이 줄을 지어 지나갔는데, 그 개미떼 같은 행렬이 멈추는 공원은 말 그대로 인산인해였다. 나는 그같은 엄청난 인파를 보며 '혹시 오늘 김대중이 말했던 민중의 힘이 폭발해 군사 정권을 무너뜨리는 그날이 되지 않을까' 하는 생각을 혼자 가져보기도 했다.

어차피 민주적인 선거를 통한 정권 교체가 불가능하다면 민중의 힘으로 독재자를 몰아내는 길밖에 대안이 없을 터이니, 어쩌면 오늘이 계엄령이 선포되든지 아니면 박정희가 쫓겨나든지 양단간에 결정이 나는 날이 될지도 모른다는 게 내 생각이었다. 그 때문에 나는 그날 유세를 심상치 않은 느낌으로 주목하고 있었다.

그날 유세에서는 선거 운동에 본격적으로 뛰어든 이태영이 찬조 연사로 나와 김대중 지지 연설을 했는데, 나도 말 잘한다는 얘기를 듣는 사람이지만 그날 그녀의 연설은 내가 듣기에도 정말 대단했다. 공화당의 부정 부패와 장기 집권의 폐해를 고발하는 그녀의 연설은 구름처럼 모여든 군중의 열렬한 환호를 받으며 유세장 분위기를 한껏 달궈 놓았다.

김대중은 그날 천부의 선동적인 웅변술을 발휘해 청중을 흥분의 도가니로 몰아넣었다. 그는 대중을 완전히 장악하여 그의 말이 끝날 때마다 청중은 열띤 박수와 환호를 보내곤 했다. 김대중이 한마디만 하면 금방이라도 대규모 군중 시위가 일어날 수 있을 만큼 연사와 청중이 혼연일체가 되어 한껏 달아올라 있었다. 이런 분위기라면 김대중이 말한 '민중의 힘'으로 무엇인가 해낼 것도 같았다.

그러나 내가 보기에 그 날 김대중은 흥분한 청중에게 불씨를 던지는 게 아니라 오히려 조심스럽게 찬물을 끼얹는 것 같았다. 그는 자꾸 환호하는 사람들을 진정시키며 "이제 청와대에서 만납시다" 하는 말을 끝으로 연단에서 내려왔다. 그날의 열기는 유세가 끝난 후에도 청중들이 움직이지 않을 만큼 대단했으나 결국 아쉬움을 안은 채 그대로 식어가고 말았다.

그날 유세장에서 대규모 데모가 일어나기를 내가 바란 것은 물론 아니다. 다만 그날 김대중이 보여준 냉정한 행동이 내가 그의 말을 듣고 예상했던 것과는 달랐기 때문에 그 점을 의아스럽게 생각했다는 것을 말하고 있는 것뿐이다.

그 일이 있고 나서 얼마 후 나는 극히 가까운 친구들과 모인 사석에서 장충단 공원 유세를 보고 느낀 점을 부담 없이 말한 적이 있다.

"야! 사실 그때가 김대중에게는 좋은 기회였어. 그전에 박대통령이 춘천에서 유세를 하면서 '군대도 가지 않고 총 한 번 쏴보지 않은 풋내기한테 내가 국가 안보를 맡길 수 있느냐, 그런 사람에겐 정권을 넘겨줄 수 없다' 그런 얘기를 하니까 김대중이 그 얘기를 듣고 '좋다, 그럼 안보 문제를 놓고 나와 텔레비전 토론을 하자' 그렇게 대응한 적이 있잖아? 그런데 그 제의를 박대통령이 받아들이지 않았지. 그러니 그런 문제가 김대중에게는 아주 좋은 공격거리였다고. 그때 유세장에서 사람들에게 '자, 여러분. 박대통령이 나에게 국가 안보를 맡길 수 없으니 정권을 넘겨줄 수 없다고 하면서 텔레비전 토론은 기피하고 있습니다. 여러분이 나를 아무리 지지해도 자리를 못 내놓겠다는 것 아닙니까? 그러니 이제 여러분이 나와 함께 청와대로 갑시다. 여러분 앞에서 내가 박대통령과 안보 문제를 놓고 한 번 공개 토론을 하겠습니다. 그러니 나를 따르십시오' 그렇게 나갔더라면 아주 결정적인 일이 터졌을지도 모르는데."

때가 때인 만큼 선거 얘기가 화제였고, 나는 그 얘기를 정말 가까운 사람끼리 할 수 있는 부담 없는 이야기로 여겼다. 그런데 놀라운 것이, 8년 뒤 크리스챤 아카데미 사건으로 정보부에 불려가 심문을 받을 때, 이때 내가 한 얘기가 심문 자료로 등장했다는 사실이다. 그때 내가 조사받고 있는 방으로 한 수사관이 내려오더니 다짜고짜 소리를 질러대며 하는 소리가 이랬다.

"당신이 무슨 목사고 종교인이오? 난 당신이 어떤 사람인지 다 알고 있어. 당신은 혁명주의자야. 1971년 선거에서 김대중이 민중 혁명을 해야 했는데, 투표로 승부를 걸었다고 욕하고 다닌

걸 내가 모르는 줄 알아?"

그는 내가 언제 어느 좌석에서 그런 얘기를 했다는 것까지 정확하게 알고 있었다. 나는 그의 말을 듣고 '야, 세상이 이렇게 돌아가는구나' 하는 생각에 벼락을 맞은 것처럼 놀라지 않을 수 없었다. 그때 나는 8년 전에 한 말 때문에 곤욕을 치러야 했다.

김대중이 장충단 공원에서 유세를 한 일주일 후 박대통령도 같은 장소에서 유세를 했다. 그는 그 자리에서 이런 약속을 내걸었다.

"유권자 여러분, 내가 이런 자리에 나와서 여러분에게 '나를 한번 더 뽑아주십시오' 하는 정치 연설을 하는 것은 이것이 마지막이라는 것을 확실히 말씀드립니다."

나는 그의 말을 들으며 더욱 불길한 예감에 사로잡혔다.

'이제 아무리 말을 잘 뒤집는 박대통령이라도 앞으로 또 선거에 나서기는 힘들 것이다. 하지만 저 사람은 눈을 감기 전에는 권력을 스스로 내놓기 힘든 사람이다. 그렇다면 앞으로 어떤 조치를 취할 것인가. 아마 선거가 아닌 다른 방법으로 계속 집권할 수 있는 길을 찾을 텐데 그게 어떤 방법이 될 것인가?'

김대중은 장충단 공원 유세에서 "박정희가 재집권하면 앞으로는 선거조차 없는 총통 체제가 온다는 확고한 증거를 가지고 있다"고 장담하기도 했지만, 나 역시 꼭 총통제라고 못박거나 유신 체제까지 예상하지는 않았어도 막연하나마 박대통령이 조만간 비상 조치를 취할 것이라는 예감만은 강하게 느끼고 있었다.

인권유린의 역사적 현장에서

드러나기 시작한 지역감정의 골

앞서 얘기한 대로 나는 선거 결과에는 거의 기대를 하지 않고 있었다. 아무리 민주 세력들이 눈에 불을 켜고 선거 감시에 나선다 해도 그 소수의 힘으로는 엄청난 구조적 부정을 막을 수 없는 노릇이었다.

대통령 선거가 있던 4월 27일 밤, 우리집 식구들은 밤을 새워가며 텔레비전으로 중계되는 개표 상황을 지켜봤으나, 나는 아예 초저녁부터 잠자리에 들었다. 보나마나 김대중이 질 게 뻔하다는 판단에서였다.

당락이 판명된 아침에 일어나 지역별 득표 상황을 살펴보니 김대중이 서울에서는 이겼으나 경상도 지역에서만 무려 158만 표라는 큰 차이로 뒤져 있었다. 반면 호남 지방에서는 김대중이 압도적인 우위를 보였는데, 이는 모두 선거 유세 과정에서 생겨난 지역 갈등과 감정이 작용한 결과였다.

지금도 우리 사회의 고질병으로 남아 있는 이 지역 감정은 이렇게 1971년 대선 때부터 본격적으로 심화되는 양상을 보여주었다. 당시 나는 그 현상을 보고 걱정을 하지 않을 수 없었고, 그래서 선거가 끝난 후 『대구매일신보』(5월 4일자)에 '4·27과 지역 감정'이라는 제목의 칼럼을 썼다.

4·27선거는 많은 문제와 상처를 남긴 채 일단락되었다. 이번 선거에서 가장 한심스러운 사실은 지역 감정의 양극화가 드러난 것이다. 남북으로 나뉜 국토에 사는 비극만도 견뎌내기 어려운데, 이제 남쪽이 다시 동서로 분열된 것은 바람직하지 못한 현상이요, 걱정스러운 사태가 아닐 수 없다.

이번 선거 결과를 놓고 경상도의 지역 감정이 작용하지 않았으면 박후보가 당선될 수 없었다고 가정한다면 이후 4년 동안 박대통령이 전민족을 상대로 정책을 수행해 가는 데 많은 심리적 난관이 있으리라는 것을 예측할 수 있다. 야당의 김대중 후보도 전라도 출신인 까닭에 전라도에서 박후보보다 62만여 표를 앞섰다. 만일 야당 후보가 이북 사람이라든지 강원도나 제주도 사람이었으면 그 결과가 어떠했을까를 생각해 보면 앞으로 이런 지역 출신자들은 선거권은 있어도 피선거권은 없는 결과를 초래하지 않을까 우려된다.

이러한 상황을 아무런 대책 없이 방치한다면 이후에는 각 지역과 지역 사이에 선거를 놓고 흥정이 있을 수도 있고, 자기 지역의 승리를 위해 가족 계획까지 반대하게 될지 모르겠다. 이렇게 되면 우리는 원시적인 부족 사회로 돌아가 살아야 하는 것인가.

이러한 지역 감정은 물론 갑자기 노출된 것이 아니라 우리의 먼 역사에서 유래한 것이기도 하다. 그러나 이것이 병적으로 성장한 것은 지난 몇 해 동안이다. 그것은 집권자들이 의식적으로 했건 무의식적으로 했건 지역적으로 편파적인 행정을 해 온 결과라는 여론을 무시할 수 있을까.

그 결과 국민학교 어린이들 사이에서도 새로운 말들이 유행하고 있다. 알래스카 토벌(함경도 사람 추방), 하와이 배척(전라도 사람 배척), KS 마크 출세(경상도 사람이 서울 오면 으레 출세한다는 뜻)라는 말들이 그 예다.

4·27선거 결과는 단순히 전라도 사람들의 불만만 초래한 것이 아니다. 이번에 투표한 유권자 가운데 경상도와 전라도 어느 쪽에도 속하지 않은 사람이 약 510만 명이다. 그러면 이들은 경상도와 전라도의 싸움에서 어떻게 하라는 말인가. 이들의 분노도 계속될 것이다.

우선 집권층은 심각한 자기 반성과 민족의 장래를 위한 일대 결단을 내려야 한다. 위정자는 미봉책을 쓰지 말고 근본적인 대책을 세워 인사·행정·지역 건설 등 모든 면에 공정성을 기해야 하며, 이 시기에 대담하게 지방 자치제를 실시하여 권력을 지방에 분산시켜야 한다.

다음으로 지역 감정을 탈피한 의식 있는 사람들이 각 지역에서 앞장서서 지역 감정 해소 운동을 전개하되, 특히 승리한 편인 경상도 지역에서 이 운동이 더 강하고 폭넓게 일어나 주길 바란다.

대통령 선거가 끝나고 난 후 5월 25일에는 8대 국회의원 총선거가 있었다. 이때 신민당은 심각한 계파간 다툼과 이른바 진산 파동 등으로 분열 양상을 보여 당의 이미지를 더욱 실추시켰으나, 그럼에도 7대 국회 의석수의 두 배에 달하는 89석(공화당 131석)을 확보, 균형 국회를 이루게 되었다. 이는 삼선 개헌으로 재집권한 박정희 정권을 확실하게 견제하려는 국민들의 의식이 작용한 결과였다.

그러나 신민당은 그같은 국민들의 여망에 부응하지 못하고 계속 당권 다툼과 파벌 싸움에만 빠져 있었다. 내홍이 그치지 않는 신민당을 걱정스럽게 지켜보던 나는 총선이 끝난 직후『동아일보』(5월 29일자)에 '야당에 바란다'는 글을 기고, 신민당에 대한 국민들의 바람을 대신하여 이렇게 피력했다.

이번 5·25선거에서 국민들이 신민당에 보낸 성원은 신민당의 정책이나 소속 인사들에 대한 지지였다기보다는 중차대한 책임을 걸머진 야당이 곧 신민당이기 때문에 표를 준 것이었다. 그러므로 이 시기에 신민당은 진정한 야당 노릇을 하기 위하여 몇 가지 해야 할 일이 있다고 생각한다.

우선 선명 야당의 체질을 갖추어주기 바란다. 우리의 뇌리 속에는 야당에 대한 많은 불신과 의혹이 깊이 깃들여 있다는 것을 이해하고 그것을 풀어주는 일부터 해야 할 것이다.

지금까지 우리 야당이 걸어온 과정을 살펴보면 지도적 지위에 있는 인물 개인, 때로는 당 전체가 민주주의 선도자 노릇을 하기보다는 배반자 노릇을 할 때가 많았던 것을 우리는 기억하고 있다. 한일회담, 삼선개헌 등의 큰 사건을 처리한 과정이나 이번 선거의 진산 파동 같은 것이 그 뚜렷한 예다.

이런 구체적인 큰 사건들만이 아니고, 국회에서 극한 투쟁을 벌이다가도 밤을 지내고 나면 그 다음날은 납득이 안 가는 타협을 이루는 등 뒷거래를 통한 나누어 먹기 식이라는 인상을 준 예가 한두 번이 아니다.

야당은 오직 국민의 강력한 여론에 뿌리를 박고 커야 한다. 신민당 지도자들은 그 동안 당내에서 자기가 어느 계보에 속해 왔든 이제는 그런 데서 벗어나 국민 대중의 여론에 따라 자기가 취할 행동을 과감하게 바꿔나가야 한다. 따라서 흥정을 통해 당내 어느 파벌에서 자기편으로 몇 사람을 더 얻어 올까 하는 따위에 주력하지 말고 국민들의 의지를 대변할 수 있는 중산층, 근로 대중, 청년 학생층, 인텔리, 부녀자들의 강한 지지를 받을 수 있도록 자세를 갖추기 바란다.

이들의 지지를 얻으려면 민주주의를 위한 굳은 신념과 그의 실현을 위해, 즉 자유와 정의를 실현하기 위해 성실하게 투쟁해 가는 모습을 보여 주어야 한다.

이러한 신민당이 되기 위해서는 우선 곧 열릴 전당 대회에서 파벌 싸움을 지양하는 새 모습을 보여주는 동시에, 그 동안 단결이라는 미명하에 국민의 의혹과 분노를 샀던 미심쩍은 타협이 다시 있어서는 안 되겠다.

내용이야 어찌됐든 국민의 의혹을 받고 있는 지도자들은 자진해서 물러나고, 그것이 정 불가능하다면 당 스스로 결의를 새롭게 하여 선명하고 성실한 야당 체제를 갖추어야 한다. 새로운 지도 체제도 파벌 사이의 대결이나 흥정이 아니라 국민이 어떤 지도자와 체제를 원하는가를 사심 없이 생각하면 쉽게 정해나갈 수 있을 것이다. 모든 것을 국민의 기대에 부합하는 방향으로 나아가야 한다.

'선데이서울' 스캔들의 진상

양대 선거가 끝나 선거 열기로 들떴던 국내 분위기가 진정되기 시작한 1971년 6월 초, 내게는 평생 지울 수 없는 상처를 남긴 치욕스러운 사건이 일어났다. 그것은 나를 아는 많은 사람들이 아직도 잊지 않고 있을 만큼 내게는 치명적인 사건이었다. 지금도 떠올릴 때마다 불쾌한 기분이 드는 그 사건은 『선데이서울』이라는 주간지에 실린 나와 어느 여기자에 대한 스캔들이었다.

정보부의 공작으로 생겨난 그 소동의 진상은 이렇다.

6월 초 어느 주일날이었다. 그날 나는 아침 일찍 교회에 나가세 번에 걸친 설교를 서둘러 마친 후 비원을 향해 차를 몰았다. 초여름 한낮의 청명한 햇살을 받으며 비원으로 향하는 내 마음은 모처럼 만에 어린 시절로 돌아가 한껏 들떠 있었다.

그도 그럴 것이 그날 비원에서는 내가 다닌 은진중학의 동창들이 전국에서 모여 캐나다에서 방한한 브루스 교장의 환영회를 열기로 했기 때문이다. 브루스 교장을 한국에 초청하기로 한 것은 당시 은진중학 동창회 회장직을 맡고 있던 나의 생각이었다. 나는 은진중학 재학 시절이나 캐나다 유학 시절 내게 특별한 사랑과 후의를 베풀었던 그에게 어떤 형식으로든 한 번 답례를 하고 싶었다.

브루스 교장은 성격이 남성답고 학생들을 사랑해 교장 재직시에도 학생들에게 인기가 높았으므로 그의 초청은 다른 졸업생들도 쌍수를 들어 환영한 터였다. 우리의 초청으로 한국에 온 브루스는 40대의 건장하던 장년 신사에서 은퇴한 70대 노인으로 변해 있었지만 제자들에 대한 사랑은 여전했다.

그의 방한은 아름다운 작은 화제로 언론의 관심을 끌어 텔레비전과 신문에 보도되기도 했다. 『동아일보』(6월 9일자)는 '북간도의 광복 은인 브루스 옹(翁), 30년 만에 한국에'라는 제목으로 그의 방한 소식을 실었다. 그밖에도 그는 서울시에서 행운의 열쇠를 증정받는 등 제자들과 재회하는 기쁨 외에도 모처럼 즐거운 시간을 많이 가지게 돼 초청한 우리들 역시 흐뭇한 마음이었다.

내가 환영회 자리에 도착한 시간은 점심 때였다. 전국에서 온 은진중학 동창들 뿐 아니라 은진중학과 같은 계열이었던 명신여중 졸업생들까지 모여 서로 옛 시절로 돌아가 한창 이야기꽃을 피우고 있었다. 모인 사람들이 예상보다 많은 150명 가량이나 되었기 때문에 준비한 도시락이 모자라 나는 점심도 굶은 채 환영회를 주관해야 했다.

브루스 교장은 젊은 시절 용정에서 가르쳤던 제자들을 한국 땅에서 재회하게 된 감격으로 시종 상기된 표정을 감추지 못했다. 한국말은 인사말 정도를 빼놓고는 다 잊어버렸지만 나를 보고는 서투른 발음으로 "뚝버리"(특별히)라는 말을 쓰며 자신이 아꼈던 내가 활발한 활동을 벌이는 것이 자랑스럽다면서 매우 흐뭇해했다.

환영회가 끝난 것은 오후 네 시가 지나서였다. 나는 이것저것 모임의 뒤처리를 끝내고는 점심을 굶어 허기지고 피곤한 몸으로 집에 돌아왔다. 너무 지쳐서 눈을 감고 한숨 막 붙이려는데, 수원 사회교육원에서 전화가 왔다. 그곳에서는 주말을 이용해 여기자들을 상대로 교육 프로그램을 진행하고 있었다. 전화를 한 사람은 박영호라는 직원이었다.

"원장님, 아무래도 여기에 빨리 좀 오셔야겠습니다. 지금 교육 받고 있는 여기자들이 원장님이 안 오신다고 항의가 보통이 아닙니다."

"아니, 프로그램대로 교육을 진행하면 되지 내가 뭐 꼭 갈 필요가 있나? 지금 너무 피곤해서 거기까지 갈 수가 없는데."

"웬만하면 저도 어떻게 해보겠는데 기자들이라 여간 시끄러운 게 아닙니다. '우리가 강원용 원장의 초청을 받고 왔지 당신 초청을 받고 왔느냐, 초청을 해놓고 초청자는 코끝도 보이지 않으니 우리를 무시하는 거냐 뭐냐' 하고 난리법석들입니다. 원장님이 오시지 않으면 사태가 수습되기 힘들겠습니다."

할 수 없이 나는 지친 몸을 이끌고 다시 차에 올라탔다. 당뇨병 때문에 쓰러질 것처럼 피곤했으므로 수원에 도착할 때까지 계속 누워 있었다.

도착해 보니 박영호는 2층 로비에 맥주와 음료수 등을 잔뜩 준비해 놓고 서른 명 정도의 여기자들을 불러모은 후 나를 기다리고 있었다.

나는 박영호에게 들은 말이 있는지라 로비에 들어서자마자 인사말과 함께 사과부터 했다. 그러자 그들도 더 이상 트집을 잡지 못하고 곧 자유로운 대화 시간이 시작되었다. 그때 여기자들은 내가 앉은 자리를 중심으로 둥그렇게 둘러앉아 있었는데, 대부분 나와는 안면이 없는 사이였으므로 나로서는 썩 편한 기분은 아니었다.

그런데 마침 그 중에 우리 경동교회에 나오는 여자가 하나 있어 그녀가 자연스럽게 내 옆에 앉게 되었다. MBC 여기자였던 그녀는 형제들도 모두 경동교회 교인이고 그 부모와 나도 친한 관계여서 평소에도 잘 알고 지내던 사이였다. 그때 그녀는 이혼한 후 딸 하나를 데리고 살고 있었다.

처음에 맥주를 마시며 전체 여기자들과 되는 대로 얘기를 나누던 나는 점차 분위기가 풀어져 대화 내용이 산만해지자 옆에 앉아 있던 그녀와 주로 얘기를 나누게 되었다. 다른 사람들에겐 예의가 아니었지만 몹시 지쳐 있어 모르는 사람과 얘기를 나누려는 시도를 하는 것이 귀찮았기 때문이었다. 피곤한데다 여기자들이 감당하기 힘들 정도로 돌아가며 계속 맥주를 권한 탓에 나는 좀

과도하게 마신 것 같다.

내가 앉은 의자와 그녀가 앉은 사이에는 전화기가 놓인 작은 탁자가 하나 있었기 때문에 우리는 얘기를 하면서 서로 상대방 쪽으로 머리를 기울이기도 했다. 삼삼오오 나뉘어 각자 떠드는 여기자들의 목소리가 매우 시끄러워서 때로 상대방이 하는 얘기가 잘 들리지 않았던 탓이다.

특별한 목적이 있는 모임도 아니었던 만큼 여기자들과의 대화 시간은 오래지 않아 끝이 났다. 모임이 파하자마자 나는 곧바로 1층에 있는 내 방으로 내려와 미끄러지듯 잠 속으로 빠져들었다. 내가 그곳을 나온 것은 다음날인 월요일 아침 6시경이었다. 아카데미 하우스에 모임이 있어 참석해야 했기 때문이었다.

그런데 그 일이 있고 나서 사나흘 뒤, 그때 교육에 참석했던 여기자 두세 명이 내게 취재할 것이 있다며 만나자는 연락을 해왔다. 나는 여기자들이 특별히 나를 만나 취재할 것이 무얼까 의아해하며 그들을 만나러 나갔는데, 그들의 '취재'라는 것이 나로서는 정말 기가 막힌 내용이었다. 나를 대하는 태도와 어투가 매우 부정적인 그들이 던진 첫 질문은 그 MBC 여기자와 내가 어떤 사이냐는 것이었다.

나는 그들의 단도직입적이고 유치한 질문이 불쾌했지만 사실대로 대답해줬다.

"어떤 사이냐니, 그냥 동생 같은 여자지요. 그녀는 우리 교회 교인이고 그 집안과도 아주 가까운 사이입니다. 그런데 그런 건 왜 묻는 겁니까?"

"목사님, 그날 저녁 그 여자하고의 일이 잘 기억나세요? 무슨 얘기를 그렇게 했지요?"

"아, 그거야 그냥 사사로운 얘기였죠. 내가 너무 피곤했기 때문에 무슨 얘기를 했는지 정확히 기억나지는 않지만, 당신들도 함께 있었으니 다 보고 들었을 것 아니오? 미안한 얘기지만 사실 나는 어서 내려가서 잤으면 하는 생각뿐이었어요."

나로서는 정말 어처구니가 없는 내용을 놓고 질문과 대답이 오고갔다. 그런 질문과 대답이 끝난 후에도 여기자들의 딱딱한 태도는 풀리지 않았다. 나 역시 그런 자리가 몹시 불쾌하여 "더 이상 그런 일로 취재를 한다고 찾지 않았으면 좋겠다"는 말을 하고 자리를 떴다. 그러고 나서 바쁜 업무들에 쫓겨 그 일을 더 이상 곰곰이 생각해볼 여유도 갖지 못한 채 시간이 지나갔다.

그 불쾌한 '취재'가 있고 얼마 지나지 않아 나는 에티오피아의 수도 아디스아바바에서 열리는 WCC 중앙위원회에 참석하기 위해 서울을 떠났다.

아디스아바바는 고산 지대라 날씨는 서늘했으나 산소가 부족했다. 회의 참석자들은 산소를 충분히 흡입하러 낮은 지대로 자주 내려가곤 했으나 그래도 병에 걸리는 사람들이 적지 않았다.

에티오피아에서 내 일과는 매우 바빴다. 그때 그곳의 한국 대사는 장지량이라는 사람이었는데, 한국 사람들이 잘 오지 않는 곳이니까 장대사를 비롯해 대사관 직원들은 무척 반기며 저녁마다 나를 초대했다. 게다가 그곳 황제가 기독교인이어서 회의 참석자들은 네 번이나 황제의 초대를 받아 극진한 대우를 받았다.

처음에는 비교적 잘 견뎌내던 나 역시 낮에는 회의에 참석하고 저녁마다 각종 초대에 응하느라 바쁘게 돌아다니다 보니 그만 몸에 무리가 생겨 심한 독감에 걸리고 말았다. 산소가 부족한 고산지대에서 걸린 독감이라 그런지 증상이 굉장히 심했다. 얼마나 지독한지 귀국한 후에도 한동안 시달렸을 정도였다. 그래도 나는 처음 방문한 에티오피아의 사회상을 가능한 한 많이 접해보기 위해 이곳저곳을 열심히 찾아다녔다.

에티오피아의 하일레 셀라시에 황제는 마침 한국을 방문한 지 얼마되지 않아서인지 한국에 대해 굉장히 긍정적인 이미지를 갖고 있었다. 그가 한국에 왔을 때 받은 선물 중의 하나가 영락교회 장로가 만든 창세기부터 요한계시록까지 내용을 담은 그림이었는데, 그것은 우리 아카데미 하우스에서 그린 것이었다.

당시 에티오피아는 황제가 기독교인일 뿐 아니라 국교도 기독교였다. 우리가 갔을 때는 마침 주현절 행사가 있을 때여서 나라 전체가 쉬면서 행사를 굉장히 성대하게 치르고 있었다. 하지만 그렇게 성대한 기독교 행사의 이면에는 기독교 정신과는 전혀 어울리지 않는 어두운 사회상이 존재하고 있었다.

가장 두드러진 것은 격심한 빈부차였다. 부의 분배가 남미와 비슷하여, 전국토의 3분의 1이 황제 집안의 소유였고 다른 3분의 1은 교회 소유여서 겨우 그 나머지 땅만이 국민들에게 돌아가 있는 형편이었다.

그런 상황에서는 공업화 정책도 성공을 거둘 수가 없으므로 국민의 대다수는 일자리가 없는 빈민의 처지에서 벗어나지 못했으며, 먹고 살기 위해 도둑질과 약탈, 매춘이나 일삼고 있었다. 일례로 아디스아바바에 있는 창녀촌이 얼마나 넓은지 나는 깜짝 놀라지 않을 수 없었다.

또 한 번은 이런 일도 있었다. 그곳 교회로 예배를 드리러 갔는데, 커다랗게 둘러쳐진 교회 울타리 밖에 많은 사람들이 구경이라도 난 듯 모여 서 있는 것이었다.

나는 하도 이상해서 사람들에게 물어보았다.

"뭐하는 사람들이기에 저렇게 서 있는 겁니까?"

"도둑질 같은 범죄를 저지른 사람들로서, 교회 안으로 들어오지 못하기 때문에 밖에서 예배를 보는 것입니다."

교회 안에 들어가 예배를 보는 사람들은 주로 성직자들과 고위 관리들, 부자와 상류층 사람들이라는 얘기였다. 나는 그 얘기를 듣고 '큰 도둑은 안에서 예배를 드리고 작은 도둑들은 밖에서 드리는구나' 하는 생각에 실소를 금할 수 없었다.

그처럼 사회적 모순이 극심한 나라였기 때문에 나는 귀국 후 기자들과 만난 자리에서 "에티오피아는 몇 년 안에 공산 혁명이 일어날 것"이라는 얘기를 했다. 그런데 실제로 3년 후 에티오피아에서는 군부 쿠데타가 일어나 셀라시에 황제가 폐위되었으며 정치적으로 좌경 친소 노선을 걷게 되었다.

신문사 사장도 해결할 수 없는 기사

WCC 중앙위원회 회의가 끝나고 나서 케냐의 나이로비에서 열린 다른 회의에 참석한 후 미국으로 향했다. 결혼해서 뉴욕에 살고 있던 둘째딸 혜원이를 오랜만에 보기 위해서였다.

그러나 뉴욕에서 나를 기다리고 있는 것은 반가움에 가득 찬 딸의 밝은 얼굴이 아니라 서울에서 날아온 기가 막힌 소식이었다. 딸애는 사색이 다 된 얼굴로 나를 보자마자 어쩔 줄 몰라했다.

"아버지, 이걸 어쩌면 좋아요? 한국에서 아버지께 무척 좋지 않은 일이 생긴 모양인데. 아카데미 사무실에서 여기로 연락이 보통 온 게 아니에요."

"무슨 일인데 그래?"

"이것 좀 보세요."

딸애가 내미는 것은 주간지 『선데이서울』이었다. 내가 서울을 떠난 며칠 후에 발행된 것으로 거기에는 나와 그 MBC 여기자에 관련된 추문이 한 페이지가 채 못되는 분량으로 실려 있었다.

나는 그 기사를 보고 경악을 금치 못했다. 그 추잡한 기사의 요지는 '강원용 목사가 아카데미 수원 사회교육원에서 교육받던 여기자들과 저녁에 환담을 나누던 중 술을 마시고 모 여기자의 젖가슴을 만졌다고 한다'는 것이었다.

나는 우선 딸애의 얼굴을 보기가 민망했다. 서울로부터 이미 전후 사정을 전해 들은 딸애는 그 기사가 나를 음해하기 위한 공작 차원에서 나온 것이라는 것을 알고는 있었지만, 어쨌든 그런 점잖지 못한 주간지에 성추문의 주인공으로 등장했다는 사실 자체가 내 얼굴을 달아오르게 만들었다. 나는 그 기사를 접하고는 마치 뒤통수를 홍두깨로 얻어맞은 듯 눈앞이 아찔했다.

그러면서 번개처럼 뇌리를 치는 생각이 있었다.

'박정권이 나를 여자 문제로 잡으려고 하는구나.'

나는 박정권의 미움을 받으면서부터 언젠가는 그들에게 어떤 형태로든 한 번 당할지도 모른다는 예상을 하고 있었다. 그리고 나를 반공법으로 잡기는 힘들 테니 목사에게 가장 민감한 문제인 윤리적인 일로 탄압의 빌미를 삼을 것이라는 예상도 하고 있었다. 그래서 특히 돈 문제와 여자 문제에 조심을 하고 지내왔었는데, 결국 어처구니없는 일로 걸려들고 만 셈이었다.

그날 사회교육원에 모인 여기자들이 특별한 이유도 없이 나를 막무가내로 불러냈던 일, 그리고 며칠 뒤 취재한다고 만난 여기자들의 석연치 않았던 태도 등이 그제야 의문스럽게 상기되었지만, 이미 물은 엎질러지고 난 뒤였다.

기사에는 그들의 물음에 내가 대답한 "그날 저녁 무슨 얘기를 했는지 자세히 기억나지 않는다"고 한 말이 "무슨 일이 있었는지 기억나지 않는다"는 말로 교묘하게 바뀌어 있었다.

나는 꼭 목에 큰 가시가 걸린 것같이 찜찜하고 착잡한 기분으로 귀로에 올랐다. 나 스스로 떳떳하니 겁날 것은 없었지만, 한국같이 형식적인 도덕률이 완고한 사회에서 그 기사가 불러온 파문이 어떠했을지, 또 앞으로 불러올 파문은 어떠할지 보지 않아도 뻔했다. 정부가 아니더라도 나를 미워하는 세력은 나를 공격하는데 그같은 호재가 다시 없을 것이었다.

드디어 비행기가 김포공항에 도착하여 비행기에서 내리려고 하는데 여승무원 한 명이 다가와 쪽지를 건네주었다. 밖에서 비행기 안으로 들여보낸 그 메시지 내용은 이러했다.

'원장님, 공항에 내려서 혹시 기자들과 만나게 되더라도 절대 입을 열지 마십시오.'

나는 그 쪽지를 보고 사태가 매우 심각하게 돌아가고 있음을 직감적으로 느꼈다.

공항에 나가보니 뜻밖에도 아내를 비롯해 경동교회 여신도들이 백여 명이나 몰려나와 나를 기다리고 있었다. 평소에는 아내밖에 나오지 않는데, 그날은 여신도들이 나를 보호하기 위해 일종의 시위로 그렇게 나왔다는 것이었다.

내가 없는 사이 사건이 터지고 한달이나 지나 있었지만, 사람들은 내 귀국을 기다리며 그 일을 계속 시끄럽게 떠들고 있었다. 기사 내용을 그대로 믿는 사람들은 "목사가 어떻게 그럴 수 있느냐, 그런 사람은 그대로 둘 수 없다"는 비난을 해댔고, 나를 알고 믿어온 사람들은 "그럴 리 없다. 이것은 분명히 강목사에게 타격을 입히려는 모략이다"라는 옹호론을 내세워 말이 오가면서 주변은 시끌시끌했다.

귀국 후 나는 아들과 이양구 사장에게서 그 기사가 나가게 된 배경을 짐작할 수 있는 얘기를 들을 수 있었다. 그 내용은 대략 이랬다.

내가 떠난 후에 평소 나를 좋아하던 『선데이서울』의 편집자 한 사람이 아들 대인이에게 급히 연락을 해왔다.

"지금 다음호를 만들고 있는데 강목사에 대한 스캔들 기사가 들어가니 빨리 조치를 취해야 한다."

깜짝 놀란 대인이는 나에게 연락할 길이 없어 우선 급한 대로 이양구 사장을 찾아가 사정 얘기를 했다. 이사장은 그 얘기를 듣고 우선 대인이를 안심시켰다.

"서울신문사 사장인 장태화와 내가 친한 사이니까 걱정하지 말고 집에 가 있도록 해라."

그리고 이양구 사장은 어떻게든 그 기사를 막기 위해 장태화 사장을 만났다.

"장사장, 본인도 국내에 없는데 확인해 보지도 않고 그런 기사를 내보내면 됩니까? 빨리 빼주시오."

"이미 인쇄가 다 끝나서 어쩔 수 없습니다. 그렇지 않으면 그걸 전부 새로 인쇄해야 하는데 그러려면 돈이 너무 많이 들어요."

"도대체 얼마나 듭니까?"

"4백만 원이나 됩니다."

"좋소. 그럼 내가 5백만 원을 수표로 끊어줄 테니 어렵더라도 새로 찍으시오. 부탁이오."

그러자 장태화는 이양구 사장의 말에 잠시 침묵을 지키다가 곤란하다는 듯한 표정으로 이렇게 말했다.

"이사장, 이건 돈으로 해결할 수 있거나 내 선에서 선처할 수 있는 성질의 일이 아닙니다."

이양구 사장은 그 얘기를 듣고 모종의 정치적인 음모가 있다는 것을 알았다고 한다. 그런 배경에서 이루어진 일이었으므로 자기로서도 손을 써볼 방법이 없었다는 것이다. 그러면서 그는 나를 보고 힘없이 말했다.

"우리처럼 힘없는 사람이야 힘있는 놈들에게 당해도 그대로 참고 있을 수밖에, 달리 도리가 없지 않소?"

사실이야 어찌되었든 그 기사로 내 명예가 입은 손상은 치명적이었다. 그 기사가 나가고 난 뒤 텔레비전에서도 그 일이 취급되었고 크게 확대된 기사는 극장 입구까지 나붙는 등 그 추문을 널리 알리기 위한 갖가지 방법이 동원되는 것 같았다.

나는 가까운 사람들에게 사실을 해명하고 대처 방안을 의논했다. 내 맘은 당장 어떤 항의라도 해야지 속이 풀릴 것 같았지만 주위 사람들은 한결같이 나를 말렸다. .

"그런 종류의 추문은 해명을 하려 하면 할수록 또 다른 불씨가 생겨 구설만 더 심해질 뿐이오. 그러니 해명을 하려는 노력은 이런 추문을 만들어낸 그들에게 오히려 득을 갖다 줄 것이오. 강목사를 아는 사람들은 그것이 모략이라는 것을 다 알고 있고 또 이미 한달이나 시간이 지났으니 앞으로 시간이 좀더 흐르면 차차 진실은 밝혀질 것이오."

나 역시 그간의 경험으로 언론과 싸워서는 승산이 없다는 것을 알고 있었다. 그 때문에 『복음신문』에서 내 설교를 문제삼아 지옥 논쟁으로 나를 곤경에 빠뜨렸을 때도 아무런 항의도 하지 않고 묵묵히 당하기만 했었다.

나를 아는 사람이야 선정적으로 도색된 그 기사를 믿지 않았지만 자세한 사정을 모르는 일반인들 사이에서는 아무래도 나의 이미지가 실추될 수밖에 없었다. 나는 그 때문에 속으로 앓고 있었지만 나를 아는 주위 사람들은 내가 함정에 빠진 것을 함께 걱정하며 위로해 주고 있었으므로 내 생활 반경 안에서는 별 문제가 없었다.

그때 우리집에까지 찾아와 나를 위로해 준 사람들이 많았는데, 그 중 언론인 선우휘가 해준 위로의 말은 좀 엉뚱했다.

"강목사, 그래도 당신이니까 이런 일이 있는 거요. 워낙 인기가 좋으니까 겨우 그따위 얘기로도 이렇게 화제가 되는 거지. 나 같은 사람이야 옷을 홀라당 벗고 무슨 짓을 한들 사람들이 관심이나 두겠소? 그러니 일종의 인기세다, 이렇게 생각하고 마음을 편히 먹으시오."

할머니 집사까지 맥주를 마시다

스캔들로 인한 소란 속에서 귀국하고 처음 맞는 주일날인 7월 18일이 다가왔다. 나는 그날 설교를 무슨 내용으로 할까 고심하고 있었는데, 내 귀에 들려오는 얘기가 청년들이 비밀리에 동원되어 내가 설교하는 도중 "여자와 스캔들이나 뿌리고 다니는 목사의 설교는 들을 수 없다"고 소란을 부릴 것이라고 했다. 그 얘기를 들은 대인이는 자기 친구들을 모아서 교회 안에 포진시키고 설교 중에 있을지도 모를 만약의 사태에 대비했다.

그런 상황에서 설교대 앞에 선 내 심정은 기가 막혀 제대로 입이 떨어지지도 않을 지경이었다. 그날 나는 '우리가 잠잠하면'이라는 제목 아래 답답한 가슴을 억누르며 나를 뚫어지게 바라보고 있는 교인들을 향해 무겁게 입을 열었다.

「마가복음」7장 1절 이하를 보면 그 당시의 교인들이 금과옥조로 지키던 관습과 규례를 예수의 제자들이 무시해 버린 데서 논쟁이 벌어진다. 예를 들어 음식 먹기 전이나 시장에서 돌아올 때 반드시 손을 씻게 되어 있는 관습 같은 것은 그것이 신자와 비신자를 구별하는 표식으로 중요하게 여겨졌지만 예수의 제자들은 교회가 소중하게 지켜온 이런 습관과 전통에 전혀 관심이 없었다.

손을 씻는 규례를 지키지 않음으로써 고발당하는 예수의 제자가 될 것인가, 아니면 낡은 습관에 얽매어 사는 바리새파의 후예가 될 것인가?

역사의 수레바퀴를 전진시키는 예수와 제자들의 길을 바리새파들이 패륜아로 몰아 가로막을 때, 그리고 손은 씻으면서 더러운 마음은 씻을 줄 모르는 그들이 예수와 그 제자들의 입을 봉하려 할 때 예수는 이렇게 말했다.

"내가 너희에게 말한다. 사람들이 잠잠하면 돌들이 소리지를 것이다."(「누가복음」19:40)

우리는 오늘 우리를 침묵시키려는 무리들의 숱한 모략과 중상과 박해를 어떻게 피하느냐 하는 데 관심을 두지 말자. 대신 어떻게 예수의 제자가 되어 그의 뒤를 따라 자유와 정의와 사랑을 이 역사 속에 실천하느냐에 관심을 두고, 역사의 한가운데서 떳떳하게 증언하는 일에 관심을 집중하자. 오늘 우리의 안전을 위해서 잠잠해질 수는 없다. 부정·부패·모략·음모·독재·박해의 역사 한가운데서 예수와 함께 말씀의 폭탄을 던져 이것들을 모두 태워버려야 한다. 우리가 이 일을 안 하면 돌들이 소리지를 것이다.

내가 그렇게 느껴서 그랬는지는 몰라도 설교가 계속되는 동안 장내 분위기는 숙연했고 그런 분위기는 예배가 끝날 때까지 지속되었다. 그런데 예배가 끝나자마자 장로 한 명이 앞으로 나와 다음과 같은 광고를 했다.

"오늘은 목사님의 귀국을 환영하는 의미에서 제직(장로, 집사)들이 모여 야유회를 갖기로 했으니 제직들은 모두 남아주십시오."

원래 우리 교회 교인들은 목사인 내가 어디를 갔다오든 말든 상관을 별로 하지 않는 사람들인데, 그날따라 특별히 그런 광고를 내는 것을 보고 나를 배려하고자 하는 그들의 마음을 당장 느낄 수 있었다.

내가 우리 교회 제직들과 함께 간 야유회 장소는 늘봄공원이었다. 그곳에 도착하자 장로 한 사람이 맥주를 잔뜩 사와서는 이렇게 외쳤다.

"자, 여러분, 우리 모두 목사님과 운명을 같이한다는 의미로 이 맥주를 한 잔씩 마십시다."

그러자 평생 술이라고는 입에 대본 일도 없는 할머니 집사들까지 전부 맥주 잔을 입으로 가져가는 것이었다. 그때 나는 그들이 보여주는 나에 대한 신뢰와 따뜻한 사랑에 끝내 눈물을 보이고야 말았다. 나로서는 그날이 평생 잊을 수 없는 감동적인 날이었다. 나는 평소 속으로 교인들이 내게 좀 냉담한 편이라고 생각해왔던 터라 더욱 감격하지 않을 수 없었다.

그날 신도들이 보여준 행동은 나를 위로하는 따뜻함에서 발로한 것이었지만 동시에 나를 해하려는 세력에 대한 일종의 시위이기도 했다. 사람들이 아무리 나를 해치려고 해도 신도들은 그런 모략에 놀아나지 않는다는 것을 행동으로 과시해준 것이었다. 그행동은 나를 궁지에 몰아 교회에서 쫓아내고 내 사회적 활동을 꺾으려 한 세력에 대한 신도들의 대답이자 반격이었다. 실제로 이처럼 교회에서 나를 믿어주며 보호하고 나서자 밖에서 그 문제로 왈가왈부하는 소리가 크게 줄어들었다.

물론 그후에도 내가 속한 노회나 기장 총회 석상에서 충동질을 받은 몇몇 인사가 그 기사를 문제삼아 나를 공격하고 나서기도 했으나 그 역시 나를 지키려는 많은 사람들의 반격으로 더 이상 문제가 되지 못했다.

사람들의 말대로, 무엇보다 그 기사 내용 자체가 설득력이 약했다. 도대체 서른 명 정도나 모여 앉은 로비에서 그런 스캔들이 생겨났다는 게 사람들의 상식에도 맞지 않았기 때문이다. 내가 굳이 해명하지 않아도 사람들이 먼저 나의 억울함을 이해해주는 것을 보며 나는 이 사건이 허술하게 조작되어 이 정도로 끝난 데는 하나님의 도움이 있었다는 느낌을 지울 수가 없었다. 만약 치밀하게 조작되었더라면 내가 아무리 변명해도 사람들이 믿어주지 않는 상황이 생길 수도 있지 않았겠는가. 바로 이런 점에서 나는 고통 속에서도 하나님께 감사함을 느낀 것이다.

사건의 전후가 비상식적인 것을 보면 이 사건은 치밀하게 조작된 것은 아닌 것 같다. 그 사건을 배후에서 조작한 사람이 누구인지, 누가 충동질하여 기자들을 움직였는지, 아니면 정말 기자가 아닌 사람이 섞여 있었는지, 언제부터 개입했는지, 즉 수원에서 모임이 있기 전인지 후인지 등등의 구체적인 사항에 대해서는 끝내 정확히 알아내지 못했다. 그러나 그때 나를 취재하겠다고 찾아온 기자가 한 명이 아니라 두세 명이었던 점, 개중에는 외신 기자도 있었는데 정작 기사가 나간 것은 『선데이서울』이었다는 점, 그리고 그때 끼여 있던 외신 기자를 나중에 만나 들은 이야기 등을 고려해 보면 중앙정보부가 개입한 것만은 분명한 것 같다.

그 사건으로 인한 소란과 구설이 가라앉는 데는 반년이라는 세월이 필요했다. 그 사건은 아직도 상흔이 남아 있을 정도로 내게 치명적인 상처를 주었지만, 반면 우리 교회 신도들과 나와 가까운 사람들이 갖고 있는 나에 대한 사랑과 신뢰를 감격 속에서 확인하는 소중한 기회가 되기도 했다. 고난과 역경 속에서 사랑과 깨달음을 얻는 것, 이런 것이 바로 인생의 묘한 아이러니인 것이다. 다만 지금도 내 가슴을 아프게 하는 것은 나와 함께 스캔들의 주인공이 된 그 여기자가 그 사건으로 인해 사표를 내게 된 일이다.

그 사건을 겪으면서 나는 인권 유린에 대해 새로운 눈을 뜨게 되었다. 사람을 고문하고 감옥에 집어넣는 것보다 언론을 통한 인격 모독, 도덕적 인신 공격이 훨씬 더 악질적이고 후유증이 오래 가는 인권 유린이라는 사실을 깨닫게 되었다. 경우에 따라서는 한 사람의 인생을 송두리째 망가뜨릴 수도 있기 때문이다. 그러므로 나는 언론 자유를 위한 노력과 함께 언론에 의한 부당한 인권 유린, 명예 훼손을 방지하기 위한 노력도 꼭 필요하다는 것을 절감하게 되었다.

『선데이서울』사건이 일어난 후 나는 여성들을 대할 때 이전의 자유로운 태도를 많이 잃게 되었고 내 사고와는 별도로 보수적이고 딱딱한 행동을 취하게 된 게 사실이다.

하지만 그렇다고 해서 정치와 사회 현실에 대한 내 비판적인 태도까지 위축된 것은 아니었다. 그것은 내가 용기가 있어서가 아니라 돌아가는 정치 상황이 점점 더 악화되어 나와 박정권은 계속 사이가 나빠지는 방향으로만 흘러갔기 때문이다. 박정권은 민주 세력에 대한 억압 수단으로 비상 사태를 선포했고 나에 대한 미움도 노골적으로 드러냈다.

비상 사태가 선포된 것은 1971년 12월 6일이었다. 그런데 1964년부터 해오던 우리 교회의 성탄 예배 텔레비전 중계가 그해 크리스마스에 아무런 이유도 없이 중단되고 말았다. KBS와 MBC 텔레비전은 경동교회와 명동성당을 나눠 맡아 24일 자정에는 성탄 미사를, 25일 아침에는 성탄 예배를 각각 중계해왔는데, 비상 사태가 선포된 지 스무 날도 안 지난 크리스마스날 아침, 예배가 막 시작되자마자 갑자기 방송국에서 중계 시설을 걷어가버리고 말았다.

예년대로 텔레비전 중계를 전제로 하여 예배 순서를 짰났던 우리 교회로서는 예고도 없이 갑자기 중계가 취소되자 당황하지 않을 수 없었다. 화가 난 나는 방송국에 항의를 했으나 "청와대 지시가 내려와서 어쩔 수 없다"는 대답이었다. 나는 더 이상 할 말이 없었고 그 이후로 텔레비전 중계는 재개되지 않았다.

한국 아카데미가 시범으로 맡은 중간집단 교육

1972년 4월 그리스의 크레타에서는 WCC 주최로 사회 개혁을 위해 일하는 전세계 기독교 운동 기관과 단체 대표들이 참가한 협의회가 열렸다. 이는 1969년 평신도 훈련 문제를 다룬 오스트레일리아 퍼스 회의의 결과 결성된 아시아 기독교 사회운동기관 협의회(ACISCA)와 맥락을 같이하는 것으로서, 달리 말하자면 ACISCA를 세계적 차원으로 확대한 모임이었다.

4월 5일부터 17일까지 그리스 정교회가 운영하는 크레타 아카데미 하우스에서 열린 이 협의회에는 아시아, 아프리카, 북남미, 유럽 등 각 지역에서 약 60명의 대표가 모였는데, 내가 의장으로 추대되어 전체 회의를 주관하게 되었다.

회의의 목적은 알기 쉽게 말해서 소외당한 대중의 해방을 위해 전세계 기독교 사회운동 기관들이 공동으로 추진해나갈 수 있는 일을 토의하고 공통된 세계적 전략을 찾는 데 있었다. 따라서 이 협의회에서 가장 주목할 만한 결과는 최종 사흘 동안 실천 전략으로 마련한 새로운 행동 모델들이었다.

우리는 각 그룹별로 여러 종류의 모델을 만들어 그것을 건물 안 구석구석에 전시해 놓았다. 그리고 참가자들이 돌아다니면서 그 모델들에 대해 직접 설명을 듣는 과정을 거친 후 마지막날 전체 회의에서 몇 가지 실천안을 결의하기로 했다.

그때 내가 주축이 되어서 만든 행동 모델은 바로 중간집단을 육성하고 강화하는 전략이었다. 이미 말했듯이 1970년대에 들어서면서 인간화를 기치로 내걸었던 우리 아카데미는 비인간화의 가장 근원적인 원인이 양극화에 있다는 결론을 내렸고, 그 원인으로 지적된 것이 바로 상명하달의 일방 통행 현상이었다.

비인간화를 초래하는 이 양극화 현상에 대한 대응책으로 우리가 내세운 것은 중간 매개 집단을 육성 강화하는 것과 민주화 전략이었다. 사실 이 두 가지 대응책은 구체적인 실천에서는 하나로 귀결되는 것이었다. 자발적으로 조직되어 일정한 압력을 행사할 수 있는 중간집단이 사회 각 부문에 파고 들어가서 지속적으로 활동을 해나감으로써 점진적이고 온건한 민주화가 이루어지고 자연히 양극화 현상도 극복될 수 있기 때문이다.

이같은 인식으로 아카데미는 1971년 5월 '중간 매개 집단의 강화'라는 주제 아래 진지한 대화 모임을 가진 후 계속 그 문제를 놓고 씨름하던 중이었다. 생각은 좋았지만 당시 한국 사회에서 그것을 실천해내는 데에는 어려운 점이 많았다. 우선 중간층이 될 만한 대중들이 나오려면 국민들의 전반적인 의식 수준이 향상되어야 하고, 그들을 지원해낼 사회적 지원과 자금 역시 필요하므로 여러 가지 면에서 난관이 많았다.

따라서 나는 크레타 협의회를 그 문제에 대한 세계 교회의 관심을 끌 수 있는 좋은 기회로 여기고 있었다. 나는 중간집단 육성 모델이 세계적 협력 사업으로 채택되도록 노력을 기울였고, 그 결과 그 모델은 아시아 지역 기독교 사회 교육의 시범 프로젝트로 채택되었다. 그리고 잇따라 열린 아시아 지역 참가자 회의에서는 그 시범 사업을 한국 크리스챤 아카데미에서 실시하도록 결정을 내렸다.

이로써 실천 과정에서 난관에 봉착했던 아카데미의 중간집단 육성 문제가 돌파구를 찾게 된 셈이었다. 중간집단 육성 프로젝트가 우리 아카데미에 위촉된 후 우리는 이를 위한 구체적인 계획안을 작성, WCC의 인준을 받았고 그 계획안을 독일 교회에 제출해 1973년 자금 지원을 받게 되었으며 마침내 1974년부터 중간집단 교육을 실시하게 되었다.

크레타 협의회에서는 회의에서 결의된 모든 일을 지속적으로 추진하기 위해 협동위원회(World Collaboration Committee)를 구성하였는데 내가 초대 위원장으로 선출되었다. 극동의 가난한 분단국인 한국에서 온 내가 그런 주도적 위치에 오른 것은 세계 교회 내에서 발전도상국들의 발언권과 영향력이 급속히 강화되던 당시 추세를 반영하는 것이었다. 이 위원회는 그후 매년 한 번씩 모임을 갖고 지속적인 활동을 벌여오고 있다.

"대통령 사진 대신 예수 사진을 걸었소"

당시 협의회가 그리스 크레타에서 열리게 된 데는 나름대로 의미와 이유가 있었다. 즉 세계 교회에서 큰 자리를 차지하는 세력이면서도 그 역사나 신조, 의식 등이 로마 카톨릭이나 개신교와는 색다른 점이 많아 다소 낯설게 느껴지는 그리스 정교회와 진정한 만남을 한 번 가져보자는 의도에서 그 본고장이라 할 수 있는 그리스에서 회의가 열린 것이다.

그런 까닭에 회의 일정도 일부러 그리스 정교회의 고난 주간과 부활절 행사가 열리는 때로 잡았고, 모임을 마칠 때까지 세례식 · 결혼식 · 주일 예배 등 각종 행사에 참석, 정교회의 실체를 직접 접하는 기회를 가졌다.

그들의 모든 의식은 매우 엄숙하고 장엄하며 성대했다. 특히 인상적이었던 것은 부활절 행사였다. 부활절 전날 사람들은 교회에 모여 긴 시간 동안 예수의 부활을 기다리는 각종 의식을 행하다가 자정이 넘어 새벽이 되면 모두 촛불을 손에 들고 교회 밖으로 몰려나왔다. 그리고 부활의 소식을 전하는 우렁찬 종소리에 맞춰 "우리 주님은 부활하셨다", "죽음은 이미 패배를 당했다"라고 소리치며 경건하고 힘차게 찬송가를 불렀다.

이어서 대연회를 베풀어 고난 주간 동안 주린 배를 채우는데, 그 연회는 각자 붉은 물감을 들인 달걀을 들고 서로 마주서는 것으로 식이 시작되었다. 달걀의 붉은 색은 승리와 기쁨의 상징이라고 한다. 이 연회는 밤새도록 노래와 춤이 계속되며 이어 주교가 집전하는 사랑의 예배로 웅장한 부활절 행사는 절정을 맞았다.

나는 그들의 장엄하고 성대한 의식에 감탄을 하면서도 한편으로는 그들이 주님의 성육신, 십자가의 고난과 죽음의 의미를 신앙 생활과 교회 생활에 제대로 반영시키고 있는지에 대해서는 의문을 품지 않을 수 없었다. 역사 의식이 결핍된, 성직자 중심의 교회상이 아무래도 내게는 문제로 느껴졌기 때문이다.

당시 그리스는 독재 치하에 있었으므로 나의 문제 의식은 더욱 심각할 수밖에 없었다. 일례로 크레타 아카데미 하우스의 회의장에는 특별한 이유도 없이 커다란 예수 사진이 걸려 있어 그 이유를 물어본 적이 있다.

"이곳에서는 모든 집회 장소에 대통령 사진을 걸어야 하기 때문에 우리는 저항의 의미로 대신 예수 사진을 걸어놓은 것입니다."

집회 장소에 대통령 사진을 걸어야 하는 독재의 나라에서 사회 개혁과 억압된 대중의 해방을 위해 일하는 전세계 기독교 사회운동 단체 대표들이 모인 것은 그 자체만으로도 이미 시사하는 바가 적지 않았다. 나 역시 독재 국가에서 왔기 때문인지 그곳의 교회를 보면서 비판적 느낌과 함께 그 나라와 교회가 처한 상황이 남의 일 같지 않아 동병상련을 느꼈다.

박정권의 깜짝쇼와 7·4공동성명

1972년 7월 초 설악산에 갔다가 라디오에서 내 귀를 의심할 만큼 놀라운 뉴스를 듣게 되었다. 이후락 정보부장이 극비리에 평양을 방문하는 등 남북간 비밀 왕래를 거쳐 기습적으로 남북 공동성명을 발표한 것이다. 이것이 바로 역사적인 7·4남북 공동성명이었다.

냉전 체제에서 적대적 태도로 일관했던 남북간에 대화의 시대를 열게 한 역사적인 이 성명은 같은 날 서울과 평양에서 동시에 양측이 합의한 공동성명을 발표해 국내뿐 아니라 전세계를 놀라게 했다.

이 공동성명에서 천명한 3대 원칙은 자주·평화·민족 대단결이었다. 나는 그 뉴스를 듣고 깜짝 놀라 남은 일정도 취소하고 곧장 서울로 돌아왔다. 내부적으로는 안보를 제일로 내세우면서 비상 사태를 선포하는 등 매카시즘적인 태도를 취하던 박정권이 이후락을 비밀리에 북에 보내 협상을 해서 그런 깜짝쇼를 연출했다니 나는 그의 의중을 도대체 종잡을 수가 없었다. 안보와 대화를 양날의 칼로 삼아 장기 집권의 기반을 마련하려는 정치적 계산에서 나온 결과인지 아니면 다른 숨은 이유가 있는지 제대로 알 수가 없었다.

물론 그 공동성명이 나오게 된 데는 미국과 중공의 화해로 비롯된 데탕트 시대의 개막이라는 국제적인 환경 변화가 크게 영향을 끼쳤겠지만, 사건 자체가 너무나 놀라워 별별 생각이 다 들었다.

7·4공동성명이 발표된 후 남북 관계는 급진전을 보여 그해 9월에는 1차의 평양 회담에 이어 제2차 남북 적십자 회담이 서울에서 열리게 되었다. 그에 따라 북한 적십자 대표단 일행이 서울을 방문하게 되었는데, 분단 27년 만에 처음으로 북한의 공식 사절이 서울 땅을 밟게 된 만큼 국내는 완전히 흥분의 도가니였다. 언론의 흥분은 말할 것도 없고 서울 거리의 건물에 새로이 칠을 하고 단장을 하는 등 온통 난리법석이었다.

북한 대표단이 입경한 9월 12일에는 연도에 시민들이 구름처럼 몰려나와 손을 흔들고 박수를 치며 그들을 떠들썩하게 맞이했다. 같은 동포라는 이유 하나로 그 동안의 적대적인 관계가 일시에 풀어져 금방 평화 통일이라도 될 것 같은 분위기였다. 나는 너무 감정적으로 흘러가는 분위기를 보고 우려를 금할 수 없어 그날 KBS 텔레비전에 출연을 자청했다. 북한을 대하는 우리 국민들의 태도에 대해 할 말이 있어서였다.

나는 그날 밤 좌담 프로그램에 나가 언론인 양호민과 함께 얘기를 나누면서 이런 발언을 했다.

지금 북한 적십자 대표단이 서울에 오는데 우리는 이들을 두 눈을 가지고 보아야 한다. 한쪽 눈으로는 그들이 우리의 동포라는 사실을 보되, 다른 쪽 눈으로는 우리와는 이질적인 체제에 속한 사람들이라는 전제 아래 보아야 한다는 말이다. 지금까지 우리는 그들을 우리에게 적대적인 공산주의 세력으로만 보도록 강요받아왔으나, 요즈음은 또 완전히 그 눈은 감아버리고 같은 피를 가진 동포라는 감정의 눈으로만 보는 것 같다. 그러나 어느 쪽이든 한쪽 눈만 가지고 그들을 보는 것은 위험하기 때문에 두 눈을 똑바로 뜨고 대해야 한다.

그리고 나는 그들의 활동을 방송으로 생중계한다는 말을 듣고 "섣불리 생중계하는 것은 아무래도 위험 부담이 있으니 재고해야 할 것"이라는 견해를 밝혔다.

두 눈으로 보아야 하는 북한문제

본 회담이 열린 13일 나는 『동아일보』에 적십자 회담을 향한 나의 기대를 담을 글을 쓰기도 했다. 나는 북한 사람들을 양쪽 눈으로 다 보면서도 이북에 이산 가족을 가지고 있는 실향민으로서 이산 가족 재회를 위한 적십자 회담에 남달리 기대가 컸던 것이 사실이었다. 『동아일보』에 실린 내 글의 제목은 '인도(人道)에 충실하면 정치도(政治)도 열린다'였다.

오늘 전세계는 서울을 주목하고 있다. 외세에 의해 분단된 이래 4반세기가 지나는 동안 이 작은 반도에서 일어났던 일을 헤아려볼 때, 기적과도 같은 사건이 생겼기 때문이다. 북한에서 온 대표들은 인도주의를 바탕으로 분단된 조국의 아픈 상처를 대화를 통해 해결해 보려는 뜻을 가지고 우리의 따뜻한 환영을 받으며 이곳에 왔다. 정치나 군사·경제 문제를 해결하기 위해서가 아니라 인도적인 입장에서 이산 가족의 비극을 덜기 위해, 그리고 정권의 대표로서가 아니라 정치적 거래와는 전혀 다른 기능을 맡은 적십자의 대표로 왔기 때문에 그 의의는 매우 큰 것이다.

우선 이 회담은 주어진 한계 상황을 충실히 지켜 탈선하지 않도록 해야 한다. 이 회담이 적십자 회담이라는 사실을 깊이 명심하고 시종 인도주의에 바탕을 둔 이산 가족의 비극 해결에 주력해야 한다. 만일 이 한계 상황을 무시하고 회담을 정치적으로 악용한다면 오히려 상호간의 불신을 더욱 크게 하고 역사의 전진을 후퇴시킬 뿐 아니라 평화를 애호하는 전세계 사람들로부터 우리 민족이 버림을 받을지도 모른다.

오직 적십자 대표로서 그 사명만을 충실히 완수하면 오늘 우리가 갖고 있는 기쁨과 회의, 기대와 불신의 복잡한 감정의 상극은 차차 해소되어 진정한 해빙이 이루어질 테고, 각계 각층의 남북 교류를 거쳐 마지막으로는 우리의 숙원인 평화 통일을 위한 정치 회담으로까지 발전할 가능성이 열릴 줄로 믿는다.

그러나 인도주의에 바탕을 둔 적십자 회담을 정치적으로 악용하지 말아달라는 내 바람은 본 회담이 시작되자마자 보기 좋게 깨지고 말았다. 회담장에서 북한 대표들은 축하 연설을 한다면서 회담 목적과는 전혀 상관없이 "우리 민족의 경애하는 김일성 수령" 운운하며 공산주의의 우위성을 역설하는 등 정치적인 연설과 선전을 함으로써 그간의 녹았던 분위기를 다시 냉각시켜버렸다.

라디오와 텔레비전을 통해 회담 장면을 지켜보던 국민들은 이에 흥분해 라디오를 내동댕이치기도 했고, 신문사와 방송국에는 분노한 시민들의 항의 전화가 빗발치는 사태가 벌어졌다.

회담이 열리던 날, 나는 우리 교회의 기둥이었던 김능근 장로가 세상을 떠나 그 장례식을 치르느라 모란공원에 가 있었다. 그런데 장례식을 치르는 도중 저 아래쪽에서 남자 세 명이 터덜터

덜 올라오더니 나를 찾는 것이었다. 그들은 KBS에서 온 사람들이었다.

"목사님, 지금 큰일이 났습니다. 북한 대표들이 회담장에서 정치 선전을 하는 바람에 흥분한 시민들이 막 항의 전화를 하고 난리입니다. 그 중에는 '왜 어젯밤 강원용 목사가 말한 대로 생중계를 재고하지 않았느냐'고 소리치는 사람도 있으니 오늘도 좀 나오셔서 그들을 진정시킬 말씀을 해주십시오."

그래서 나는 그날 다시 대담 프로그램에 나가게 되었다. 상대는 국회의원이던 신상초였던 것 같다. 나는 그 자리에서 해방 후 김용기 장로가 봉안촌에서 여운형의 회갑 잔치를 열었을 때 그곳에 초청되었던 박헌영이 정치적 언동을 함으로써 잔치 분위기를 망쳤던 일을 예로 들면서 "생중계 자체가 조심성 없는 짓이었다"고 지적하는 한편 "그러나 우리들 역시 좀더 성숙한 자세로 그런 정치 선전쯤은 대범하게 받아들을 수 있는 아량이 아쉽다"고 결론을 내렸다.

방송을 끝내고 집에 돌아오니 육군 중령이니 뭐니 하면서 여기저기서 전화가 걸려왔는데, 주로 "시원하게 얘기를 해줘서 분이 좀 풀렸다"는 내용이었다.

나는 그런 일련의 사건을 보고 겪으며 우리 국민들이 참 감상적이고 감정적이구나 하는 생각을 했다. 양쪽 눈으로 사안을 보면서 균형 잡힌 사고를 하기보다는 이쪽 아니면 저쪽의 극단에 서서 외눈으로만 보는 국민들의 성숙하지 못한 태도, 진실에 바탕을 두지 못함으로써 사상누각이나 다름없는 반공 교육을 해온 정부 시책,

사람들과 체제 이 모든 것이 내게는 큰 문제로 느껴졌다.

회담이 끝난 후 나는 회담을 지켜보는 과정에서 남북 양측에 대해 느꼈던 점을 '남북 적십자 서울 회담을 지켜보고'라는 제목 아래 『서울신문』(9월 15일자)에 이렇게 썼다.

아마 지금쯤 양편에서는 이번 회담의 이해 득실을 계산해 보고 있을 것이다. 북쪽은 손익 계산에서 많은 흑자를 봤다고 흐뭇해하기도 할 것이다. 우선 서울 한복판 모든 언론 매체가 동원된 자리에서 자기들의 수령과 그 사상을 선전할 수 있었다.

그러나 내가 보기에 이번 게임은 북쪽이 완전히 패한 게임이다. 우선 저들이 그처럼 대대적으로 벌여온 평화 공세가 진실이 아니라는 것을 전세계 대표적인 언론 기관에 알린 셈이며, 남한에 있는 3500만 국민들에게 그들의 정체를 명백하게 보여주어 오히려 역효과를 나타냈기 때문이다. 14일 저녁 전격적으로 이루어진 3개 항목의 합의서 교환은 이런 역효과를 저들이 늦게나마 깨달았기 때문이라고도 할 수 있다.

그러나 나는 그것이 반드시 우리가 잘했기 때문에 된 것이라고 생각하지는 않는다. 오히려 저들이 우리를 오산했고 그들이 구사한 쇼맨십이 너무나 유치했던 데 기인한다고 본다.

나는 회담의 장래에 대해 결코 낙관도 안 하지만 비관도 안한다. 저들이 아주 어리석지만 않다면 모처럼 열린 이 대화의 문을 스스로 닫지는 않으리라고 믿는다. 그러기에 우리는 이제 멀고 험한 길을 걸어야 한다.

우리는 그 값싼 감상주의적 사고 방식과 태도, 즉 '피는 이념보다 강하다'는 따위의 사고 방식에 눈이 어두워져 우리들과는 완전히 이질적인 저들의 참모습을 보는 이성이 흐려져서는 안 된다.

전쟁을 방지하고 저들이 주장하는 혁명의 길을 막고 평화적인 통일을 지향하는 것이 우리에게 맡겨진 과제다. 이것이야말로 자유와 정의와 평화를 사랑하는 전체 민족과 전세계 인류가 우리에게 기대하고 있는 바다. 따라서 수많은 난관을 각오하면서도 이 대화의 길을 계속 걸어야 한다. 그러기 위해서는 무엇보다도 우리의 국론을 민주적인 방법으로 하나로 결속시키는 일이 필요하다.

여기에 구경꾼이 있을 수 있겠는가? 우선은 민간 지도자들이 지혜를 한데 모으고 그들이 국민 대중 속에 파고 들어가 대중에게 바른 인식과 태세를 갖추게 하여 자유와 정의와 평화를 사랑하는 민족 전체의 에너지를 하나로 만들어 가야 한다.

중간, 그리고 그것을 넘어(between and beyond)

비상계엄령 선포

7·4 남북 공동 성명과 적십자 회담 등으로 남북 화해와 통일에 대한 국민들의 기대가 무르익어 가던 10월 17일 저녁, 나는 귀가 길 자동차 안에서 갑작스러운 박대통령의 특별 선언문 발표를 듣게 되었다. 예상하지 못했던 바는 아니었지만 막상 계엄령이라는 살벌한 말과 함께 비상시국이 이제 막 시작되고 있다는 것을 확인하는 순간 정신이 아찔해지면서 눈앞이 캄캄해졌다. 일어나지 않기를 바라던 일이 마침내 눈앞에서 일어나는 것을 보는 심정이랄까. 나는 무겁고 어두운 기분으로 박정희의 영구 집권욕을 적나라하게 드러낸 그 충격적인 발표문을 듣고 있었다.

박정희는 평화 통일을 명분으로 내세우면서 이를 실현하기 위해 과거의 정치 체제를 타파하는 개혁을 단행한다고 밝혔다. 그리고 그날을 기해 전국에 비상계엄을 선포하는 동시에 국회를 해산하고 정당 및 정치 활동을 금지하며 비상 국무회의를 설치한다고 선언했다. 비상 국무회의는 열흘 후인 10월 27일까지 조국의 평화 통일을 지향하는 헌법 개정안을 공고한다는 것이었다. 그것은 말 그대로 박정희의 제2의 쿠데타였다.

그가 왜 그런 쿠데타에 버금가는 비상 조치를 취하는지, 그 이유야 뻔했다. 1971년 선거에서 박정희가 "나를 대통령으로 뽑아 달라는 정치 연설은 이번이 마지막"이라고 했던 말은, 바로 이것을 의미한 것이었다.

'더 이상 정상적인 선거로는 자신의 권력을 연장할 도리가 없어지자 이런 식으로 자신의 권좌를 유지하려는구나.'

나는 놀랍기도 하고 씁쓸하기도 했다. 이런 기형적인 정부 형태와 강압적인 조치를 취해야 할 정도로 그는 권력에 집착하고 있었다는 말이 아닌가. 결국 그가 원했던 것은 이승만과 마찬가지로 계속해서 집권하겠다는 욕심이었고, 그 욕심은 자기가 아니면 안 된다는 자만심으로 포장되어 있었다. 그리고 한 나라의 최고 권력자가 그런 욕심을 부릴 때 국민들은 몸살을 앓게 된다.

나는 반쯤 넋이 나간 상태로 집에 도착했다. 이미 집 주위에는 감시 요원들이 배치되어 돌아다니고 있었다. 갑자기 세상의 공기 자체가 변해버린 것 같았다. 수상하고 의심스럽고, 불안과 폭력의 그림자가 어려 있는 듯한 분위기. 그것은 바로 유신 시대 사람들이 마시고 살아가야 할 공기였다.

강목사 대통령 추대사건의 전모

박정권은 특별 선언문을 발표함과 동시에 저항이 예상되는 인사들에 대하여 사전에 고삐를 씌우는 작전도 암암리에 진행하고 있었다. 그같은 공작은 내게도 미쳤는데, 뒤에서 암암리에 진행되는 작업이어서 당시에는 물론 그런 사실을 알지 못했다. 그때 내게 행해진 뒷조사와 공작에 대해 자세한 얘기를 듣게 된 것은 박대통령이 죽고 10년도 지나서였다.

사건의 전말을 전해준 사람은 한때 아카데미 사무국장으로 일했던 김동식이다. 현재 미국에 거주하고 있는 그가 내게 털어놓은 '강원용 목사 대통령 추대 삐라 사건'의 전말은 이렇다.

박대통령의 특별 선언문이 발표되던 당시 그는 아카데미 일을 그만두고 무역 회사를 운영하면서 해방 후 내가 주축이 되어 조직한 선린회의 회장으로 활동하고 있었다. 그런데 특별 선언문이 발표되고 사나흘이 지난 어느 날 오전 열한 시경이었다고 한다. 낯선 두 남자가 중부경찰서 정보계 형사라고 신분을 밝히며 회사 사무실로 불쑥 들어와 그를 찾았다. 그들이 김동식에게 꺼낸 첫마디는 "우리 옛날 이야기 좀 합시다"라는 것이었다.

"무슨 옛날 이야기를 말씀하시는 겁니까?"

"강원용 목사하고 오랜 친분 관계가 있지요? 당신과 강목사의 관계, 경동교회 관계, 경동교회를 중심으로 한 청년 서클 등에 대해 얘기 좀 해봅시다. 그리고 크리스챤 아카데미에서도 일했지요? 무슨 일을 했었는지 그리고 왜 거기서 나왔는지 그런 것도 솔직히 얘기해 주시고."

그런데 얘기를 하다 보니 그들은 김동식이 대답해야 할 내용에 대해 이미 충분한 정보를 갖고 있었다. 따라서 그는 그들이 왜 알고 있는 내용을 거듭 확인하는지 궁금하지 않을 수 없었다.

"나보다 더 잘 아시면서 왜 쓸데없이 묻는 겁니까?"

"다 그럴 만한 이유가 있으니 협조해 주세요. 사실 어제 새벽 시내에 '강원용 목사를 대통령에 추대하자'는 내용의 삐라가 살포되었는데, 그런 짓을 한 단체의 이름이 구국 기독청년회와 신우회라고 쓰여 있더군요. 그 단체와 당신은 어떤 관계입니까?"

"어떤 관계라뇨? 나는 처음 들어보는 이름인데요."

"오재식, 양우석, 정희경 이런 사람들을 알지요?"

"압니다. 같이 경동교회에 다니니까요. 그렇지만 교회 때문에 아는 정도입니다."

"구국 기독청년회인가 뭔가 하는 것이 당신과 그 사람들이 만든 단체 아니오? 우리도 다 알 만큼 알고 왔어요."

"무슨 소립니까? 나는 그런 단체 알기는커녕 이름도 들어본 적이 없습니다."

김동식은 정말로 그런 단체는 처음 듣는 것이었기에 자신 있는 태도로 부인했다. 그러자 그들은 다시 선린회와 구국 기독청년회의 관계를 따지기 시작했다.

그때 마침 김동식은 선린회 회보 제작 준비를 하고 있어 선린회 관계 자료를 가지고 있었으므로 그것들을 보여주며 선린회의 목적, 강령, 생활 신조 등에 대해 자세히 설명을 했다. 물론 선린회의 강령이나 활동에 정치적인 색채는 없었다.

그러자 그들은 이번에는 크리스챤 아카데미에 대해 추궁하기 시작했다. 아카데미 하우스가 세워진 배경과 사업 내용, 아카데미에서 그와 나의 관계와 역할 등을 꼬치꼬치 캐물었는데, 무엇 하나라도 꼬투리를 잡아내려는 의도가 역력했다고 한다.

그들은 네 시간 동안이나 김동식을 붙잡고 온갖 것을 캐물었으나 원래 교회 일이나 아카데미 일이나 그들에게 약점 잡힐 만한 것이 없었으므로 그들은 별 소득이 없이 자리에서 일어섰다.

"좋습니다. 오늘은 이만하기로 하지요. 내일 다시 만납시다."

과연 다음날 김동식은 "중부경찰서 앞 다방에서 만나자"는 그들의 전화를 받았다. 나가보니 전날 만난 그 사람들이 기다리고 있었다. 비교적 부드럽고 점잖았던 전날의 태도에 비해 그날의 분위기는 험악했다.

"이게 모두 국가를 위한 일이니 잘 협조하는 게 좋을 거요. 이 위에 여관이 있으니 거기에 가서 조용히 애기합시다."

별수없이 김동식은 그들을 따라 여관의 한 방으로 들어갔다. 방에 들어서자마자 그들은 "사실 우리들은 정보부 요원"이라고 신분을 밝히며 은근한 협박과 공갈을 해왔다. 그리고는 김동식 앞에 백지 한 뭉치를 던졌다.

"자, 이제부터 여기에 당신과 강목사의 관계, 선린회 관계, 그리고 경동교회와 크리스챤 아카데미에 관해서 생각나는 대로 모두 적으시오."

김동식은 그 백지들을 채우느라 꽤 오랜 시간을 보냈다. 그가 고

심하며 글을 쓰는 동안 그들은 교대를 해가면서 감시를 계속했다.

김동식은 그들이 요구한 대로 몇 장을 썼는데, 대부분이 별로 쓸모없는 개인적인 얘기들이었고 공식적인 내용으로는 아카데미 하우스에 독일 대통령이 다녀간 일 등 잘 알려진 몇 가지 사실들을 썼다고 한다.

김동식이 쓰기를 마치자 그들은 그것을 읽어보지도 않고 가방에 챙겨 넣었다.

"이제 됐어요. 내일 다시 연락할 테니 오전 중에 사무실에 있으시오."

다음날 오전 김동식은 그들을 다시 그 다방에서 만나게 되었다. 그들은 뭔가 일이 잘 되고 있는 듯 전날에 비해 느긋하고 여유 있는 모습으로 김동식을 회유하며 조사를 하더니 마지막에 종이 한 장을 꺼냈다. 그것은 지금까지 그들과 있었던 모든 일을 비밀에 부치겠다는 각서였다.

"이제 대충 조사가 끝났으니 이걸 잘 읽어보고 서명하시오."

그 뒤로 그들은 다시 찾아오지 않았다. 김동식은 그 일을 바로 내게 알려주고 싶었으나 각서에 서명을 했으므로 얘기를 할 수가 없었다고 한다. 워낙 무서운 세상이었으므로 무슨 일이 일어날지 몰라 입을 다물고 있었던 것이다. 후일 상황이 훨씬 자유로워진 뒤 알고 보니 그와 비슷하게 나를 따랐던 몇 사람도 같은 내용으로 조사를 받았다는 사실을 확인했다고 한다.

그후 그런저런 이유 때문에 고국에 대한 미련을 털고 미국으로 훌쩍 떠나버린 그는 그제서야 그 얘기를 털어놓으며 내게 이렇게 말했다.

"정보 계통에 종사하는 친구들과 나처럼 조사를 받았던 사람들을 만나 왜 그런 일이 있었는가를 따져보았는데, 대충 두 가지 이유 때문이었던 것 같습니다. 하나는 그렇게 조사를 해서 목사님의 약점을 찾아내려는 것이었고 또 다른 하나는 삐라 사건을 조작해 사전에 목사님과 주위 사람들에게 엄포를 놓으려는 거였죠. 말하자면 몸조심하라는 경고였던 셈입니다. 당시 정보부에 있었던 사람 말이, 어떻게든 강목사가 마음대로 행동하지 못하도록 뿌리를 뽑으라는 지시가 내려왔다는 겁니다. 처음엔 그 삐라 사건을 조작해놓고 목사님에게 직접적인 탄압을 가하려는 계획도 있었던 것 같은데, 그 시나리오는 채택되지 않은 듯합니다."

하지만 정작 당사자인 나는 그 일로 조사를 받은 적이 없어 그 사건의 전모가 어떻게 된 것인지 지금도 정확히 모르고 있다.

그런 공작이 비단 내게만 일어났을까? 무리한 유신 시대를 열려고 하다 보니 정부로서는 저항할 만한 인물에 대해 어떤 식으로든 꼬투리를 잡아 언제라도 탄압을 가할 준비를 해두고 싶었을 것이다.

그처럼 뒤숭숭한 상황 아래 전국에 비상 계엄이 선포되고 박대통령이 밝힌 일정은 차질 없이 진행되었다. 10월 27일에는 '조국 평화 통일을 지향하는 헌법 개정안'이 공고되었고 11월 21일에는 개헌안에 대한 국민투표가 실시되어 마침내 유신헌법이 확정되고 말았다.

박정희 일인 독재를 제도적으로 뒷받침해주기 위해 만들어진 유신헌법의 내용은, 대통령 선거를 직선제에서 간선제로 바꾸고 국회의원 정수의 3분의 1을 대통령이 임명하는 등 너무나 비민주적이고 비상식적인 내용들로 꽉 차 있었다.

하나님의 손이 짧아졌느냐

형식적인 민주주의마저도 완전히 거부해버린 유신 체제의 등장을 지켜보면서 나는 암담한 기분과 절망에 다시 한 번 빠지게 되었다. 박정희와 동갑이었던 나는 '이제 내 생전에 민주화된 세상에서 살기는 영 틀렸구나' 하는 생각에 희망마저 잃어버려 암담하기만 했다.

돌이켜보면 그때처럼 목사라는 직업이 나를 힘들게 한 때도 없다. 세상에 도(道)가 행해지지 않을 땐 세상을 등지고 저 산골에라도 들어가 숨어버리거나 입을 다물기만 해도 자신의 소신을 지키며 화를 면할 수 있다고 했는데, 하고 싶은 말을 할 수도 없는 처지이건만 직업이 목사라 입을 다물지도 못하고 매주 설교는 해야 했으니 세상 사람들에게 정말 무슨 말을 해야 할지 참 난감하기 그지없었다. 시국이 너무 살벌하여 정면으로 저항할 수도 없고 그렇다고 가만히 순응할 수도 없는 진퇴유곡이었다.

유신헌법 안이 공고된 직후의 주일날 내가 한 설교의 제목은 '하나님의 손이 짧아졌느냐'라는 것이었다.

인간이 항상 품고 있는 의문 중의 하나는 '과연 하나님이 살아 계시다면 이런 억울한 역사적 정황을 방임하겠느냐 하는 것이다. 모세는 "너희 하나님이 어디 있느냐"는 조소가 퍼부어졌을 때, 그것을 견딜 수가 없었다. 모세는 하나님에게 "당신은 무엇을 하고 계십니까?" 하고 원망 섞인 호소를 한다. 그때 하나님은 이렇게 대답하셨다.

"여호와의 손이 짧아졌느냐. 네가 이제 내 말이 네게 응하는가 그 여부를 보리라."

이제 우리는 이처럼 "하나님의 능력이 한계에 부딪쳤다고 생각하느냐, 너는 이제 내 말이 진실임을 확실히 보게 될 것이다"라고 하신 말씀을 기억하자.

「민수기」 11장 34절을 보면 탐욕에 젖어 하나님을 잃어버린 백성들은 결국 그 탐욕의 무덤(기브롯 핫다아와)에 장사지내게 된다. 하나님은 그들을 욕망대로 살도록 방임했는데, 이것이 곧 하나님의 심판이었다. 하나님은 그들이 마음의 정욕대로 더러움 속에서 살게 내버려두어 그들이 자기들의 몸을 서로 욕되게 하도록 놔두셨다.

신자가 지녀야 할 지혜는 하나님의 손이 짧아졌는가 의심하는 게 아니라 전능하신 하나님의 말씀이 진실이라는 것, 그리고 그의 심판은 침묵과 방임이라는 것을 아는 것이다. 속이는 인간이 있다면 속인 것에 대해 벌을 주시는 것이 아니라 속이는 대로 내버려두는 것이 곧 심판이라는 말이다. 오늘 우리가 살고 있는 시대는 이러한 기브롯 핫다아와를 만들어 가는 시대다.

우리 정치, 우리 문화, 우리 세계가 하나님을 잃어버리고 영과 육을 모두 원시적 욕망의 함정 속에 쓸어넣은 상황에서 우리가 가장 두려워해야 할 것은 하나님의 말씀을 듣지 못하는 귀머거리, 하나님과 대화를 잃어버리는 벙어리가 되는 것이다. 우리들은 하나님의 침묵 속에서 진실한 음성을 듣는 '깨어 있는' 신앙을 가져야 한다.

끊임없는 환난의 길, 시련의 길, 고뇌의 길에서도 하나님을 만나고 승리의 주님을 모시고 승리를 향해 살아가는 것이 신앙을 가진 자의 삶이다. 우리는 좁고 험하지만 생명으로 이르는 길을 택해야 한다. 어지러운 세상 풍토에 휩쓸려 욕망의 무덤 속으로 들어가는 자멸의 길도 아니고, 신앙만을 부르짖으며 현실을 외면한 채 구름 저쪽의 허구를 좇는 것도 아닌, 고뇌와 모욕과 시련 속에서도 승리의 주를 모시고 용감히 살아가는 그런 사람이 되어야 한다. 그리고 그런 사람은 패자가 아니고 승자다.

하나님의 침묵 속에서 하나님의 음성을 듣고, 하나님의 손이 짧아졌다고 생각하지 말고 그 손에 접해 살아가려는 신앙을 갖자.

그해 12월 3일에는 교회 창립 27주년 예배가 있었다. 나는 그날, 히틀러 치하에서 저항했던 본 회퍼 목사가 탄압이 극심해졌을 때 했던 설교의 주제가 된 성경 본문(「역대하」)을 택해서 '오직 주님만 바라보나이다'라는 제목으로 설교를 했다.

우리 교회는 27년 전 이 시간, 이 자리에서 고학생과 어린이 몇 명이 모여 첫 예배를 드렸다. 이제 그 동안 우리 교회가 변함없이 지향해온 방향을 명백히 밝혀보도록 하자.

첫째, 우리 교회가 걸어온 길은 해방의 역사였다. 우리는 하나님을 믿고 그에게 예배드리고 그의 말씀을 듣고 그의 길을 따라 한국 역사 속에서 해방의 복음을 선포하며 전진하기로 결심했으며, 그 일을 시작했다. 이 역사 속에서 하나님의 해방의 역사를 저지하는 무서운 마력과 계속 대결해온 우리의 길은 험했고, 때로는 빠져나갈 길 없는 절망을 맛보기도 했다. 우리 교회는 세상에서 흔히 오해하듯 야당 교회도 아니었고 정치 교회도 아니었다. 오직 예언자적인 증언의 교회였으며 역사 안에 임하시는 하나님을 예배해왔을 뿐이다.

앞으로도 우리는 출애굽의 하나님과 골고다의 주님을 모신 교회로 남을 것이다. 우리는 역사 안에서 도피할 수도 없고 계속 무력하게 있을 수도 없다. 오직 주만 바라보고 전진할 뿐이다.

우리는 또 내일을 향해 준비하는 교회였다. 지성을 곧 불신앙으로 착각하는 한국의 교회풍토 속에서 젊은 세대에게 내일의 역사와 사명을 밝혀주는 불기둥과 구름기둥의 역할을 하는 교회, 젊은이로 시작하며 젊은이들을 위해 있는 교회가 되도록 노력하는 자세가 바로 우리 교회의 특징이었다.

지금 우리는 안팎으로 매우 어려운 시련에 부딪쳤다. 역사 안에서 복음을 증언해온 예언자적인 우리의 역할과 임무가 벽에 부딪친 것이다. 우리가 대결해야 할 모든 반신적(反神的)인 세력, 인간을 비인간화, 노예화시키려는 세력이 커가고 있는 이때, 오직 주만 바라보고 그 앞에 함께 서 있는 교회가 되어야 비로소 우리는 위에서 내려주는 힘을 받아 음부의 권세를 깨뜨리는 하늘의 열쇠를 받을 것이다.

다시 한 번 이 기념 예배에서 성찬을 먹으며 고백하자.

'주여, 저 큰 무리들이 주께서 우리에게 가라 일러주신 그 길을 가지 못하게 하나이다. 우리는 이 거센 안팎의 도전을 물리칠 힘도 없고, 또 어찌해야 할지도 알 수 없는 상황에 있사오니 오직 주만 바라보나이다.'

이렇게 우리가 함께 고백하고 기도한다면, 그 주는 우리 가운데 이미 와서 골고다를 향한 길을 함께 걸어가 주실 것이 틀림없다.

나는 비로소 나치 치하에서 목사 회퍼가 느꼈을 절망과 고통을 이해할 수 있을 것 같았다. 그 어느 때보다도 나의 미약함과 무력함, 그리고 완전한 절망을 느꼈다. 그 속에서 올리는 기도는 이런 처절한 고백과 구원을 향한 매달림으로 나오곤 했다.

민주적 정권 교체의 가능성을 완전히 없애버린 유신 체제가 시작된 이후 나는 장래에 대한 어떤 계획도 세울 수 없었고 밤에는 제대로 잠을 이룰 수도 없었다. 불안하고 암울하기만 한 세월이었다.

나는 아카데미에서 발행하는 월간 『대화』지의 권두언에 1973년

대화 프로그램의 방향을 설정해 놓고 내 심정을 이렇게 고백했다.

너무나 충격적으로 변해 가는 국내 정세로 인해 1973년 우리 상황이 어떻게 변화해 갈는지 알 수 없기에 오늘 우리의 계획도 구체적으로 세울 수 없는 실정임을 이해해 주시리라 믿습니다.

나를 가장 질곡 속으로 몰아넣은 것은 저항의 방법 문제였다. 체제를 완전히 부정하고 이른바 '정권 타도'에 나설 수도 없고, 체제에 순응할 수도 없으며 그렇다고 난세를 피해 산속으로 은둔해버릴 수도 없어, 마치 출구 없는 감옥에 갇힌 듯 답답하기만 했다. "순결하기는 비둘기같이 하고 슬기롭기는 뱀같이 하라"고 한 예수님의 말씀을 떠올리며 "순수하면서도 슬기로운 길이 무엇일까"를 끊임없이 자문했으나 마땅한 대답을 찾아내지는 못했다.

나에 대한 당국의 감시도 점점 심해졌다. 모든 것이 견디기 어려운 상황으로만 치닫는 것 같았다. 끝이 보이지 않는, 춥고 어두운 시절이 계속될 것처럼 보였다. 상황이 그렇게 변하자 일부 교역자들은 쉽게 적응하고 변절하는 모습을 보이기도 했다.

기독교는 권력에 대해 비교적 쉽게 지지하는 성향을 보여왔다. 기독교는 반공을 내세우고 있는데, 반공이 국시인 정권을 환영해온 것이다. 바울이 「로마서」에서 한 말 "권력 잡은 자에 순종하라. 권력은 하나님이 주신 것이다"라는 구절을 내세우고 있지만 성경에는 그런 구절만 있는 것이 아니다. 물론 박정희는 이승만처럼 기독교인도 아니고 부인 육영수는 불교신자로 알려져 있는 만큼 이승만 정권 때처럼 기독교가 노골적인 망발은 하지 않았지만 권력에 대한 비판 대신 순응하는 체질을 보여준 것은 사실이었다.

나는 그런 기독교인들의 모습에 혐오감을 느끼다가도 나 자신을 생각하면 '그럼 나는 과연 신앙을 가지고 사는 사람인가' 하는 자책과 갈등이 일었다. 공포와 분노, 혐오감과 자괴감이 소용돌이치며 내 안으로 갈마드는 그 순간 순간은 일종의 형벌과도 같았다.

독재와 혁명 사이에서

이같은 질곡에 빠져 있는 내게 처음으로 구체적인 도전이 찾아온 것은 1972년 연말 방콕에서 열린 WCC 세계 선교대회에서였다. 1972년 12월 29일부터 다음해 1월 12일까지 열린 이 대회의 주제는 '오늘의 구원'이었다.

WCC의 세계 선교와 복음 전도위원회는 기독교의 '구원'이라는 주제가 서로 다른 사회적, 문화적 상황에서 어떤 의미를 가질 수 있는지에 대해 특별한 관심을 갖고 연구를 계속 해왔는데, 그간의 연구 결과를 놓고 상호 의견을 교환하기 위해 3백여 명의 각국 대표가 모인 가운데 회의를 열었다.

이 대회에 참석한 한국 대표는 나 외에 김관석 목사, 김옥길 이대 총장, 서광선 이대 교수, 한철하 장신대 대학원장, 박상증 목사, 오재식 등 모두 일곱 명이었다. 나는 당국의 미움을 받고 있기 때문인지 여권을 받기가 어려워 발급이 늦어지는 바람에 대회가 열리고 난 다음에야 겨우 도착할 수 있었다. 어쨌든 잠시나마 한국을 떠나게 된 내 마음은 마치 교도소에서 가석방이라도 된 듯한 기분이었다.

방콕 세계 선교대회에서 논의된 내용을 한마디로 말하면 "개인 구원보다는 사회 구조적 구원이 앞서야 한다"는 것이었다. 사상 처음으로 "구원이란 종래의 개인적, 영적인 구원에 그치는 것이 아니라 잘못된 사회 구조부터 고치는 것"이라는 얘기가 공식적으로 거론되었으며 선교 방식도 대상 지역의 구체적인 상황에 맞게 탄력적으로 이루어져야 한다는 상황 선교론이 대두되었다.

그런데 대회가 열리던 어느 날 밤이었다. 나와 함께 대회에 참석하고 있던, 내가 평소에 무척 아껴온 두 후배가 얘기 좀 하자면서 위스키 한 병을 들고 나를 찾아왔다. 그들은 해방 후 학생 시절부터 나를 따르며 형제처럼 가깝게 지내오던 사람들로, 나는 그들이 아시아 교회와 세계 교회에서 일하도록 추천하기도 했었다.

자리를 옮겨 앉자마자 그들이 내게 먼저 꺼낸 얘기의 요지는 이런 것이었다.

"목사님, 이제 우리나라에는 평화적인 방법으로는 아무런 일도 해낼 수 없는 극한적인 독재 정권이 들어서고 말았습니다. 아시다시피 민주 세력에 대한 박정권의 탄압이 점점 심해지고 있으니 목사님 같은 분이 선봉에 나서서 싸워야 할 때가 아닙니까?"

"물론 저항해야지. 그런데 어떤 방법으로 싸우자는 얘기인가?"

"극한적인 정권에 대항하는 길은 역시 극한적일 수밖에 없습니다. 쉽지는 않은 일이겠지만 목사님이 박정권을 정면에서 공격하고 감옥에 들어가는 방법이 좋을 것 같습니다. 그렇게 되면 목사님의 국내외적인 비중으로 보아 상당한 파문을 불러일으킬 것입니다. 저희들은 그것을 계기로 국제적인 협력을 얻어 박정권 타도 운동에 앞장서겠습니다. 그러니 앞으로 당분간 감옥에 들어갈 각오를 하고 박정권에 맞서 싸워주십시오."

1970년대에 들어오면서 WCC와 한국 교회 내의 흐름은 급격한 변화 양상을 보이고 있었다. 1960년대까지도 정치·경제·사회 현실에 관심을 갖고 기독교 입장에서 대안을 제시하고 사회 개혁운동에 나서는 그룹이 교계의 진보 세력으로 불렸는데, 1970년대에 들어서면서부터는 이같은 개혁적 태도가 체제 자체를 문제삼는 급진적인 세력들로부터 비판을 받기 시작했다.

그러면서 대신 각광을 받기 시작한 것이 해방 신학이니 혁명 신학이니 하는 것들이었다. 그들은 이른바 '구조적 해방'을 내세우며 기존 체제 내에서 펼치는 민주화 운동 같은 것은 배격하고 도시 빈민이나 노동자, 농민 등 억압당한 민중이 혁명 주체가 되어 기존 체제를 뒤엎는 혁명을 이루어야 한다는 입장을 취하고 있었다. 바로 그런 혁명이 기독교에서 뜻하는 '구원의 복음'을 실현하는 것이라고 그들은 믿고 있었다.

이런 과격한 신학은 WCC와 EACC 안에서 점차 세력을 키워가기 시작해 EACC에는 도시산업 선교부가 조직되어 행동을 취하고 있었고 한국에도 이미 혁명 신학이라는 것이 들어와 있었다.

나와 마주한 두 후배도 이를테면 그런 흐름에 속해 있는 사람들로서 유신 체제라는 극도로 경직된 체제에 대항할 수 있는 수단으로써 그런 흐름을 택해 뛰어든 것 같았다.

"국제적인 협력을 얻어 박정권을 타도한다는 말인가? 자네들은 그 일이 가능하다고 믿나? 현재 상황에서 박정권 타도 운동이 성공할 수 있을까?"

"할 수 있는 방법을 다 동원해봐야 하지 않겠습니까? 또 불가능해 보인다고 그대로 가만히 앉아 있으란 말입니까?"

"박정권을 타도한다고 했는데, 그렇다면 그후에 자네들이 생각하는 새 체제는 어떤 것인가?"

내 질문에 대해 그들은 명확한 답변은 하지 않았다. 아마 그들도 그런 미묘한 질문에 대해서는 '바로 이것이다' 하는 구체적인 답변을 유보해 놓고 있었는지도 모른다. 나는 그들에게 내 입장을 이렇게 요약해서 설명했다.

"나는 이 세상에서 정치 문제나 사회 문제를 대하는 태도에는 세 가지가 있다고 생각하네. 하나는 기존 체제를 지켜나가는 현상 유지 입장이고, 다른 하나는 기존 체제를 완전히 무너뜨리고 새로운 질서를 세우는 급진적인 혁명의 입장이지. 그러나 나는 이 두 입장에 다 반대하네. 내가 택한 입장은 점진적 개혁 노선이네. 그 이유는 다음과 같네.

나는 기본적으로 체제를 바꿈으로써 모든 문제가 일시에 그리고 완전히 해결된다고는 보지 않네. 이 세상에는 천국도 지옥도

재하지 않는다네. 다른 말로 하자면 절대적인 선이나 절대적인 악은 존재하지 않는다는 얘기지.

모든 상황은 그것이 천국에 좀더 가까운 것이냐, 지옥에 좀더 가까운 것이냐의 차이만 있을 뿐 다 천국과 지옥의 중간에 위치해 있지. 그간 내가 되풀이하여 주장해왔듯 내가 선택하여 실천하고 있는 길은 '환상도 절망도 갖지 않고' 현실에서 가능한 개혁을 부단히 추구하며 사는 것이네.

나의 스승인 니버는 우리가 지향하는 규범(norm)이 현실(reality)과 괴리가 있을 때 규범을 포기하고 현실을 유지하는 보수주의나, 규범에 단번에 도달하려는 혁명의 길보다, 규범에 점진적으로 접근하는 길(approximate norm)이 가장 현실적이고 합리적인 것이라고 했네. 그것이 그의 사회 윤리였어. 그는 또 정의와 사랑의 관계를 얘기하면서 정의 없는 사랑은 감상주의지만, 사랑 없는 정의는 정의의 이름을 가진 또 다른 불의라고 했네. 나는 그의 견해에 전적으로 동감하고 있네.

물론 내 입장이 그렇다고 해서 자네들이 틀렸다는 말은 아니네. 솔직히 말해 자네들이 그같은 신념에 따라 용기를 갖고 행동하는 것을 높이 평가하지만 나로서는 자네들의 노선을 따를 수가 없다는 얘기일세."

"하지만 목사님은 유신 체제같이 극악한 상황에서 목사님이 말씀하시는 점진적인 개혁이라는 것이 도대체 가능하리라고 보십니까? 그것이야말로 자신의 비겁함을 숨기기 위한 자기합리화나 현실과 유리된 말장난이 아닌가 하는 생각이 듭니다."

"물론 그런 지적은 자네들 말이 옳아. 하지만 문제는 자네들이 택한 방법이 최선의 방법이라는 확신이 내게 없다는 거야. 현체제를 자네들이 앞장서서 뒤집어엎는다는 것이 가능해 보이지도 않고, 또 정면에서 저항하는 소수가 피 흘리고 투쟁하다 감옥에 가고 하는 것이 가장 효과적인 방법인가? 오히려 무모하게 상처와 피해만 입는 것이 아닌가 하는 생각도 들어. 그리고 솔직히 말하면 나는 그런 투사 타입의 용기 있는 인물도 못 되네."

"결국 용기가 없기 때문이라는 말씀입니까?"

"용기도 없지만 가장 큰 문제는 아직 내 스스로 어떻게 행동하는 것이 최선인지 확신이 서 있지 않다는 거야. 자네들이 요구하는 걸 받아들일 준비가 아직 안 돼 있다는 얘기야. 자네들도 내게 그런 요구를 쉽게 하는 것은 아니겠지만 뚜렷한 신념도 없이 감옥에 들어갈 결심을 한다는 것은 결코 쉬운 일이 아니지. 더구나 혼자 고생이라면 몰라도 가장으로서 가족들에게 끼칠 고통과 불이익에 대해서도 생각하지 않을 수 없지 않나? 내 아들은 지금도 나 때문에 외국 유학을 가는 길이 막혀 있어."

가장으로서 가족에 대한 생각을 안 할 수 없다는 내 말에 그들은 발끈 화를 냈다. 그들에겐 아마 내가 소시민적 안일이나 추구하는 비겁한 사람으로 느껴졌을 것이다. 그러나 그건 솔직히 말해 내가 도저히 무시해버릴 수 없는 인간적인 문제였다. 내가 그들과 같은 신념을 갖고 있다면 물론 그런 고뇌를 극복하고 감옥에 들어갈 결심을 할 수도 있겠지만 그렇지 않은 마당에야 그런 문제는 극복하기 어려운 난제로 느껴지지 않을 수 없었다.

득과 공격, 회유와 협박으로 이어진 그들과의 논쟁은 새벽 네댓 시까지 이어졌으나 끝내 서로의 이견은 좁혀지지 않았다. 그들은 마지막으로 이런 말을 던졌다. 그것은 나에 대한 일종의 최후 통첩과도 같은 것이었다.

"정 그렇다면 좋습니다. 이제 마지막으로 우리의 입장을 분명히 밝히겠습니다. 앞으로 목사님이 우리와 뜻을 함께해서 반독재 운동의 선봉에 서신다면 우리는 국내외적으로 조직을 만들어 목사님을 밀고 나갈 것이지만 그렇지 않다면 목사님을 칠 수밖에 없습니다. 목사님은 국내뿐 아니라 국제 사회에서도 영향력이 큰만큼 우리 운동에 저해가 될 테니까 우리로서는 그냥 둘 수가 없지요. 그러니 알아서 선택하십시오. 목사님이 계속 고집을 꺾지 않으신다면 우리는 대신 다른 사람을 내세워서라도 계획대로 일을 추진할 것입니다."

"자네들이 나를 치겠다면 맞을 수밖에 없겠지. 하지만 나는 자네들과는 입장이 다르고 감옥에 갈 용기가 있는 사람도 못 되네."

나는 그들과 논쟁을 하면서 끝내 내 입장을 굽히지 않았지만 그로 인해 생긴 갈등과 부담, 충격은 엄청난 것이었다. 내 방에 돌아온 나는 그 논쟁을 반추하면서 한숨도 자지 못했다. 저항 방법이 다르다고 해서 그들의 주장이 잘못된 것은 아니었다. "현체제를 엎고 난 후의 대안이 뭐냐"는 내 질문에는 공산주의는 안 된다는 생각이 깔려 있었지만, 반공의 명분도 살지 않는 유신 체제에서 내가 그들에게 자신 있게 할 말이라고는 사실 아무 것도 없었다. 게다가 다른 한편으로는 나 자신의 용기 부족과 몸조심 방침에 대해 회의와 의문으로 괴롭기도 했다.

진정한 용기는 무엇일까? 나는 평생 나 자신을 용기 있는 사람이라고 생각해본 적도 없지만 진짜 용기는 가치관과 신념에서 오는 것일 거라고 짐작해본다. 신념이란 다른 사람이 억지로 집어넣어 줄 수 없는 것이고, 자신의 내부에서 저절로 생겼을 때 큰 힘을 발휘할 뿐이다. 그러므로 자신이 동의하지 않는 신념이나 가치관을 다만 정치적인 이해 때문에 따른다는 것은 내가 생각하는 진정한 용기도 아니었다.

용기는 용감한 행동을 동반하기도 하지만 모든 용감한 행동이 용기라고는 생각지 않는다. 자신의 정체성, 즉 자기가 믿는 바의 원칙을 꺾으면서까지 '용감한 행동'을 보여주는 것은 진심에서 우러나오는 용기와는 다르다고 생각한다. 당장 배고픔 때문에 장자의 권리를 동생에게 팥죽 한 그릇에 팔아넘긴 에서의 '과감한' 결정 역시 용기하고는 관계가 멀다. 오히려 배가 고프더라도 자신의 정체성을 지키는 것이 용기일 것이다.

나는 내 원칙을 지켜 그들의 요구를 거절하기는 했지만 그들이 원하는 용감한 결단력을 보여주지 못한 데 대한 부담감과 자책은 나를 짓눌러댔다. 안 그래도 유신 이후 드러내놓고 저항하지도 못하고, 그렇다고 순응할 수도 없어 괴로워하고 있는 내가 그런 선택까지 강요받고나자 커다란 돌덩이를 하나 더 안은 것 같은 느낌이었다.

그 때문이었는지 이튿날 아침 내 몸 상태는 매우 나빠졌다. 온몸이 너무 아파 도저히 참을 수 없을 정도였다. 서둘러 병원에 가

살을 받았더니 "상태가 매우 좋지 않으니 빨리 집으로 돌아가라"는 의사의 권고가 나왔다. 그에 따라 나는 할수없이 회의 중간에 귀국하고 말았다.

호랑이와 뱀 사이에서 살아가는 법

방콕에서 있었던 논쟁을 계기로 나는 사람들에게 보수주의자로 몰리게 되었고, 따라서 기독교 내 친한 친구들이나 선후배들과도 멀어지는 불행한 사태를 맞게 되었다. 그 이후 20년 가까이 기독교 운동권으로부터 보수 반동으로 몰려 공격당한 일은 이루 말로 할 수 없을 정도다. 물론 그때 나와 논쟁을 벌였던 두 사람이 그랬다는 것이 아니라 그 계열에 속한 사람들의 조직이 그랬다는 얘기다.

그들과의 알력은 국제 사회에서도 계속되었는데, 특히 그 11년 후에 밴쿠버 WCC 총회에서 일어난 사건으로 나는 그들과 비극적인 결별을 하게 된다. 뒤에 자세히 나오겠지만 그들은 밴쿠버 총회에서 내가 WCC 회장단 선거 후보로 나섰을 때 당선을 저지하기 위해 삐라를 뿌림으로써 나를 완전히 제거해야 할 적대 세력으로 몰았다.

기독교 내의 운동권이 나를 배척하게 되자 아카데미 일도 많은 난관에 부딪치게 되었다. 아카데미는 박정권의 탄압으로 국내에서 후원금을 얻지 못하고 주로 독일·미국·캐나다 등 외국에서 지원받은 돈으로 활동을 벌여 왔는데, 그들이 국제 사회에 돌아다니며 나를 모함하는 바람에 원조를 얻는 일이 매우 힘들어졌기 때문이었다. 그 때문에 중간집단을 육성하고 강화하는 프로그램을 실시하기 위해 독일 교회에서 원조를 받을 때도 만만치 않은 반대 세력을 물리치느라고 곤욕을 치러야 했다.

그러나 나는 그들에게 따돌림을 당하고 백안시를 당하면서도 그들을 미워할 수만은 없었다. 그들에 대한 나의 감정은 한마디로 애증이라고 할 수 있었다. 유신 체제에서는 사실 그들이 택한 방법 외에 달리 저항할 수 있는 길이 없는 게 현실이었고, 또 그들이 정의감으로 택한 그 길은 고난과 박해를 감수해야 하는 가시밭길이었으므로 나는 그들을 충분히 이해하고 용기 있는 사람으로 인정하고 있었다.

하지만 어느 쪽에도 가담하지 않고 중간에 서서 자유로운 비판자로 남으려는 나의 입장 역시 양쪽에서 가해지는 협공을 감수해야 하는 쉽지 않은 길이었다. 운동권에서는 나를 보수주의자, 한국의 매카시, 친박정희파라고 비난을 해댔고, 박정권은 나를 감시하며 언제든지 꼬투리를 잡을 준비를 하고 있었다. 나는 내 식으로 무언가를 해나갈 뿐이었지만, 내가 하는 일 그 자체보다도 양쪽에서 욕을 먹고 계속해서 오해와 비난을 받아야 하는 사실이 나를 더 힘들게 할 때가 많았다. 시대가 힘들고 상황이 어려워지면 서로 힘을 합쳐 각자 자기 그릇대로 할 일을 해나가면 좋으련만, 묘하게도 사람들은 힘들면 서로 더욱 비난과 원망과 불신을 쌓아간다. 어려운 시절과 무서운 체제가 사람들을 거칠고 황폐하게 만들어가고 있었다.

이 시절 내 머리에 계속 떠오르던 생각은 '호랑이와 뱀 사이에 서'라는 우화였다. 나는 그 제목으로 설교를 하기도 했는데, 뒤에 자세히 언급하겠지만 독일의 유명한 민속학자 이탈리안다가 나의 설교 원고를 모아 같은 제목으로 독일어 책을 만든 일이 있다.

그 무렵 기독교 방송은 매달 한 번 정도 우리 교회의 주일 낮예배를 중계하곤 했는데, 1973년 1월 28일 예배가 시작되기 전 느닷없이 방송 중계가 취소되는 일이 일어났다. 1971년의 성탄 예배 중계가 중단되고 1년 만에 또다시 당하게 된 취소였다.

그날 나는 '살아라'라는 제목으로 설교를 하기로 되어 있었는데, 설교 본문이 방송국에 전달된 후 갑자기 그런 결정이 내려진 것이었다. 나는 방송국 직원들이 철수한 후 조금은 비통한 기분으로 설교대 앞에 섰다.

오늘 설교 제목과 본문이 전달된 후에 중계 중지 통지가 왔다. '살아라' 대신 '죽어라' 했으면 허락했을까? 날씨가 추우면 따뜻한 옷을 입고 더워지면 옷을 서늘하게 입는 지혜를 가지고 있었기에 40년 동안 이 나라 풍토에서 살아올 수 있었다.

「아모스」5장에는 "너희는 나를 찾으라. 그리하면 살리라"고 되어 있다. 아모스의 예언 중 가장 적극적인 표현이 이 '살아라'이다. '살아라'고 하는 말은 사실 '죽어라' 하는 말보다 더 하기 힘들다. 산다는 것이 얼마나 괴로운 것인지 아는 자에게는 '죽어라' 하는 말처럼 친절한 축복이 없을 것이다. 아모스는 참으로 절망적인 역사적 상황 속에서 멸망이 임박했다는 무서운 예언을 되풀이했다. 그런 어려운 상황 속에서도 그는 '살아라' 하고 외친다. 살고자 하면 길은 하나밖에 없는데, 그것은 하나님을 찾으라는 것이다.

그가 말하는 '하나님을 찾는 길'은 하나님의 뜻을 개인 생활과 사회 생활 속에서 완성하며 살아가는 것이다. 하나님의 정의를 바탕으로 공의(公義)를 완성하는 것이 진정 하나님을 찾는 길이고 사는 길이라는 것이다.

오늘뿐이 아니라, 우리나라뿐이 아니라 지구 위 어디에 고난과 부정이 깔려 있지 않은 땅이 있으며, 지난 역사의 어느 한 페이지라도 진정 자유와 정의와 사랑이 지배한 적이 있는가? 만일 아모스의 말대로 정의의 근원이 하나님이므로 생명의 근원도 하나님이라면 이 엄청난 부정과 악과 고난의 근원은 대체 무엇이며 하나님은 무엇을 하고 계시다는 말인가?

우리는 바울이 이야기한 "내가 그리스도와 함께 십자가에 못 박혔나니 그런즉 이제는 내가 사는 것이 아니오, 오직 내 안에 그리스도께서 사시는 것이다. 이제 내가 육체 가운데 사는 것은, 나를 사랑하사 나를 위하여 자기 몸을 버리신 하나님의 아들을 믿고 믿음 안에서 사는 것이라"는 그것이 곧 우리의 신앙임을 확실히 해야 한다.

바울이 말한 신앙은 십자가에 달린 그리스도와 자기를 동일체로 보는 것이지만, 그 고난을 견디면 사후나 내세에서 복을 받는 것이 아니라 현재의 내가 그 안에서 새롭게 해방된 인간으로 살게 된다는 것이다.

니콜라스 베르쟈예프는 "빵은 나 혼자 먹거나 남의 것을 빼앗아 먹을 때는 물질이지만 이웃과 나누어 먹을 때는 영적인 것이 된다"고 했다. 남녀의 성적인 교제도 둘이 사랑으로 한몸이 될 때는 영적인 행위다. 정치·경제·사회·문화 전반도 그 속에 항상 창조적인 요소와 파괴적인 요소가 함께 있다고 했다. 우리가 할 일은 죽음으로 몰아가는 파괴적인 악의 순환을 창조적인 것으로 변화시켜 '살리는' 일을 하는 것이다.

앞서도 얘기했지만 나는 유신 체제 출범 이후 박정권을 단순히 극우 독재 정권으로만 인식하고 위협을 느낀 것이 아니다. 유신 체제는 당연히 극우 군부 독재라고 할 수 있지만 그 사상적 배경에 대해서는 반대 측면으로 의심이 쏠리고 있었다. 박정권이 '평화 통일'을 명분으로 내걸고 그처럼 엄청난 일을 저질러놓은 것을 보니, 그 동안 박정희의 사상에 대해 어느 정도 풀렸던 의혹이 다시 되살아나고 있었다.

나를 보수 반동이라고 비판하는 사람들은 내가 매카시즘적으로 공산주의의 위협에 대해 경직된 과민 반응을 보인다고 못마땅해했다. 하지만 내 입장에서는 '권력 심층부에 그런 세력이 은폐되어 있을지도 모른다'는 의구심을 끝내 버리지 못하고 있었기 때문에 나의 반응은 그럴 수밖에 없었다.

이같은 내 생각을 단순한 기우로 돌릴 수 없게 한 중요한 근거 중의 하나는 당시 북한의 대남 전략이었다. 나는 그 무렵 한 미국 측 인사로부터 북한의 대남 전략에 대해 다음과 같은 얘기를 들은 일이 있다.

북한의 통일 전략은 지금까지 두 번 수정되었다. 그들이 처음 세운 전략은 6·25로 대표되는 무력 통일이었다. 그런데 그것이 실패하자 그들은 남한의 노동자, 농민 등 이른바 민중의 봉기를 통하여 통일을 이루고자 꾀했다. 그런 시도 중의 하나가 울진, 삼척 지구 무장공비 투입 사건이다. 그들은 그곳에 대규모 인원을 투입해 사람들을 선동하면 호응이 일어나 민중 봉기가 발생할 것으로 기대했다. 그러나 결과는 기대 밖으로 전혀 호응이 없었다.

그 시절 내 뒤에는 매일 검은 그림자가 따라다니며 나의 일거수일투족을 감시했고 때로는 나를 연금하여 외출을 못하게 하는 일도 벌어졌다. 꼭 가야 할 곳이 있을 때는 그들에게 자세한 사정을 설명해 허락을 받아야 했고, 그렇게 허락을 받아 나가는 경우에도 내 차에 두 명 이상의 정보원이 합승해 나를 계속 따라다녔다.

경찰 국가가 따로 없었다. 인간의 가장 기본적인 욕구이자 권리인 말할 자유와 가고 싶은 곳에 마음대로 갈 수 있는 보행의 자유가 없어졌으니 나의 일상 생활은 감옥처럼 답답하기만 했다. 제대로 할 말을 하지도 못하고 감시는 갈수록 심해지니 나는 밀폐된 공간에 감금된 사람처럼 울화에 시달렸다. 숨이 막혀 죽지 않으려면 무엇이든 환기를 할 수 있는 장치가 필요했다.

그때 내게 그런 장치를 마련해 준 사람은 10여 년 전 고인이 된

화가 배용이었다. 나는 배용 부부를 이화대학 장원 교수의 소개로 알게 된 뒤, 갈현동에 있는 그의 국민 주택에서 정치 색채가 없는 문화 예술인들과 어울리며 찌들고 긴장된 심신을 달래곤 했다. 나는 그곳을 갈현장이라고 불렀는데, 배용이 미대사관 사람들과도 친했기 때문에 미국인들도 심심치 않게 갈현장의 저녁 모임에 나타나곤 했다.

잠시라도 휴식을 취할 수 있는 갈현장 모임 외에 내가 스트레스 해소책으로 자주 애용했던 방법은 지방으로 여행을 가는 것이었다. 정치적으로 의심을 받지 않는 문화 예술계 인사들, 그리고 미국인들과 팀을 이뤄 설악산, 내장산, 속리산, 통도사 등지를 다니며 유쾌한 시간을 보내면서 답답증을 견뎌낼 수 있는 새 공기를 호흡하곤 했다.

그렇게 시간이 흐르면서 유신 체제의 등장으로 인한 나의 충격도 차츰 가라앉아 갔다. 그러면서 나는 교체 가능성이 전혀 보이지 않는 군사 독재 상황이긴 하지만 내가 할 수 있는 일이 무엇인가 구체적으로 고민하기 시작했다. 비록 작은 몸짓에 그치더라도 내가 할 수 있는 일을 찾아나가야겠다는 생각을 한 것이다. 다만 무모한 희생은 피하기 위해 그들의 사정권 안에서 직접적으로 저항을 펼치는 것은 자제하자는 생각이었다.

중국을 보는 시각 차이

1973년 6월에는 싱가포르에서 EACC 총회가 열렸다. 이 총회에서는 1968년 방콕 총회에서 내가 헌장 개정위원장이 되어 그간 숱한 모임을 거쳐 성안한 헌장 개정안이 거의 만장일치로 통과되었다. 그에 따라 EACC는 CCA(아시아 기독교교회 협의회)로 명칭이 바뀌었으며 협의회의 목적도 달라지고 기구도 개편되었다.

이미 말했듯 개정안은 1인 회장제를 지역 대표성을 가진 4인 회장단 제도로 바꾸기로 되어 있었다. 나는 새 헌장에 따라 실시된 회장단 선거에 동북아 지역을 대표하는 회장으로 단독 입후보해 선출되었다.

특별히 나는 이 대회에서 EACC를 주도적으로 이끌다가 1970년에 죽은 나일스 박사를 기념하는 강연을 했다. 정보부에서는 유신 체제에 대한 국제적인 비난 여론이 높았던 만큼, 내가 기념 강연을 한다니까 그 내용에 대해 촉각을 곤두세우기도 했다.

그러나 내 강연의 내용이나 주제는 대회 준비위원회에서 이미 정해놓고 부탁해온 것이었으므로 직접적인 체제 비판과는 달랐다. '발전을 위한 아시아인의 갈등'이라는 제목의 그 강연에서 나는 아시아 지역이 경제 발전을 시도하는 과정에서 도외시하고 있는 환경 문제를 다루었다. 서구 선진국가는 물론이고 일본 역시 그 동안의 산업화에 따른 환경 오염과 부작용이 나타나기 시작한 시기였기 때문이다.

지난 몇 해 동안 우리들 모임에서는 정의 · 자유 · 발전이라는 말들이 많이 나왔고 그것을 위한 투쟁이 계속되어 왔다.

발전이란 인간이 개인적 인격으로서나 공동체의 한 구성원으로서나 완전한 인간으로 살 수 있도록 하신 하나님의 목적에 맞게 인간을 해방시켜 가는 과정이다. 사람은 먹을 것만을 구하는 것이 아니라 자유·존엄·정의·참여를 동시에 원하고 있다. 그러기에 발전은 단순한 경제 성장이라는 양적 개념뿐아니라 인간화라는 질적 개념을 포괄하는 개념으로 이해해야한다.

지난 5년 동안 우리는 정의·자유·발전을 위한 투쟁을 계속해 왔다. 아시아가 눈부시게 변화해온 것은 사실이지만 이런문제를 해결하기에는 기독교인들의 능력은 여러 모로 제한되어 있다. 경제 발전 역시 충분치 않으며 자유와 정의가 실현된수준도 매우 제한되어 있다. 이런 상태에서 소수 중의 소수인우리가 이 엄청난 권위주의적 구조 속에서 구체적으로 무엇을해낼 수 있단 말인가.

게다가 산업화와 경제 발전에 관심을 집중하다 보니 우리의귀한 문화적 유산이 파괴되어 가고 있다. 공업화와 도시화로인한 경제 사회 구조의 변화는 우리의 문화 구조에까지 큰 영향을 미치고 있는데 긍정적인 면보다 부정적인 면이 강하다.

우리가 근대화나 발전을 얘기할 때 그것은 꼭 서구화를 의미하는 것은 아니었다. 토머스의 말대로, 어떤 근대화가 되든지간에 그것은 새로운 창조성과 미래에 대한 개방성과 함께 과거에 뿌리를 박은 아시아인의 자신감에서 근대화의 근원과 역동성을 찾아야 한다.

공업화, 도시화의 결과 우리 생활과 직결된 아름다운 자연은 대대적으로 파괴되었다. 이같은 대기 오염, 수질 오염, 소음 공해만이 문제가 아니라 가족과 마을의 해체로 전통적인 인간 관계가 사라지고 있다. 부락을 중심으로 한 전통적인 문화 생활도 근대화의 이름으로 배제되고 있는 실정이다. 사회는 전통 문화의 가치관과 아주 이질적인 새로운 문화와 가치관 사이에서 갈등을 겪으며 흔들리고 있고 사회 구조는 불균형을 이루게 되었다. 따라서 사람과 사회는 방향 감각을 상실하고 주체성에도 심각한 위기를 초래하게 되었다.

우리는 아시아의 문화적 바탕을 파괴할 것이 아니라 창조적으로 재생시키는 일에 더 큰 관심을 집중해야 한다. 나는 지금이라도 우리 아시아 교회가 오늘까지 해온 역할을 철저히 반성하면서 발전에 대한 우리의 전략을 재평가하고, 정의 실현과 참된 해방의 방향을 새롭게 모색해 보자고 제의한다.

우리는 당면한 문제들을 무력하다는 이유로 외면할 수는 없다. 우리는 비록 보잘것없는 집단이지만 가능한 해결에 주력해 보도록 하자. 정말 우리들의 운동이 밑바닥에서 시작하여 문제 해결에 이바지하려면 우리의 전략은 처한 상황에 따라 다양해질 수밖에 없다. 우리는 자기의 전략만을 유일한 기독교적 전략으로 오해하여 자기들과 같지 않은 운동은 보수니 반동이니 비복음적이니 세속적이니 하는 식의 독선의 유혹에 빠지지 말아야 한다.

무엇보다 필요한 것은 진정한 일치 속에서 다양성을 형성하는 일이다. 그리고 아시아의 일치는 세계 일치에 적극적으로 참여하면서도 우리의 주체성을 토대로 하고 있어야 할 것이다.

싱가포르 총회에서는 소외당하고 억눌린 계층의 해방에 대한 관심이 그 이전 대회들에 비해 크게 두드러졌다. 따라서 교회의 선교 정책을 놓고도 선교 과제를 억눌린 대중의 해방에 두는 진보파와 복음을 만인에게 공평히 전해야 한다는 보수파 사이의 대립이 뚜렷하게 나타났다.

이 회의에서 격론을 불러일으킨 또 하나의 사안은 중국에 대한 정책 문제였다. 이를 놓고 버기스 신부와 나는 또 한 차례 논쟁을 벌이게 되었다. 논쟁의 발단은 총회의 정책 선언서에 명시된 '아시아의 바람직한 모델 국가는 중공'이라는 표현이었다. 나는 그런 표현을 받아들일 수가 없어 이의를 신청하고 앞에 나가 반대 발언을 했다.

"나는 아시아의 모델 국가가 중공이라는 말을 받아들일 수가 없다. 문화 혁명으로 수많은 사람들의 인권이 유린되었고, 현재는 교회를 찾아볼 수 없을 정도로 종교가 탄압되고 있는데 그런 현실에 대해 한마디 비판도 없이 어떻게 그런 단정을 내릴 수 있는가?"

그러자 버기스 신부는 내 발언을 즉각 반박하고 나섰다.

"중공은 다른 아시아 국가들과 달리 부패가 없는 나라다. 그리고 서구 제국주의 국가들의 도움이 없이 자립 발전해나가고 있다. 아시아 국가 중에서는 억압과 착취 문제가 가장 잘 해결된 나라가 바로 중공이 아닌가?"

그러자 다케나카 마사오라는 일본인도 그의 편을 들고 나왔다.

"강목사는 중공을 공산주의라는 이념에 매여 보고 있는 것 같다. 그렇게 추상적인 이념으로만 보지 말고 중공의 현실을 구체적으로 보고 판단을 하는 게 좋겠다."

나는 그들의 반박에 다시 한 번 맞섰다.

"나보고 땅을 밟고 얘기하라고 하지만 당신들이야말로 중공을 망원경을 통해 보고 있는 것은 아닌가? 망원경을 통해 굴절된 상이 아닌 진짜 실상을 당신들이 정말 알고 이러는 것인가?"

내가 그런 태도를 보이면 국내외에서 보수 반동으로 더욱 강하게 낙인이 찍히리라는 것을 뻔히 알고 있었다. 그러나 그런 비난이 무서워 할 말을 두고도 입을 다물 수는 없는 노릇이었다. 보수 세력과 급진 세력 사이에서 뚜렷한 내 입장을 지키는 일이 어느 한편에 서는 것보다 더 어렵다는 것을 알고 있었지만 현실과 동떨어진 이념만으로 싸우는 비상식적인 편들기는 차마 할 수 없었다.

그로부터 30년이 지난 오늘의 중국을 보면 당시 대립했던 양쪽 모두 중국을 잘못 보았다는 것이 입증된다고 생각한다.

그래도 나는 살리라

예배토착화와 다시 살아난 교회축제

독재 정권과 급진 세력 사이에서 나름대로 뚜렷하게 할 수 있는 일을 찾던 내 노력이 구체적인 형태로 드러나기 시작한 것은 크게 두 가지 일에서였다. 하나는 교회 갱신 운동이었고 다른 하나는 아카데미의 주력 사업으로 중간집단을 육성 강화하는 프로그램을 실시하는 일이었다.

교회 갱신 운동의 하나로 내가 시작한 것은 한국 문화 속에 기독교를 토착화시키고 예배를 축제와 결합하는 것을 골자로 한 예배 갱신 운동이었다. 나는 1973년부터 토착화를 토대로 한 각종 프로그램을 개발해가면서 이미 1960년대 말부터 실험적으로 실시해온 축제 예배를 본격적으로 정착해나가는 시도를 시작했다.

엄숙하고 딱딱한 형식으로 올리는 교회의 예배를 축제 형식으로 바꾸게 된 것은 예배에 대한 평소의 내 생각을 실현한 결과였다. 지금도 그렇지만 당시 교회 예배는 축제의 성격을 상실하고 입과 귀로만 드리는 엄숙주의와 경건주의로 일관한 것이었다. 그러나 신구약을 읽어보면 하나님께 드리는 예배는 축제, 다시 말해 몸으로 드리는 예배였다. 제단(altar)이라는 말의 어원이 '춤판'이라는 데서도 드러나듯 초기 교회에서는 예배에 춤과 노래를 빠뜨리지 않았다. 일례로 구약 「시편」에는 다음과 같이 적혀 있다.

나팔 소리로 찬양하며 비파와 거문고 소리로 찬양하라. 북을 치고 춤추어 찬양하며 현악과 퉁소로 찬양하라. 큰 소리 나는 제금으로 찬양하라.

예배는 하나님의 무한한 은총에 대한 감사로서 해방된 자들의 축제다. 신약에서도 예수님은 하늘나라의 이야기를 잔치에 비유하고 있다.

이처럼 축제를 동반했던 예배가 교회에서 사라지게 된 이유는 역사적으로 두 가지 측면에서 찾을 수 있다. 하나는 물질과 육체를 죄악시하고 정신과 영혼만을 중시한, 처음에 기독교가 이단이라고 배척했던 그노시스주의의 영향이다. 그리고 다른 하나는, 바보제처럼 교회 축제를 통해 민중들이 지배 계급의 허위와 비리를 고발하자 교회와 정치 권력자들이 축제를 억압했기 때문이었다. 그런데 이같은 전통은 개신교로도 이어져 특히 청교도와 경건주의 계통에서는 축제가 거의 무시당하고 예배는 설교와 교리

해석 등 말씀 중심으로 확립되었다.

우리나라에도 선교사들에 의해 이같은 의식이 그대로 이입돼 1950년대 초 장로교 총회에서는 '강단에는 어린아이가 올라가 소란스럽게 해서도 안 되고 예배당 안에서 무용 같은 것을 해서는 안 된다'는 결의를 한 일이 있다. 예배는 엄숙하고 경건한 것이라는 고정 관념은 누구도 깨서는 안 되는 일종의 불문율이었다.

예배에서 축제가 사라지면서 나타나기 시작한 것은 우선 비인간화 현상이었다. 인간은 '도구를 사용하는 존재'(homo faber)이면서 동시에 '축제를 벌이는 존재'(homo festivus)인데, 한쪽면이 무시되면 인간성이 황폐해지고 비인간화 현상이 초래되게 마련이다.

교회가 축제를 속되다는 이유로 추방해 버렸기 때문에 축제는 세속화되었다. 그 때문에 나이트클럽이니 뭐니 하는 곳에서 속된 축제, 가짜 축제가 열리게 된 것이다.

교회는 축제를 상실한 크리스마스를 보내며 밖으로 뛰쳐나가는 청소년들을 향해 '크리스마스를 가족과 함께 조용히', '고요한 밤, 거룩한 밤'으로 지내라는 캠페인을 벌인다. 그러나 하나님의 아들이 탄생한 밤에 천군 천사의 노래 소리를 들을 수 있고 전 우주의 축제에 참여하는 교회라면 크리스마스는 가정에 처박혀 조용히 보내라는 말은 하지 못할 것이다.

축제를 회복함으로써 우리가 얻을 수 있는 것은 많다. 우선 하나님에 대한 감사와 찬양을 통해 하나님과 만날 수 있다. 예배는 교인을 죄의식의 동굴 속에 몰아넣는 것이 아니라 그리스도를 통해 하나님께 사죄를 받는 것이며 해방된 자의 기쁨을 누릴 수 있게 한다.

또한 축제는 인간성을 새롭게 회복시켜준다. 특히 감수성과 통찰력을 밝혀주어 하나님이 창조한 세계에 가득 차 있는 신비와 아름다움과 리듬을 온몸으로 느낄 수 있게 해준다.

마지막으로 축제는 공동체를 형성시킨다. 축제를 통해 진정한 사회 의식과 역사 의식, 참여 의식이 형성될 수 있는 바탕이 마련되는 것이다.

좀 장황하게 늘어놓긴 했지만 이같은 생각에서 나는 경동교회에서라도 우선 축제를 회복시키기 위한 노력을 했다. 그 첫번째 시도라고 할 수 있는 것이 1969년 12월의 '성탄 축하 무용과 연극의 밤'이었다. 이날 밤 한국 교회사상 처음으로 예수 탄생을 소재로 무용가 육완순이 안무한 무용 예배가 선을 보이게 되었다.

이같은 실험적 예배는 1971년 크리스마스에 극단「햇님」의 성극 공연으로 이어졌고 1972년 성탄 축하 예배 때는 자정 예배와 함께 포크 댄스를 진행했으며, 촌극 경연 무대도 마련하면서 연례적인 행사로 자리를 굳혀갔다.

경동교회에서 시도한 이런 실험적인 예배는 교계 안팎의 심상치 않은 주목을 끌게 되었는데, 그 중에서도 가장 큰 말썽을 불러일으킨 행사가 바로 1972년 중고등학교 신우회 주관으로 교회에서 열린 '복음가요 페스티벌'이었다.

이 행사에 출연해 노래를 한 사람은 당시 청소년들에게 큰 인기를 끌던 가수 조영남과 윤형주 등이었다. 독실한 기독교인이기도 한 그들에게 팝송을 찬송가처럼 개사하여 노래를 불러달라고 먼저 요청한 사람은 나였다.

그러나 이런 내 생각은 제일 먼저 우리 교회 장로들의 걱정부터 사게 되었다. 그래서 나는 일반 신자가 아닌 중고등 학생 신자들의 모임에서 우선적으로 복음가요를 불러 보도록 했다. 밤에 개최된 이 복음 가요 페스티벌은 나도 놀랄 정도로 대성황이었다. 조영남과 윤형주의 높은 인기 때문에 우리 교회뿐 아니라, 다른 교회에서도 학생들이 몰려왔고 성인들도 많이 와서 참석했다. 한마디로 대성공이었다. 그렇게 되니 걱정했던 장로들도 좋아하는 기색이 역력했다.

그런데 당장 다음날부터 보수 교단에서 이 공연을 두고 비난과 공격을 쏟아내기 시작했다.

"신성한 교회에서 속된 유행가 가수를 불러다가 미친 짓을 벌였다."

"두고 봐라. 앞으로 강원용이는 경동교회를 나이트클럽으로 만들 것이다."

거센 비난과 공격이 화살처럼 쉴새없이 쏟아져 들어왔다.

워낙 파격적인 사건이었던 만큼 언론도 이 문제에 큰 관심을 보였다. 나를 보고 "미친 짓을 한다"고 비난하는 사람들은 텔레비전과 라디오 등에 나가서도 그 공연을 마구 공격해 대곤 했다.

일이 자꾸만 시끄러워지면서 나는 더 이상 그대로 놔둘 수가 없어 "아카데미 대화 모임에서 그 문제를 놓고 토론을 벌이자"는 제안을 했다. 그런데 처음에는 토론을 수락했던 반대자들이 막상 모임 날짜가 되자 나타나지 않아 그 모임은 일방적인 것이 되고 말았다.

나는 "그렇다면 기독교 방송에서 토론하자"고 다시 제의를 했으나 이번에도 반대 입장에 선 사람이 나오지 않아 결국 공개 토론은 성사되지 못했다. 이처럼 반대자들과 직접 토론할 기회를 잃어버리긴 했지만 혼자서라도 기회가 주어진다면 복음 가요에 대한 내 생각을 밝히는 수밖에 없었다.

그 얼마 후였다. 차를 타고 가는 도중에 라디오를 틀어보니 시민회관에서인가 조영남이 공연을 하는 것이 중계되고 있었다. 그런데 그는 노래 한 곡을 부르고 나서 경동교회에서 있었던 그 공연을 이야기한 후 이렇게 덧붙였다.

여러분도 알다시피 우리가 그 공연을 하고 나서 참 말도 많았습니다. 그런데 저는 이 자리에서 그 많았던 말 가운데 경동교회 강원용 목사님이 했던 말씀을 들려 드리고 싶습니다. 강 목사님은 "내가 믿는 하나님은 바흐나 베토벤만 듣는 그렇게 옹졸하고 편협한 하나님이 아니다. 그분은 어느 나라 누구의 노래든 그것이 하나님을 찬양하는 노래라면 언제든지 듣고 기꺼워하신다"고 하셨습니다. 나는 그 얘기를 듣고 얼마나 용기를 얻었는지 모릅니다.

그런데 나도 놀란 것이, 우리 교회 공연에 그토록 심하게 반발했던 보수 교단에서 얼마 후 있었던 빌리 그레이엄 목사 전도 대회 등 그들의 집회에 조영남 같은 대중 가수를 초청하는 일이 생겨났다. 그렇게 논란을 불렀던 복음가요가 얼마 되지 않은 시일 안에 보수 교단으로도 자연스레 퍼져간 것이다.

경동교회에서 시도된 축제 예배는 횟수를 거듭하면서 예술적인 면에서도 점차 성숙해갔다. 1974년 4월 부활절에 공연된 연극 「살았다」가 바로 그 예라고 할 수 있다. 이 연극 대본은 내가 영국에 갔을 때 런던 교외의 한 소도시에 있는 기독교 전문 서점에서 입수한 것인데 작가는 휴 마독스였다.

우리는 이 대본을 우리 현실에 맞게 각색해 공연했다. 이 연극 예배는 춤과 노래와 연기가 모두 동원된 종합예술 무대인데다 관람자를 연극에 참여시키고 장면에 따라 같은 인물의 배역을 바꾸는 등 당시로서는 매우 실험적인 기법을 도입하여 큰 호응과 화제를 모았다. 이 공연은 사람들의 요청으로 재공연을 할 정도로 성공적이었으며 교계의 큰 관심을 끌었다.

우리는 또 1974년부터 추수 감사절을 우리의 추석날에 맞추어 지내면서 저녁에 탈춤 예배를 올리기 시작했다. 그해부터 우리는 고난 주간, 부활절, 추수 감사절, 창립 기념일, 크리스마스 등을 기해 해마다 네댓 차례 다양한 축제 예배를 드리게 되었다. 1975년에는 교회 창립 30주년을 맞아 자체적으로 만든 「어느 포도원 이야기」라는 연극을 공연했는데, 이는 경동교회 역사를 소재로 한 것으로 주인공으로 등장하는 청년이 나였다.

경동교회의 축제 예배에 대한 사람들의 호응은 굉장했다. 축제 예배가 있는 날은 다른 교회 사람들이나 일반인들도 많이 와서

매번 입추의 여지가 없을 정도로 성황을 이루었고 연장 공연을
한 경우도 많았다.

이때 경동교회 교인으로서 축제 예배를 위해 땀을 쏟은 연극·
무용·음악 분야의 전문가들은 현재 우리 문화 예술계에서 뚜렷
한 위치를 차지하고 있는 발군의 실력자들이다. 서울대 미학과
교수 김문환, 극작가 이강백, 연출가 윤호진, 김상열, 양정현, 손
진책, 무용가 이정희, 음악가 나영수, 황철익, 조상현 등이 그들
이다. 나 역시 축제 예배에는 특별한 열정을 쏟았다. 어린 시절부
터 연극을 사랑했던 나는 대본 만들기부터 연습 과정에 이르기까
지 거의 빠지지 않고 참여했다.

추수감사절을 추석으로 바꾸고

예배와 축제를 결합하는 시도와 함께 내가 심혈을 기울인 것은
예배 문화의 토착화였다. 이런 토착화 주장은 나일스 같은 비기
독교 국가 출신의 기독교 지도자들이 들고 나왔던 것으로 나도
그 주장에 전폭적으로 동감하고 있었다.

기독교가 비록 서양에서 들어온 것이긴 해도 그 복음이 살아
있는 인간의 구체적 삶과 연관되어야 한다면 예배 의식도 서양의
것을 그대로 모방할 게 아니라 각 나라와 민족의 생활과 문화에
맞게 다양한 모습을 가질 수밖에 없다.

비유적으로 말하자면, 외국에서 기독교 복음이라는 꽃을 들여
올 때 그 씨만 들여와 우리 흙이 있는 우리 땅에 심어야 비록 모

양은 좀 달라질지라도 '우리 꽃'이 되는데, 한국 교회는 씨뿐만 아니라 흙까지 수입해 들여온 셈이었다. 한국 교회는 선교사들의 영향으로 미국 교회 의식을 그대로 모방하면서 우리의 전통 문화는 모두 이교도적인 것, 우상 숭배적이고 후진적인 것으로 치부해 한국 사회와 마찰을 빚어왔다. 제사 문제 같은 것이 그 대표적인 예다.

물론 복음과 예배의 보편성을 소홀히 하는 것은 아니다. 다만 보편성과 특수성이 적절히 조화돼야 하는데, 한국 교회가 우리 문화와 접목해보려는 노력을 도외시한 결과 한국적인 특수성이 너무 약하다는 점이 내게 문제로 느껴졌다는 얘기다. 그래서 시작한 것이 '문화의 토착화, 복음의 상황화'를 내건 예배 문화의 토착화였다.

토착화를 위한 시도 가운데 가장 대표적인 것은 추수 감사절을 우리 고유 명절인 추석날로 바꾼 것이었다. 이 결단은 교계에 큰 충격을 던지고 반발을 부른 일대 사건이었다.

1974년의 추석날이던 9월 29일 경동교회에서는 역사적인 추수 감사절 예배가 거행되었다. 낮에는 떡 잔치와 함께 추수 감사 예배를 올렸고 저녁에는 탈춤 축제가 무대에 올랐다. 강강수월래 합창으로 막을 연 탈춤 무대는 "그 도도하고 노린내나는 교회에서 오늘은 어쩌자고 이런 판을 벌였소?" 하는 질문을 시작으로 추석에 감사절을 지키게 된 이유가 해학 섞인 응답으로 신명나게 이어졌다.

그해 이후 추수 감사 예배 때 자주 등장했던 이 탈춤은 민중의 저항 예술이라는 특성상 대사 군데군데에 상소리도 섞여 나오는 바람에 나이 든 교인들의 거부감을 사기도 했다. 하나님께 감사하고 찬양하자는 말이 상소리와 함께 나오니 '거룩한 예배'에 익숙한 사람들로서는 받아들이기가 쉽지 않았던 탓이다.

그때 나는 사람들의 이해를 구하고자 예배 역시 민족의 역사와 현실 속에 뿌리를 내려야 한다는 나의 생각을 설교를 통하여 이렇게 설명했다.

11월 셋째 주일의 다음 목요일을 추수 감사절로 지키는 것은 성서적 근거가 전혀 없는 미국인들의 풍속일 뿐이다. 그들의 선조가 그들 나름의 신앙의 자유를 찾아 메이플라워 호를 타고 미국에 도착한 후, 첫 농사를 지어 추수한 것을 감사하며 예배 드린 것이 그 기원이다. 그러므로 이웃나라인 캐나다의 추수 감사절조차 미국과는 다르다.

그들은 미 대륙에 들어온 뒤 미국 인디언들이 지은 곡식을 먹으며 씨를 뿌리고 추수를 한 뒤 이에 감사하는 축제를 드리면서 인디언들에게는 감사 대신 그들의 땅을 빼앗고 죽였다. 우리가 왜 그들의 축제를 그대로 받아들여야 하는가?

성서적으로 볼 때, 구약의 맥추절은 추분 후 첫 만월이어서 우리의 추석과 시기가 같다. 삼국시대 때부터 전해 내려온 우리의 추석은 지역에 따라 다양한 축제가 있었으나 공통된 점은 그해 농사의 첫 결실로 조상께 감사의 예를 올리고 가족들, 마을 사람들과 함께 즐겁게 축제를 벌이는 것이다.

우리는 이제 '조상님의 음덕' 대신에 창조주 하나님께 감사와 축제의 예배를 드리면 된다. 이런 예는 교회사에서 흔히 찾아볼 수 있다. 로마 시대의 교회는 로마인들이 태양신을 섬기고 찬양하는 12월 25일을 예수님이 탄생한 날로 정했다. 동지가 지나 해가 길어지기 시작하는 날을 태양이 승리를 거두는 시기로 보고 이를 기뻐하는 축제일을 어둠 속에 빛으로 탄생하신 그리스도의 탄생일로 정한 것이다. 한국 교회가 추석을 추수 감사절로 삼는 것은 너무도 당연하다.

말씀의 능력은 이미 존재하는 것을 그대로 두거나 그에 적응하는 것이 아니요, 파괴하는 것도 아니고 새롭게 변화시키는 것, 구원하는 것, 그리고 완성하는 것이다.

교회의 토착화를 위해 경동교회가 시도한 또 다른 일은 우리 정서에 맞는 찬송가를 만들어 부르고 보급하는 것이었다. 나는 이 문제를 놓고 '한국 찬송가의 현황과 방향', '바람직한 한국 찬송학의 형성'이라는 주제로 아카데미 대화 모임을 가지기도 했다. 이와 동시에 우리 역사와 현실에서 우러나온 찬송가를 직접 만들어 부르게 하는 작업도 추진했는데 개중에는 우리 전통 가락을 바탕으로 한 것들도 있다.

민주화, 인간화를 위한 중간집단 교육

비인간화의 요인이 되는 양극화를 극복하는 길로서 중간집단을 육성 강화한다는 계획을 세운 크리스챤 아카데미는 우선 5개년 계획으로 각 부문의 중간집단을 교육하기로 했다. 아카데미는 1973년부터 구체적인 준비 작업을 하면서 독일의 원조를 얻어낸 후 시험 단계를 거쳐 마침내 1974년 1월부터 본격적인 교육 프로그램을 실시하게 되었다.

이 자리에서 '중간집단'이라는 말이 만들어진 역사랄까, 사연을 설명해두고 싶다.

1970년대를 맞이하면서 아카데미가 지향해야 할 목표로 세운 것은 '인간화'였다. 양극화 현상으로 우리 사회가 점점 더 비인간화되고 있다는 판단에서였다. 그렇다면 이 양극화 현상을 해소할 수 있는 길은 무엇일까. 바로 여기에서 나온 개념이 "교육을 통하여 중간 매개집단을 키워내자"는 것이었다. 이를 위한 교육을 1년 과정의 커리큘럼으로 짜면서 우리는 그 이름이 너무 길어서 불편하다는 생각을 자주 했다. 그래서 줄인 것이 '중간집단'이라는 말이다.

중간집단 교육이 시작된 1974년 1월은 바로 유신 정권에 의한 긴급조치 시대가 개막된 때이기도 하다. 정부는 1974년 1월 8일 일체의 개헌 논의를 금지하는 내용의 긴급조치 1호와 2호를 선포했고 그 열흘 뒤에는 긴급조치 3호가 잇따랐다.

중간집단 교육에 미래의 희망을 걸고 있던 나는 긴급조치가 잇따라 선포되는 것을 보면서 처음부터 좌절을 느꼈던 것이 사실이다. 양극화를 해소해 보려는 우리 노력이 무색하게도 정치와 사회 현실은 갈수록 심화되는 양극화의 길로 치닫고 있었기 때문이다.

가진 세력의 전횡과 탄압이 심해질수록 그에 저항하는 세력도 점점 더 과격해지고 급진적으로 변화되는 경향을 보였다. 그런 풍토에서 대화를 주장하고 중간 집단을 육성하자는 내 목소리는 스스로에게도 공허한 메아리로 울릴 때가 한두 번이 아니었다.

그러나 중간집단이 설 자리가 좁으면 좁을수록, 그 입장이 어려우면 어려울수록 그런 여건 자체가 역설적으로 중간집단의 필요성을 더욱 높여주는 것이라고 나는 생각했다. 극한적인 양극화에서 인간다움을 지향하는 대안은 오직 그 길밖에 없기 때문이었다.

1974년부터 1979년 9월까지 실시된 중간집단 교육은 내 생애의 활동 중에서 매우 중요한 부분을 차지하고 있다. 이 일은 기독교 신앙을 바탕으로 온건하고 점진적인 방법으로 민주화를 추구하고, 더 나아가 인간화를 실현하려는 내 신학적, 철학적 입장이 구체적으로 반영된 사업이었고 그런 만큼 나는 이 일에 신들린 것처럼 혼신의 노력을 기울였다.

'중간집단 육성 강화'라는 지향점은 내 사상을 구체적으로 표현한 것이긴 하지만 중간집단의 이념과 철학을 정립하는 데는 당시 많은 학자들의 참여가 있었다. 전 국무총리 정원식, 한림대 고범서 교수, 전 부총리 한완상 등이 그 대표적 인물이다.

중간집단이란 흔히 오해하듯이 억압하는 측과 억압당하는 측 어느 편에도 속하지 않는 완충 지대의 집단이 아니다. 그렇다고 해서 중산층으로 구성된 집단도 아니다. 중간 집단을 입장 없는 중립이나 양극의 완충 지대에 있는 어정쩡한 집단으로 착각해서는 안 된다.

중간집단이란 우선 자율적이고 민주적인 바탕 위에 형성된 집단으로, 힘없는 민중 속에 뿌리를 내리는 집단이다. 다시 말해 힘을 가지지 못한 자의 편에 확실히 서서 그 힘을 조직화하고 움직여내는 동인이 되어 그들과 함께 압력과 화해의 길을 여는 집단을 뜻한다.

중간집단에는 민중과 엘리트가 다같이 연대하여 참여한다. 그래야 엘리트 집단이 가지는 귀족주의와 민중 집단이 가지는 비합리성, 비전문성을 동시에 지양할 수 있기 때문이다. 좀더 구체적으로 말하자면 중간집단이란 정치 의식을 지니고 있으며 항상 사회 개혁에 관심을 가지고 있는 비정치적 민간 단체를 말한다.

이러한 중간집단의 기능을 요약해서 말하면, 힘을 가지지 못한 사람에게는 힘을 불어넣어 주면서 억압자에게는 압력을 가하는 압력집단 역할을 하면서 화해를 이끌어낼 수 있어야 한다. 한마디로 말해 '압력과 화해'의 기능을 행사하는 것이다.

이때의 압력과 화해는 동전의 앞뒷면과도 같은 관계다. 화해와 통합의 기능은 없이 압력 집단만이 존재하는 사회는 한 번 생긴 상처가 또 다른 상처를 부르는 악순환에 빠지기 쉽다. 반면 압력을 행사하는 역할은 포기한 채 화해만을 내세운다면 이는 거짓 화해로서 결국 지배자 편에 서게 되게 마련이다. 심판을 동반하지 않은 화해는 진정한 화해가 될 수 없다. 그러므로 사회를 개혁해 가는 데 정의와 사랑은 양자택일이 아니라 동시에 추구되어야 하는 필요 사항인 것이다.

다섯 분야의 중간집단

크리스챤 아카데미가 교육 대상으로 삼은 중간집단은 모두 다섯 분야에 걸쳐 있었다. 곧 종교 단체, 노동자 단체, 농민 단체, 여성 단체, 학생 단체가 그것이다.

종교 단체는 정치 사회 의식이 빈곤하다는 약점이 있긴 하지만 중간집단으로 커나갈 수 있는 가장 유력한 후보였다. 왜냐하면 종교 단체는 그 자체가 자율 집단이고 엘리트인 사제와 교직자, 대중인 신도가 골고루 있으며 무엇보다 대중의 고통을 외면할 수 없다는 점, 그러나 평화적인 방법으로 사회 정의를 실현해야 한다는 특성이 있기 때문이다.

노동 단체 중에서는, 우리는 노총을 주목했다. 물론 당시에는 노총이 노동자의 권익과는 거리가 있는 어용 단체라는 비난을 받으며 노동자들에게 외면을 당하고 있었지만 먼 장래를 전망해볼 때 잠재적 가능성이 크다고 판단했다.

농민 단체는 처음에는 분석 결과 중간집단으로서 그 가능성이 낮은 것으로 나왔다. 농민들의 성향이 원래 보수적인데다가 당시 농촌 운동이 관 주도로 진행되고 있었기 때문이다. 또 노동자와 달리 조직화에도 어려움이 있었다. 그러나 우리 농민들의 교육 수준과 의식 수준이 다른 후진국에 비해 높고, 비판적이고 젊은 지식층이 농촌 현장에 투신하는 경향이 뚜렷해지는 것을 보고 역시 앞날을 밝게 보고 있었다.

여성 단체는 중간집단으로서 잠재력이 매우 크다는 데 아무도 이의를 제기하지 않았다. 당시 여성 단체들은 비민주적 조직 운영과 어용성, 정치 사회 의식의 마비 등 많은 문제점을 안고 있었으나 여성들의 높은 교육 수준과 사장되어 있는 엄청난 능력, 그리고 급증하는 여성의 사회 진출 등으로 높은 기대를 받았다.

한국 현대사에서 가장 전위적이고 동적인 저항 세력 역할을 해온 학생들에 대해서도 우리는 큰 가능성을 보고 있었다. 다만 중간집단 노릇을 제대로 하기 위해서는 과격하게 흐르는 경향을 막고, 이상뿐 아니라 현실도 중시하는 능력을 키워주어야 한다는 점이 다른 분야의 단체들에 비해 어려운 점이었다.

아카데미는 이상 다섯 분야에 뜻을 같이하는 유능한 직원들을 배치해 일을 추진해 나갔는데, 각 분야의 중견 지도자들과 학자들이 적극적으로 참여하고 협조해준 덕택에 일은 잘 진척되어 나갔다.

그때 우리가 중간집단 교육이라는 말을 들고 나오기는 했어도 우리나라에는 역사적으로 중간집단이라고 할 만한 집단이 형성된 적이 없었고 또 어느 외국에서 받아들일 만한 모델도 없었으므로 우리 사업은 처음부터 난관과 시행착오를 피할 수가 없었다.

게다가 독재와 탄압이 갈수록 심해지는 정치 상황이 우리의 활동 폭을 엄청나게 제약하고 있었다. 그러나 교육을 담당한 사람들은 '어려울수록 그만큼 더 필요하다'는 사명감으로 난관을 뚫고 일을 추진해 나갔다.

우리가 택한 방법은 새로운 중간집단을 형성하는 것이 아니라, 기존의 중간집단 요원들을 교육시킴으로써 기존 단체들을 우리 이념에 맞게 육성 강화하는 것이었다. 그런 방법을 쓰게 된 가장 큰 이유는 물론 예상되는 정치적 탄압 때문이었다.

중간집단 교육은 모두 3차에 걸쳐 실시했다. 교육 인원은 보통 서른 명 정도였고 장소는 수원 사회교육원이었다. 처음에는 아카데미에서 각 단체에 요청하여 교육 대상자들을 받았으나, 시간이 흐르면서 교육을 받은 경험자들이 추천을 하거나 자발적으로 교육에 참여하고자 신청해오는 경우가 늘어났다.

1차 교육은 의식화 교육으로 4박 5일에 걸쳐 실시했다. 강의·세미나·과제·작업·명상·생활과정 등을 통해 중간집단의 이념을 의식화시키고 사회 의식, 역사 의식을 일깨우는 일에 주력했다.

그런데 여기서 시작된 '의식화'라는 말은 당국에 의해 공산주의 의식화로 몰려 1980년대 공안 정국에서 신문 지면을 요란하게 장식하게 되지만 원래 이 의식화란 말은 브라질의 사회교육자 폴 프레리오가 처음 썼던 말로, 자기 자신을 해방시킴으로써 자신이 처해 있는 상황에 대해 문제 의식을 느끼게 하는 것을 말한다.

이 의식화 교육이 끝나면 6개월 동안 실습 과정을 거치게 되고 2차 교육이 다시 4박 5일 정도의 기간으로 실시됐다. 이 교육은 활성화 교육이라고 했는데 말하자면 휴화산을 활화산으로 만든다는 의미였다. 활성화 강의와 함께 실제 현장에서 활동할 때 필요한 조직 방법, 여론조사 방법, 집단 운영법, 인간관계 실습학 등도 골고루 가르쳤다.

2차 교육 후 다시 6개월 동안의 실습 과정을 거친 후 3차 교육인 동력화 교육을 실시했다. 이 과정은 교육 대상자의 필요에 따라 매우 융통성 있게 진행되었는데, 농민 지도자의 경우 20박 21일이 걸리기도 했다. 교육 내용은 그것이 최종 과정인 만큼 그들이 속한 집단에서 앞으로 실천해 나갈 장기 계획을 수립하도록 하는 것들이었다.

중간집단 교육이 실시되면서 나는 이 일에 적극적으로 매달렸다. 거의 대부분의 교육에 빠지지 않고 참석해 강의도 하고 참가자들의 토론 내용을 들은 후 평을 하기도 했으며, 나를 찾아온 사람들과 내 방에서 새벽까지 이야기를 나누기도 했다. 그 때문에 교육이 실시되는 동안은 일주일에 사나흘은 수원 사회교육원에서 묵었고, 그럴 경우 잠자리에 드는 시간은 새벽인 경우가 다반사였다.

다행히 교육에 참가하는 사람들의 반응은 기대 이상으로 좋았다. 첫째 날에는 참가자들 대부분이 굳어 있지만 둘째 날이 되면 눈에 띄게 긴장을 풀었으며, 셋째 날이 되면 한 가족처럼 자유로운 분위기에서 함께 먹고 마시고 춤추며 서로 기탄 없이 흉금을 털어놓곤 했다.

이처럼 참가자들의 호응을 얻게 되자 앞서 말했듯이 자발적으로 교육을 받겠다고 찾아오는 사람들도 차츰 생겨났는데, 그 중에는 무작정 보따리를 들고 올라와 참석하게 해달라고 요청하는 농민도 있어 우리를 흐뭇하게 했다.

그러나 교육을 해나가면서 문제점 역시 드러났다. 가장 큰 문제는 이미 말했듯이 당시 우리가 처해 있던 극단적인 양극화 사회에서 과연 중간집단이 제대로 힘을 발휘할 수 있을 것인지, 그 실효성에 대한 의문이었다. 민주적이고 합리적인 절차라든지 점진적인 개혁이라는 것이 발을 붙일 수 없는 상황인데 과연 교육 내용이 현실성이 있느냐 하는 문제 제기였다. 교육 내용은 옳으나 그것을 현장에서 적용시킬 때는 극복하기 힘든 난관이 너무 많다는 것이었다.

이런 문제 제기와 함께 기존 집단을 육성 강화하는 계획은 전망이 없으니 아카데미 교육 참가자들을 중심으로 새로운 조직을 만들자는 주장이 나왔다. 이런 주장은 기존 조직이 빈약한 농민들 사이에서 특히 강하게 대두되었다. 그러나 나는 그런 주장의 타당성을 인정하면서도 그것을 받아들일 수는 없었다. 그렇게 되면 당장 탄압을 받고 아카데미 활동 자체가 회복하지 못할 큰 타격을 입으리라는 것이 불을 보듯 훤하게 보였기 때문이다. 게다가 아카데미는 교육 기관이지 운동 단체는 아니라는 정체성의 문제도 있었다.

"우리 교육은 먼 미래를 보고 하는 것이니 너무 성급하게 대들지 말라."

"우선 탄압을 이겨낼 역량을 키워야 한다. 슬기롭게 대처하자."

나는 이런 말로 그들을 설득했으나 일부 사람들은 고집을 꺾지 않고 성급하게 새 조직을 만드는 경우도 없지 않았다.

사실 나는 새로운 조직을 만드는 것 자체를 반대한 것이 아니었다. 교육을 받은 뒤 새로운 조직을 만드느냐 마느냐는 문제는 무엇보다도 교육에 참가한 사람들의 자유 의사에 달린 것이지, 교육 기관인 아카데미에서 하라 말라고 할 문제는 아니었다. 다만 폭압적인 정치 상황을 고려하여 당장 성급하게 조직을 만들어 내기보다는 시간을 끌며 역량을 축적한 후 탄압에도 살아남을 수 있는, 탄탄하면서도 전국적인 조직을 적당한 시기에 결성하는 것이 바람직하다는 게 나의 생각이었다. 그러나 이런 내 입장은 급진 세력으로부터 반동으로 몰렸다.

교육을 실시하다 보면 참가자들 사이에서도 의견이 대립되는 경우가 많았다. 일례로 우리가 지향하는 사회를 '양극화를 해소하고 자유와 평등이 보장되는 사회를 거쳐 궁극적으로는 인간화를 실현하는 사회'라고 하면, 자유와 평등 중 어느 것이 우선이냐를 놓고 논쟁이 붙었다. 전략면에서도 압력과 화해라는 두 가지 방법을 놓고 압력은 찬성이나 화해는 반대한다는 입장과 그 반대 입장이 갈렸다.

그러나 이런 문제들에도 불구하고 중간집단 교육의 파급 효과는 대단했다. 특히 여성, 노동, 농촌 분야에 미친 효과는 마치 목마른 사람에게 물을 준 것과도 같았다.

농촌 중간집단 교육은 가장 성공적인 결실을 거두었다. 아카데미 교육이 사실상 농촌에 대한 최초의 의식화 교육이라고 할 수 있었으므로 결과는 그만큼 성공적이었다. 그 당시 새마을 운동 같은 정부 주도의 교육이나 농업 진흥 사업들은 꽤 있었으나 농민 스스로 농업정책을 바꾸는 운동은 거의 없는 상태였는데 이우재, 황한식, 장상환 같은 사람들이 정력적으로 이 교육에 주력하여 새로운 농민운동에 불을 붙였다. 1970년대 대표적 농민운동으로 기록되는 유명한 함평 고구마 피해 보상 투쟁은 우리 아카데미에서 교육받은 사람들이 주동이 되어 시작한 것이었다.

우리가 가장 힘을 쏟았고 큰 결실을 얻은 분야는 노동조합 육성 강화 교육이었다. 이 교육은 이미 조직된 노동운동과 연계하여 펼쳐나갔다. 주로 노조측에서 지부장급 사람들을 우리에게 추천하면 그들을 교육시켜 노조 운동을 활성화하는 역할을 했다.

교육 활동이 가장 활발했을 때는 전국의 현장 노동조합에서 아카데미 교육 출신 노동자들이 다수 위원장으로 선출되었고, 또 우리 교육 참가자들이 누구에게 투표하느냐에 따라 후보의 당락이 결정될 정도로 영향력을 가진 주도 세력으로 자리를 잡았다.

교육은 신인령, 이영희, 김세균 등이 맡았는데 교육을 받은 수강생들이 조직을 만들어 열심히 활동했고 1970년대 크고 작은 노조 사건에 이 수강생들이 주역을 담당했다. 특히 여성 노동자들의 활약이 대단했다. 1970년대 노동 운동사에 굵직한 사건으로 남아 있는 원풍모방, 동일방직, 콘트롤데이타, 반도상사, YH 사건의 주동자인 박순이, 이총각, 이영순, 최순영, 한순임 등은 모두 우리 교육에 참가했던 사람들이었다. 특히 내게 큰 충격을 주었던 동일방직 사건은 이총각에 대한 이야기와 함께 뒤에 자세히 기술할 것이다.

이때 교육받은 사람들은 이 교육이 끝난 1979년 이후에도 모임을 만들어 오늘날까지 운동을 계속하고 있다. 이 모임에는 당시 교육을 담당했던 신인령 현 이화여대 총장이 관여해오고 있다.

이 노조 교육에는 내 기억에는 없지만 사노맹 사건으로 수감된 「노동의 새벽」의 박노해 시인도 참가했었다고 하며 김근태, 천영세(전 크리스챤 아카데미 교육위원, 민주노동당 사무총장), 방용석(전 노동부 장관, 당시 원풍모방 위원장), 남상헌(당시 고려피혁 지부장), 유동우 등도 꽤 열심히 참여했던 기억이 있다.

여성 중간집단 교육은 한국 여성운동에 한 획을 그었다고 자부할 수 있다. 그때까지만 하더라도 여성을 대상으로 한 교육이나 운동은 여가 선용이나 자선 활동, 여성의 지위 향상을 위한 운동이었다. 마치 머슴 대우를 좀더 잘해 달라는 것이었다면 우리는 머슴을 없애버리고 여성은 남자와 똑같은 인격적 존재임을 깨우치면서, 전통적인 가부장제에서 나온 성차별을 철폐하자는 주장으로 교육을 했다.

그러나 당시 미국과 독일 등지에서 일어난 여성 해방운동, 여성주의(feminism) 운동에서 보듯 차별 철폐를 넘어서 여성 우월주의로 나아가는 것은 아니라는 것을 분명하게 하기 위해 '여성 인간화 운동'이라고 했다.

이 교육의 수강생들은 그후 성차별을 없애고 여성의 사회 정치 참여를 이끄는 일에 큰 역할을 했으며 현재도 계속하고 있다. 교육을 담당했던 한명숙, 장필화, 지도위원으로 이 교육을 살펴준 정의숙, 윤후정, 박영숙, 그리고 이정자, 이계경, 김희선, 이상화 등 많은 사람들이 참가했다.

다음은 뒷날 크리스챤 아카데미의 중간집단 교육의 여성부문에 관한『중앙일보』의 기사내용이다(2003년 3월 10일자).

한국 사회를 통틀어 볼 때 여성 인물의 대표적인 산실은 크리스찬 아카데미다. 서울 수유동에 있는 이 아카데미는 1974년부터 젊은 여성들을 대상으로 한 '의식화' 교육인 중간집단 교육 프로그램을 운영해 왔다.

열정적 실천에 목말라 있던 젊은 여성들은 이 프로그램을 통해 암울한 시대와 사회구조적 쟁점으로서의 여성문제를 인식하기 시작했다.

이때 참가했던 여성들은 이후 한국의 여성학 운동을 주도하고 진보적 여성운동을 이끌었다. 주부운동이라는 새로운 분야를 개척했으며 여성 미디어운동·여성평화운동 등의 주역으로 활동 중이다. 70년대 후반에서 80년대에 걸치는 여성 노동운동가 중에도 이 프로그램에서 교육받은 이들이 많다.

한명숙 환경부장관과 신인령 이화여대 총장, 장필화 이대 여성학과 교수, 이정자 녹색소비자연대 대표, 이계경 전 여성신문 사장 등은 중간집단 교육 프로그램의 간사로서 직접 참여했었다.

이제는 고인이 된 이태영 전 가정법률상담소장을 비롯해 윤후정 전 이대총장, 이인호 국제교류재단 이사장, 박영숙 전 의원 등은 중간집단 프로그램의 교육을 담당했던 지도자 그룹이다.

아카데미는 회원단체가 아닌 교육기관으로서 진보적 담론을 형성하고 이를 젊은 세대에 전파하는 역할을 주로 했다. 이미경·김희선 의원, 이현숙 '평화를 만드는 여성회' 공동대표, 이혜경 여성문화예술기획 대표, 김근화 여성자원금고 이사장,

김경애 동덕여대 여성학과 교수 등이 교육생으로 참가해 페미니즘(여성주의)을 접했다. 이들은 아카데미에서 여성의식의 싹을 틔웠고 이후 각계에서 두각을 나타내는 인물로 성장했다.

이영순 전 한국여성노동자회 회장, 최순영 민노당 부대표 등은 신인령 당시 아카데미 노동분과 간사가 키워낸 여성 노동운동가들. 70년대 후반 반도상사 노사분규 등의 주역으로 활동했다.

김명자 전 환경부장관도 아카데미와 인연이 있다. 88년부터 아카데미가 주최한 세미나에 참석했고 이후 환경 관련 프로그램에 지속적으로 참가했다. 이같은 활동은 국민의 정부에서 최장수 장관이 되는 데 일조했다.

노조탄압과 이총각의 수난

제3의 길로 내가 택했던 크리스챤 아카데미의 중간집단 교육은 많은 난관과 문제점 속에서도 한국 사회를 개혁하기 위한 의식화 운동을 꾸준히 해나가며 좁은 입지를 조금씩 넓혀 나갔다. 그러나 우리가 그렇게 안간힘을 쓰던 1970년대의 세상은 아홉 차례에 걸친 긴급조치가 말해주듯 비정상적인 세상이었다.

유신 정권의 경제 성장 정책은 경쟁력이 없는데도 수출을 강행해야만 했고, 이윤 축적을 위해 저임금 정책을 기조로 삼을 수밖에 없었다. 노동자들의 임금은 최저 생활비의 반에도 못 미치는데다 주당 노동 시간은 50시간을 훨씬 넘어 근로자들의 건강과 생명까지 위협받는 처지였다. 그들의 희생을 발판으로 독점 자본은 강화되고 불균형 성장 정책까지 겹쳐 빈익빈 부익부 현상은 갈수록 두드러지게 드러났다.

이런 상황이니 1970년대 후반에 들어서면서 노동자들의 투쟁이 열화같이 폭발한 것은 어쩌면 당연한 결과였는지 모른다. 열악한 노동 조건과 저임금, 비인간적 대우를 견디다 못한 노동자들은 인간화를 부르짖으며 투쟁에 나서게 되었는데 특히 남성에 비해 상대적으로 더 열악한 조건에 있던 여성 노동자들이 중심이 된 노조 운동이 잇따랐다. 당시 아카데미는 한창 노조 간부들을 교육하고 있던 시기였으므로 각종 노동 운동에 직·간접적으로 관련을 맺지 않을 수 없었다.

여성 노동자들이 특히 수난을 당하게 된 것은 수출 주력 사업이 여성 노동자들이 주로 작업하는 경공업 부문의 가공 산업이었기 때문이었다. 방직 공업이 그 대표적인 예다. 그 시절 가난에서 벗어나기 위해, 혹은 외화를 벌어들인다는 미명 아래 수많은 여성 노동자들이 수난을 당했지만 그 중에서도 동일방직 사건은 너무나 충격적이고 비인간적이어서 모든 사람들의 분노를 불러일으켰다.

동일방직의 노조지부장 이총각은 아버지가 세상을 떠난 후 열여덟의 나이로 생업에 뛰어들었다. 가난한 살림에 어떻게든 동생을 공부시키기 위하여 일터에 나와 하루에 일당 70원을 받으며 일했다. 추운 정월에도 여름옷을 입고 일해야 하는 비인간적인 대우를 받았으며 한 주에 53시간의 노동이 강요되었다. 생활비는 늘어나는데 수입은 제자리였다. 임금을 싸게 해서 GNP를 올리려는 국가 정책 앞에서 저임금 노동자들은 기계처럼 혹사당할 수밖에 없었다. 이러한 상황에서 카톨릭 신자들이 하는 JOC(카톨릭 노동청년회) 소그룹 운동이 생기게 되고 개신교에서는 도시산업 선교가 활동을 시작하게 되었다.

동일방직 사건은 이총각이 위원장으로 있는 노조를 해체하기 위하여 회사가 어용 노조를 투입함으로써 발단되었는데, 이에 항의하는 여자 노조원들과 어용 노조의 싸움에서 70여 명이 부상당하고 연행되었다. 다시 대의원을 선출했는데 회사측은 남자 170여 명을 투입했지만 이번에도 이총각이 지부장에 당선되었다. 그리하여 발생하게 된 것이 1978년 2월의 이른바 '똥물 세례 사건'이다.

이 사건은 회사측에서 투입한 폭력 조직이 이총각을 강제로 눕히고 입을 벌리게 하여 똥물을 퍼 넣고 여성 노조원들의 얼굴과 옷에 똥칠을 한, 지극히 야만적인 사건이었다. 이 일로 인해 분노한 노동자들이 1978년 3월 10일 노동절에 명동성당에 모여 단식 농성에 들어갔을 때 나는 김수환 추기경, 김관석 목사와 함께 사태를 해결하기 위해 중재에 나서게 되었다.

동일방직 노동자들이 허약하고 지친 몸으로 단식 농성을 하는 동안 우리는 먼저 당국과 회사측 사람들을 만나 얘기를 했다. 그 결과 노동자들이 단식을 전부 풀고 회사로 돌아가면 주동자를 문책하지 않고 이들의 행동을 불문에 부치겠다는 약속을 받아냈다. 그리고 노동자들이 장기간 농성으로 지쳐 있으니 며칠간 휴가를 주고, 외부 세력을 모두 배제한 채 노조지부장 선거를 다시 하도록 하겠다는 약속도 받았다.

회사측과 당국으로부터 그같은 약속을 받아낸 우리는 다음에는 성당 안으로 들어가 노동자들을 만났다. 그리고 약속 내용을 들려주며 농성을 풀고 회사로 돌아가라고 설득했다. 하지만 노동자들은 우리 말에 코방귀도 안 뀌는 눈치였다.

"아니, 그 사람들 말을 어떻게 믿어요? 우리는 그 말을 못 믿겠습니다."

"그 사람들의 말은 못 믿어도 우리 말은 믿을 수 있지 않습니까. 우리마저 믿어주지 않는다면 어떻게 하겠습니까?"

김수환 추기경의 이같은 설득에 노동자들은 반신반의하면서도 결국 우리들을 믿고 농성을 풀고 회사로 돌아가기로 했다. 그 때가 12일 밤이었다. 우리의 중재로 농성을 푼 노동자들은 신부들의 보호를 받으며 버스에 올라 회사로 향했다.

그런데 나중에 알고 보니 당국과 회사측에서는 약속을 하나도 지키지 않은 것으로 드러났다. 결국 우리가 속은 것이었다. 그 점에서는 노동자들이 우리보다 훨씬 현명했던 셈이다. 아니, 하도 당하다 보니까 상황 판단을 정확히 했던 것일 게다.

회사가 당연히 약속을 지킬 것으로 생각했던 나는 그런 일을 겪으면서 속으로 적잖이 충격을 받았다.

'이 기만적이고 불합리한 현실에 나는 얼마나 무지한가. 이런 상황에서 도대체 지금 내가 하고 있는 일이 무슨 의미가 있을까.'

나는 또 다시 자괴감과 무력감을 느끼지 않을 수 없었다. 그러나 지나고 보니 그같이 기가 막힌 상황은 박정권이 이미 썩을 대로 썩어 그 말기적 징후를 보인 것이었다.

동일방직 사태는 124명의 해고자를 내며 1980년 5월 공권력에 의해 강제 해산당할 때까지 계속되었고 1982년부터는 복직 투쟁으로 이어졌다. 최근 민주화 운동 보상 심의위원회에서 동일방직 사건의 주인공 52명이 민주화 유공자로 인정을 받았다.

이총각은 이후에도 노동운동을 계속 해왔으며 1991년에는 지역 주민을 대상으로 하는 자활 훈련기관인 '청솔의 집'을 열고 지역 사회를 위해 힘쓰고 있다. 민주노총 인천 지역본부장이기도 한 그는 아직 혼인하지 않고 평생 그렇게 타인과 사회를 위해 살아가고 있다. 나는 그를 볼 때마다 수녀 같은 성직자의 모습을 발견하곤 한다.

한 해에 한 번씩 열리는 '70년대 민주노동 동지회'에 가서 그를 보는 것이 나의 즐거움인데 한 번은 신촌의 어느 수녀원에서 열린다고 하기에 내가 못 가겠다고 했더니 이총각이 농담처럼 채근을 했다.

"목사님 오시면 우리가 한 번씩 번갈아 가며 업어드릴게요. 꼭 오세요."

민주화운동의 불씨를 지피다

국민들의 개헌 요구가 확산되어가자 박정권은 긴급조치로 이를 봉쇄하려고 했다. 긴급조치 1, 2호의 발동으로 시작된 1974년은 저항 세력의 움직임이 각계에서 조직적으로 드러나기 시작한 해이기도 하다.

긴급조치 1호와 이른바 민청학련 사건을 계기로 4월 초 선포되었던 긴급조치 4호가 해제되어 약간이나마 숨통이 트였던 그해 8월 말, 저항 세력들은 조용하면서도 바쁘게 움직이고 있었다.

그해 늦가을의 어느 날이었다. 박정권 반대 투쟁을 맹렬히 벌이며 저항 세력의 대모 노릇을 하던 김정례가 집으로 나를 찾아왔다. 김정례는 나를 보자마자 특유의 뚝심과 시원시원한 성격으로 찾아온 용건을 단도직입적으로 말했다.

"강목사님, 이제 우리도 더 이상 벙어리 노릇을 할 수는 없지 않습니까? 목숨을 걸고라도 민주화 투쟁에 나서야지요. 지금 뜻을 같이하는 각계의 민주 인사들이 모여서 일을 하나 계획하고 있습니다. 민주 회복을 바라는 국민들의 염원을 밝히고 유신헌법 철폐와 민주화를 위해 투쟁할 범국민적 단체를 결성하려고 해요. 목사님도 여기에 참가해 달라고 이렇게 찾아왔어요."

나뿐만 아니라 각계 인사들을 만나 그같은 얘기를 하고 의견을 타진한 사람들은 김정례와 김정남(전 청와대 사회문화 수석), 김철(전 사회당 위원장) 등이었다. 나는 오랜 친분을 유지해온 그녀로부터 그런 요청을 받고 적잖이 곤혹스러웠다. 그 취지야 틀림없이 옳은 것이었지만 내 원칙은 어느 단체에도 끼이지 않는다는 것이었다.

"그 뜻에는 전폭적으로 동감해요. 내 도움이 필요하다면 기꺼이 도와주겠지만 그러나 그런 정치 단체에 이름을 걸고 싸우지는 않겠다는 것이 내 기본적인 생각입니다. 나는 내 나름대로 택한 방법이 있으니까……."

"하지만 지금 우리는 단 한 사람의 힘이라도 필요한 절박한 상황입니다. 목사님 같은 분이 참여해서 이끌어 주셔야지 어떻게 합니까?"

김정례는 계속 나를 설득했으나 나는 갈등을 느끼면서도 끝내 시원한 대답을 해주지 못했다. 나는 그녀가 돌아간 후 혼자 곰곰이 생각해 보았다. 그러나 아무리 생각해 보아도 결론은 역시 '참여하지 않는 것이 낫겠다'는 쪽이었다. 어떤 정치 단체라도 외부에서 도울 수는 있어도 직접 가담하지는 않겠다는 게 나의 원칙이었고, 그 원칙을 지키고 싶었다. 한 번 원칙을 깨고 나면 그 다음은 나 자신도 제어할 수 없는 상황이 될 것 같았다.

일단 마음을 정하고 난 뒤, 나는 당연히 이러한 결심을 밝혀야겠다고 생각했다. 마침 김정례가 거사를 위한 준비 모임을 갖기로 한 장소와 날짜를 말해주었기 때문에 일단 그 모임에 나가 내 뜻을 밝히기로 했다. 그 모임에 참여하기로 했다는 인사들 다수는 나와 안면이 있는 관계였다.

그러나 나는 결국 그 모임에 나가지 않았다. 스스로 나가기를 포기한 것이었다. 아무래도 내 성격상 그곳에 가면 도저히 참여하지 않을 수 없을 것 같았기 때문이다. 나를 피상적으로만 아는 사람들은 불 같은 내 성격을 보고 맺고 끊는 것이 분명한 사람으로 보기도 하지만 사실 나는 정에 약해 마음이 물러지는 경우가 다반사인 사람이다.

그런데 그로부터 얼마 지난 11월 27일이었다. 기독교 회관에서 야당 및 재야 정치인, 종교인, 학자, 문인, 언론인, 법조인 등 각계 대표 70여 명이 모여 민주 회복 선언 대회라는 것을 열게 되었다. 김정례가 말한 그 모임이 드디어 공식적으로 모습을 드러낸 것이었다. 그런데 내가 입장을 분명히 밝히지 않은 탓이었는지 몰라도 그 참가자 명단에 내 이름도 끼여 있었다.

참가자들은 그날 대회에서 현행 헌법을 민주 헌법으로 대체하고, 복역 구속 연금 중인 민주 인사를 석방하고 정치적 권리를 회복시켜줄 것, 언론 자유를 보장할 것 등을 담은 6개항의 '국민 선언'을 채택하고 '민주 회복 국민회의'라는 단체를 발족하기로 했다. 그리고 그 모임을 지속적으로 운영하기 위해 대표위원을 일곱 명 선출했는데, 그 중에 나도 끼이게 되었다. 내가 원해서라기보다는 어쩌다 보니 그렇게 밀려서 참가하지 않을 수 없게 된 셈이었다.

상황이 그렇게 되니 나는 더 이상 원칙만 고집할 수 없게 되었고 또 참가자 중에 현직 정당 정치인은 없다는 것으로 자위를 하며 다소 꺼림칙하기는 해도 참가하기로 마음을 굳혔다. 그날 나와 함께 선출된 대표위원은 함석헌, 이병린, 천관우, 김홍일, 이희승, 이태영 등이었다.

이렇게 발족된 민주 회복 국민회의는 재야 민주화 운동의 구심점으로 떠오르면서 지방마다 지부 결성에 들어가는 등 조직을 확대하는 작업을 시작했으나, 체제 반대 세력에겐 한 치의 틈도 허용하지 않는 숨막히는 상황에서 그 일이 제대로 진행될 리가 없었다. 나만 해도 그 대표위원으로 선출된 후 감시가 부쩍 심해져 감시원이 아예 집에 상주하다시피 하고 있었다.

1974년 후반기에는 마침내 언론까지 투쟁에 나서게 되었다. 강화되는 언론 통제에 대항해 언론 자유를 쟁취하기 위한 언론사 기자들의 눈물겨운 투쟁이 전개되었는데 그 결과 일어난 사건이 동아일보 광고 탄압 사건이었다.

당국이 '협조 요청'이라는 명목 아래 언론 통제를 강화하자 동아일보사 기자 2백여 명은 10월 24일 자유 언론 실천대회를 개최해 '자유언론 실천 선언'을 발표한 후 그 내용을 신문·잡지·방송 제작에서 실제로 실천해 나가기 시작했다. 그 결과 동아일보에는 당국이 보도를 금지한 기사들이 나오기 시작했으며, 사설에서는 금기로 여겨온 개헌 문제까지 다루게 되었다.

그렇게 되자 당국에서는 동아일보에 광고를 내는 각 기업체 및 기관에 압력을 행사해 광고를 해약하도록 했다. 광고비로 운영되는 언론사에 광고를 무더기로 해약시킴으로써 경영에 치명적인 압박을 가하려는 교묘한 간접 탄압이었다.

이같은 당국의 탄압으로 12월 26일자 동아일보는 3면이 백지 상태로 발행되었으며 1975년에 들어서서는 거의 모든 광고가 떨어져 나가게 되었다. 이렇게 당국의 탄압이 노골화되자 각 민주 단체들은 동아일보의 투쟁에 적극적인 지지를 보내며 함께 저항했고, 국민들 사이에서는 격려 광고 등 동아일보 돕기 운동이 불길처럼 번져갔다.

동아일보에 백지면이 등장한 주의 주일날 나는 경동교회에서 집사와 장로들을 불러모았다.

"기자들이 이렇게 어렵게 싸우는데 우리가 가만히 보고만 있을 수는 없습니다. 우리부터 돈을 모아 격려 광고를 냅시다."

모두들 찬성해 그 자리에서 주머니를 털었다. 나는 돈을 낸 몇 사람과 함께 모은 돈을 가지고 동아일보 편집국을 찾아가 편집국장이던 송건호에게 직접 전달했다. 그리고 '굴하지 말고 건투하라'는 내용의 격려문도 직접 써서 건넸다.

이처럼 언론자유 투쟁 등 민주화를 염원하는 국민들의 저항과 국제적인 압력이 높아가자 박정권은 그 돌파구로 1975년 1월 22일 유신헌법에 대한 찬반 국민투표를 실시하겠다는 공고를 냈다. 그러나 모든 민주적 절차가 무시된 상황 아래서 정부의 공작대로 실시될 그 국민 투표가 박정권에게 형식적인 면죄부를 주기 위한 수단으로 이용되리라는 것은 보지 않아도 뻔한 일이었다. 정부가 공고한 투표일은 2월 12일이었다. 그러나 정부는 투표를 앞두고 비판이 두려워서인지 종교 집회에도 방해와 탄압을 일삼았다.